Third Places – reale Inseln in der virtuellen Welt

Antje Flade

Third Places –
reale Inseln
in der virtuellen Welt

Ausflüge in die Cyberpsychologie

 Springer

Antje Flade
AWMF – Angewandte Wohn-
und Mobilitätsforschung
Hamburg, Deutschland

ISBN 978-3-658-09687-8   ISBN 978-3-658-09688-5   (eBook)
DOI 10.1007/978-3-658-09688-5

Die Deutsche Nationalbibliothek verzeichnet diese Publikation in der Deutschen National-
bibliografie; detaillierte bibliografische Daten sind im Internet über http://dnb.d-nb.de abrufbar.

Gedruckt auf säurefreiem und chlorfrei gebleichtem Papier

Springer ist Teil von Springer Nature
Die eingetragene Gesellschaft ist Springer Fachmedien Wiesbaden GmbH
Die Anschrift der Gesellschaft ist: Abraham-Lincoln-Strasse 46, 65189 Wiesbaden, Germany

Inhaltsverzeichnis

Einleitung

1

1.1 Vorbemerkung

Der Einstieg in die Psychologie des Internet kann mit einer Metapher beginnen, die das Verhältnis zwischen realer und virtueller Welt veranschaulicht. Das weite Meer, das den weitaus größeren Teil der Erdoberfläche bedeckt, ist die virtuelle Welt. Der kleinere Teil, die Inseln, ist die spürbare, greifbare und auch rettende reale Welt, die den festen Untergrund bietet, den der Mensch braucht, um nicht von starken Strömungen und gewaltigen Fluten hinweg gerissen zu werden. Von dieser sicheren Basis aus kann er darüber nachsinnen, wie er das Meer kontrollieren und für seine Zwecke nutzen kann. Er hat Schiffe gebaut, mit denen er das Meer überqueren und andere Inseln erreichen sowie die Ressourcen des Meeres nutzen kann. Schon in der Antike galt, dass derjenige mächtig war, der Schiffe besaß. Er konnte Handelsbeziehungen mit fernen Ländern aufnehmen, Fischfang betreiben und fremdes Territorium jenseits des weiten Meeres besetzen. Heute gilt: Wer im Besitz eines Computers und eines Internetzugangs ist, kann im weltweiten Netz überall hingelangen.

Die Inseln im Meer sind von unterschiedlicher Art, nicht alle sind bewohnt. Bestimmte Orte, auf die später noch ausführlich eingegangen wird, können als Inseln gesehen werden, die sich hervorheben, weil sie Eigenschaften besitzen, die für den Menschen von existenzieller Bedeutung sind. Bevor diese besonderen Inseln in den Blickpunkt gerückt werden, soll ermittelt werden, ob sich durch die Nutzung von Computer und Internet die Lebenssituation des Menschen sowie er selbst sich verändert. Es ist nicht nur eine psychologische, sondern auch eine philosophische Frage. So hat Floridi (2015), ein Philosoph, prognostiziert, dass die zunehmend dichtere informationelle und soziale Vernetzung das Verhältnis des Menschen zur Welt grundlegend verändern wird. Das Anliegen des vorliegenden

© Springer Fachmedien Wiesbaden 2017
A. Flade, *Third Places – reale Inseln in der virtuellen Welt,*
DOI 10.1007/978-3-658-09688-5_1

Buches ist, die *psychologischen* Auswirkungen der Digitalisierung auf das Individuum und seine Lebenswelt zu untersuchen.

1.2   Medien in der Mensch-Umwelt-Beziehung

Die Mensch-Umwelt-Beziehung ist die kleinste sinnvolle Untersuchungseinheit, um menschliches Erleben und Verhalten zu beschreiben, zu erklären und zu beeinflussen. Doch wie soll man sich diese Verbindung zwischen Mensch und umgebender Welt vorstellen? Es sind Beziehungen, die über natürliche und technikbasierte Medien hergestellt werden. Ein Beispiel für ein natürliches Medium ist die Luft, die den Schall überträgt. Im Konzertsaal hört der Mensch die Musik über dieses natürliche Medium direkt; wird das Konzert im Radio übertragen, ist die Verbindung zwischen dem akustischen Ereignis und dem Menschen technisch vermittelt. Wenn von Medien die Rede ist, sind im Allgemeinen nicht die natürlichen, sondern die technikbasierten Medien gemeint. „Die Medien sitzen zwischen uns und der Welt, und sie binden uns an das Geschehen an, aber auf Kosten der unmittelbaren Erfahrung" (Pariser 2012, S. 68). Ebenso haben Mangold et al. (2004) Medien als Technologien mitsamt den damit verbundenen Verfahrensvorschriften zur Encodierung, Speicherung, Übermittlung, Abrufung und Decodierung von Informationen bezeichnet.

Medien wie Radio, Fernsehen, Telefon und Internet sind technische Produkte, von Menschen Erfundenes und Hergestelltes. Sie haben viele neue Formen von Mensch-Umwelt-Beziehungen ermöglicht, neue Verbindungswege geschaffen und noch weit mehr Informationen zugänglich gemacht (Köhler et al. 2008). Die positive Bewertung der Medien, nämlich deren Vermögen, den Wahrnehmungs- und Erfahrungsraum des Menschen zu erweitern und ihm neue Quellen des Wissens zu erschließen, wird allerdings gedämpft durch die Befürchtung, dass Technologien auch dazu beitragen, den Menschen seinen natürlichen Lebensbedingungen zu entrücken. Dies gilt auch für die Informations- und Kommunikationstechnologie (Sommer 2002).

Von der Technikgeschichte herkommend, hat sich Heßler (2012) mit dem Verhältnis zwischen Technik und Kultur befasst und daraus den Begriff der technischen Kultur (technology-based culture) abgeleitet. In einer technology-based culture ist Technik ein essenzieller Teil der kulturellen und der individuellen Lebenswelt, wobei damit nicht nur Werkzeuge und Maschinen gemeint sind. Die technische Kultur ist vielmehr „a whole way of life ... Technische Kultur meint, kurz gefasst, dass alle Handlungen, Erfahrungen, Wahrnehmungen, das menschliche Selbstverständnis, der Weltbezug und das In-der-Welt-Sein technisch vermittelt sind" (Heßler 2012, S. 10).

Diese Vermittlung findet bereits bei einer so einfachen Vorrichtung wie einer normalen Brille statt. Technische Geräte wie das Mikroskop und das Teleskop liefern dem Menschen Informationen, die er mit bloßem Auge nicht sehen könnte, sie erweitern seinen Wahrnehmungsraum bis ins Universum hinein.

Je nach Gesichtspunkt lassen sich Medien unterschiedlich einteilen (Schweiger 2007). So lässt sich zwischen Individual- und Massenmedien sowie dialogisch und distributiv angelegten Medien unterscheiden. Massenmedien sind distributive Medien, wobei distributiv bedeutet, dass gleichzeitig mehrere Menschen erreicht werden. Typisch für distributive Medien ist des Weiteren, dass es nur die eine Richtung vom Sender zum Empfänger gibt, dass Zeit und Ort von Produktion und Rezeption nicht identisch sein müssen und dass sie sich an ein anonymes Publikum richten. Beispiele sind Zeitungen und der Rundfunk (Heßler 2012).

Eine andere Kategorisierung ist diejenige in Print- und elektronische Medien (Mangold 2007). Elektronisch sind die audiovisuellen Medien Radio, Telefon, Film und Fernsehen und die neuen Medien Computer und Internet. Die Kategorien schließen sich nicht aus, wie die elektronischen Ausgaben von Printmedien oder Büchern zeigen.

Die technikbasierten Medien unterscheiden sich im Hinblick auf die zugrunde liegenden Technologien (Print, Film Radio, Fernsehen, Internet), den Kommunikationskanälen (auditiv, visuell, audiovisuell, Text), den Inhalten und ihrer Ausrichtung auf einen bestimmten Nutzungszweck: Wollen sich die Menschen informieren, mit anderen kommunizieren oder wollen sie einfach nur unterhalten werden?

Wahrnehmen mithilfe technischer Geräte unterscheidet sich vom direkten sinnlichen Wahrnehmen dadurch, dass die Informationen aus der Umwelt mit Hilfe von Zeichensystemen übermittelt werden, wobei die Zeichen etwas repräsentieren (Schwan und Hesse 2004). Symbolische Zeichen wie die Schrift oder andere Notationssysteme beruhen auf Vereinbarungen. Sie können nur verstanden werden, wenn die Codierkonvention bekannt ist. Symbolische Zeichen sind wie Begriffe und Konzepte losgelöst vom konkreten Einzelfall, sie sind abstrakt, was den Vorteil hat, dass sie übertragbar und nicht auf konkrete Fälle beschränkt sind, deren Generalisierbarkeit begrenzt ist.

Bei einer multicodalen Informationspräsentation werden mehrere Zeichensysteme gleichzeitig eingesetzt (Schwan und Hesse 2004). Ein Beispiel ist die Kombination von Text und Bild. Print-Medien bestehen meistens nicht nur aus Text. Vielmehr werden Bilder als „eye catcher" eingefügt, um Aufmerksamkeit zu wecken und auf den zugehörigen Text neugierig zu machen. Eine solche medial reichhaltige Informationspräsentation ist keine neue Erfindung; es gab sie schon im 19. Jahrhundert. Weithin bekannt waren die Neuruppiner Bilderbögen, die von 1810 an bis ins 20. Jahrhundert hinein in Neuruppin in Brandenburg produziert wurden (Riedel 2009). Die Bögen wie beispielsweise derjenige „Ansprüche der modernen Frauen" sollten sowohl belehren als auch unterhalten. Heute gibt es neuartige Mixturen aus realen und virtuellen Elementen.

Das Internet war anfangs ein wissenschaftlich und militärisch genutztes Computernetz. Mit der Etablierung des world wide web (www) wurde es zu einem weltweiten Massenmedium (Heßler 2012). Begriffe wie Interaktivität und Vernetzung tauchten auf und kündeten von einer neuen Art technikbasierter Mensch-Umwelt-Beziehungen, bei denen der Mensch aus seiner passiven Rolle heraustritt und die Beziehungen aktiv mitgestaltet.

Computer und Internet bieten neue Formen der Speicherung, Nutzung, Verarbeitung und Übertragung von Informationen sowie neue Kommunikationsformen. Ermöglicht wird dies durch Techniken, bei denen über den Computer Daten in digitaler Form übermittelt werden bzw. auf Daten in digitaler Form zugegriffen wird. Digitalisierung heißt, analoge Informationen in einen binären Zahlencode aus Nullen und Einsen umzuwandeln (Mayer-Schönberger und Cukier 2013). Die Digitalisierung ermöglicht eine Verknüpfung verschiedener Medien, ein „Multimedia", die Integration diverser Kommunikationspfade wie Bilder und Text, Video und Audio. Im Unterschied dazu bedeutet Datafizierung Messen und Aufzeichnen. Etwas zu datafizieren meint, es in eine quantifizierte Form bringen.

Mit dem Label „neu" soll der qualitative Sprung von den „alten" zu den computerbasierten Medien zum Ausdruck gebracht werden. „Alt ist in dieser Terminologie nicht nur das Briefeschreiben, das mit Hilfe von Tontafeln bereits vor mehr als dreitausend Jahren von gebildeten Babyloniern praktiziert wurde, sondern auch das Festnetztelefon mit seiner gut einhundertjährigen Geschichte" (Döring 2007, S. 299). Es liegt auf der Hand, dass das, was heute als „alt" gilt, einmal neu gewesen ist. So waren Radio und Fernsehen auch einmal neu (Six und Gimmler 2005).

Mit der Mobilkommunikation, definiert als Kommunikation mittels portabler, drahtlos vernetzter Kommunikationsgeräte, wurde die Kommunikation gänzlich ortsunabhängig (Döring 2008). Handy und Smartphone haben das ortsgebundene Telefon weitgehend ersetzt; sie sind zu einem selbstverständlichen Zubehör geworden, wodurch nicht nur das Kommunikationsverhalten, sondern das gesamte soziale Leben stark verändert wurde.

Beim Gebrauch der traditionellen Medien Film, Fernsehen, Radio ist der Mensch passiver Rezipient. Mit den neuen Medien wurde auch die Akteursrolle möglich. Mit der Bezeichnung „Web 2.0" soll der Fortschritt zum Ausdruck gebracht werden, nämlich die Möglichkeit, selbst Inhalte produzieren zu können (Haferkamp 2010; Lück 2013). Web 2.0 bezeichnet eine Online Vernetzung, bei der beide Rollen möglich sind, diejenige des Empfängers sowie diejenige des Produzenten von Botschaften. Dieser „Fortschritt" sei an einem Beispiel erläutert:

Auf der Suche nach den Ursachen von Aggression und Gewalt hat man auch die Medien als potenzielle Einflussfaktoren ins Blickfeld gerückt. Man fragte sich, ob Menschen, die gewalthaltige Sendungen sehen, aggressiver werden. Die Annahme eines Zusammenhangs wurde aus der sozialkognitiven Lerntheorie abgeleitet, die besagt: Der Mensch in der Rolle des Zuschauers beobachtet das Verhalten einer anderen Person (Modellperson) und ahmt es nach und zwar vor allem dann, wenn er sieht, dass das Verhalten der Modellperson belohnt wird (Bandura et al. 1963; Bandura 1979).

Mit dem Aufkommen der neuen Medien gewann die Frage gewalthaltiger Inhalte in den Medien neue Aktualität. Im Internet kann der Mensch als unerkannt Bleibender seine Aggressionen ausleben, er kann andere beleidigen, verleumden und sie in öffentlichen Internetforen bloßstellen, ohne dass er Bestrafungen befürchten muss. Es verwundert deshalb nicht, dass antisoziales Verhalten in extremen Formen zu einem gravierenden Problem geworden ist. Es gehört zu den Schattenseiten der neuen Medien.

Die Frage ist demzufolge nicht mehr allein:

▶   Was machen die Medien mit den Menschen?

sondern auch:

▶   Was machen die Menschen mit den Medien?

Es sind zentrale Fragestellungen, denen jeweils ein unterschiedliches Menschenbild zugrunde liegt (Leffelsend et al. 2004). Bei der ersten Frage wird der Mensch als passives Wesen gesehen, das den Medieneinflüssen mehr der weniger hilflos ausgesetzt ist. Die zweite Frage geht von dem Bild des aktiv handelnden Menschen aus, der nicht nur reagiert, sondern auch agiert und in der Lage ist, wahrgenommene Gelegenheiten zum Vorteil für sich selbst zu nutzen.

Bei den klassischen Medien beschränkt sich die Akteursrolle auf die Medienwahl, die neuen Medien bieten erweiterte Handlungsmöglichkeiten. Es werden nicht nur Angebote ausgewählt, sondern selbst Inhalte geschaffen. Dass es auch sozialschädliche Inhalte sein können, zeigt sehr deutlich das Phänomen des Cybermobbing (Pieschl und Porsch 2014).

Die Medienpsychologie wurde als dasjenige wissenschaftliche Feld definiert, das sich mit der mikroanalytischen Beschreibung und Erklärung des durch Medien der Individual- und Massenkommunikation bedingten Verhaltens von Individuen befasst (Winterhoff-Spurk 2004). Mit der Entwicklung der Computertechnologie und des Internet wuchs die Bedeutung der Medienpsychologie. Dies lässt sich an den zahlreichen neueren Publikationen zur Medienpsychologie ablesen (vgl. Trepte und Reinecke 2012; Schweiger und Fahr 2013; Porsch und Pieschl 2014). Wie zu erwarten hat die Entwicklung der Informations- und Kommunikationstechnologie viele neue Fragen aufgeworfen, was wiederum die medienpsychologische Forschung beflügelt hat.

1.3   Die Nutzung des Internet

1.3.1   Substitution oder Komplementarität?

Die Art und das Ausmaß der Internetnutzung sind individuell unterschiedlich. Es gibt diejenigen, die das weitreichende Angebot des Internet weidlich nutzen, und jene, die das nur in begrenztem Maße tun, z. B. zum Versand von E-Mails oder beim Online-Banking (Amichai-Hamburger 2002). Deshalb lässt sich die Frage, ob Computer und Internet die klassischen Medien verdrängen, auch nicht mit einem schlichten ja oder nein beantworten. Trepte et al. (2000) verwendeten den Begriff Substitution für die Nutzung eines Medienangebotes, das an die Stelle eines anderen tritt. Sie sprechen von einer komplementären Beziehung, wenn verschiedene Medien parallel genutzt und kombiniert werden. Komplementarität schließt auch den More-and-More-Effekt ein, eine über die Addition hinausreichende Komplementarität. So kann z. B. die Zeit, die durch Nutzung des Internet für E-Commerce, E-Banking oder E-Mailing gespart wird, für das Lesen einer zweiten Tageszeitung verwendet werden.

Wie Trepte et al. (2000) in einer Befragung über die Rezeption der „Big Brother"-Sendung feststellten, schließen sich die beiden Formate als Fernsehfilm und im Internet nicht aus (vgl. Abschn. 3.6). Als Vorteile der Internetpräsentation nannten die Befragten, dass man nicht an Sendezeiten gebunden ist und dass man es mit einer Livesendung zu tun hat, die nicht gekürzt und dramaturgisch

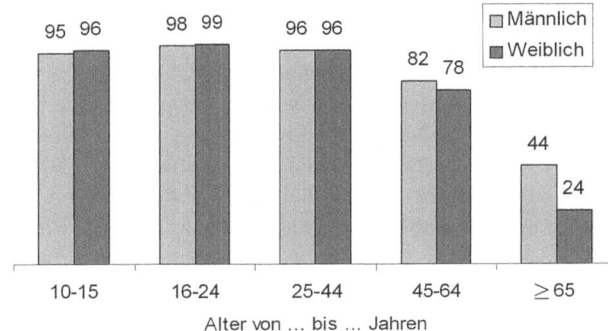

Abb. 1.1   Internetnutzung nach Alter und Geschlecht in Prozent. (Kott et al. 2013, S. 339)

aufbereitet, sondern authentisch ist. Es sind dies zwei Merkmale, die auf grundsätzliche Qualitäten verweisen: auf individuelle Autonomie bzw. Zeitsouveränität und auf ein grundlegendes Interesse an Echtheit bzw. Authentizität. Spaß machend und unterhaltend sind für die Befragten sowohl die TV-Sendung als auch die Website von Big Brother.

Es gibt viele Beispiele für Komplementarität. So können reale Freundschaften durch E-Mail-Kontakte trotz räumlicher Ferne aufrechterhalten werden und umgekehrt können virtuelle Bekanntschaften ein Anstoß sein, diese als reale Beziehungen fortzusetzen.

1.3.2   Internetnutzung bei Kindern und Jugendlichen

Den gesellschaftlichen Wandel bekommt vor allem die ältere Generation zu spüren. Für die Jüngeren, deren Zeitperspektive weniger weit zurück reicht, zeichnet sich ein solcher Wandel kaum ab, denn sie wachsen mit der neuen Technologie auf. Sie sind in die digitale Gesellschaft hineingeborene „digital natives", denen der Umgang mit dem Computer und dem Internet leicht fällt entsprechend dem Sprichwort: „Früh übt sich, was ein Meister werden will". Computer und Internet sind für Jugendliche und junge Erwachsene Selbstverständlichkeiten; diejenigen, die das Internet nicht nutzen, sind die Ausnahme. Aus Abb. 1.1, in der die Internetnutzung im Jahr 2012 differenziert nach Alter und Geschlecht dargestellt ist, lässt sich entnehmen, dass die Jüngeren häufige Internetnutzer sind, bei den Älteren ist die Internetnutzung weniger selbstverständlich. Nur bei den Älteren ist

ein Geschlechtsunterschied auszumachen, was auf nachwirkende Geschlechtsrol-
lenstereotype schließen lässt (vgl. Trautner 1991).

Eine der aktuellen Quellen zur Mediennutzung von Jugendlichen ist die JIM-
Studie (Jugend-Information-Media). Es handelt sich dabei um eine Befragung des
Medienpädagogischen Forschungsverbunds Südwest, einer Forschungskoope-
ration der Landesmedienanstalten von Baden-Württemberg, Rheinland-Pfalz
und dem Südwestrundfunk, bei der jährlich eine Stichprobe 12- bis 19-Jähriger
in Deutschland telefonisch über ihre Mediennutzung befragt wird. Eine weitere Quelle ist die KIM Studie, die das Medienverhalten der 6- bis 13-Jährigen
in Deutschland erfasst (Feierabend et al. 2014). Solche sowie andere Umfragen
bestätigen die häufige Nutzung von Computer und Internet bereits ab dem Kindesalter (Kott et al. 2013).

Das Ergebnis einer Studie des Hightech-Verbands BITKOM, in der eine
Zufallsstichprobe von über 900 Kindern und Jugendlichen im Alter zwischen 6
und 18 Jahren befragt wurde, war, dass bei 16- bis 18-Jährigen die Netz-Nutzer-
quote bei 100 % liegt und die tägliche Nutzungsdauer im Durchschnitt 115 min
beträgt. Bereits knapp 40 % der 6- bis 7-Jährigen nutzen das Internet, die 8- bis
9-Jährigen zu 76 % und die 10- bis 11-Jährigen zu 94 % (BITKOM 2014). Für
die 6- bis 7-Jährigen besteht die Internetnutzung in erster Linie aus Online-Spie-
len und dem Konsum von Filmen, für die 16- bis 18-Jährigen sind die Online-
Kontakte und die Online-Kommunikation vorrangiger Nutzungszweck. Ähnliche
Ergebnisse hat das Deutsche Institut für Vertrauen und Sicherheit im Internet
(DIVSI) über die digitale Sozialisation von Kindern geliefert. Es zeigte sich, dass
98 % der 14- bis 24-Jährigen das Internet nutzen (verglichen mit 81 % in der
Gesamtbevölkerung) (DIVSI 2014).

Auch die Internetaktivitäten der 3- bis 8-Jährigen wurden schon erfasst
(DIVSI 2015). Wie diese Umfrage ergab, nutzt rund die Hälfte der 8-Jährigen das
Internet, ein Drittel von ihnen mehrmals in der Woche bis täglich (Abb. 1.2 und
1.3).

Von den 3-Jährigen nutzten zum Zeitpunkt der Erhebung (2015) ein Zehntel
das Internet. Die Frage einer Dreijährigen: „Wo ist mein Handy?", wird in abseh-
barer Zukunft kein Erstaunen mehr auslösen. Sie zeigt vielmehr ein frühes Hineinwachsen in die digitalisierte Gesellschaft. Inzwischen werden Apps für Kinder
ab zwei Jahren entwickelt. Digitale Geräte mit berührungsempfindlichen Bild-
schirmen scheinen bald zum Inventar jedes Kinderzimmers zu gehören.[1]

---

[1]„ Apps für das Kinderzimmer", FAZ, 11.1.16, S. 24.

Abb. 1.2 Sechsjähriger am Laptop. (Eigenes Foto)

Abb. 1.3 Dreijährige mit Handy. (Eigenes Foto)

Grosser (2014) hat aus den letzten Jahren stammende Umfrageergebnisse zur Online Kommunikation bei Jugendlichen und jungen Erwachsenen zusammenfassend dargestellt. Ihre Synopse ergab, dass 62 % der ab 6-Jährigen das Internet nutzen und dass 93 % der ab 12-Jährigen häufige Internet-Nutzer sind. Ab 16 Jahren besitzen 90 % der Jugendlichen ein Smartphone. Die aktuelle Shell-Studie hat ebenfalls bestätigt, dass so gut wie alle Jugendlichen (99 %) Zugang zum Internet haben (Albert et al. 2015).

Sämtliche dieser Ergebnisse weisen in die gleiche Richtung. Auch wenn die Prozentwerte in verschiedenen Studien etwas unterschiedlich ausfallen, so ist doch insgesamt unstrittig, dass Computer und Internet längst zum Alltag von Kindern und Jugendlichen gehören.

Galt als Haupttätigkeit im Vorschulalter bislang das Spielen mit realen Dingen in realen Umwelten, wobei diese umweltaneignenden Aktivitäten für eine gesunde Entwicklung als unverzichtbar angesehen wurden (Moore 1999), so stellt sich heute umso mehr die Frage nach den Folgen einer gänzlich anders verlaufenden Sozialisation.

Hauptmotiv für die Internetnutzung im Jugendalter ist die Kommunikation (Feierabend et al. 2014). Das für diesen Zweck am häufigsten genutzte soziale Netzwerk ist Facebook. Man fühlt sich den Freunden zugehörig, mit denen man über Facebook verbunden ist und mit denen man viel Zeit verbringt. Man findet zueinander, auch wenn man räumlich weit weg ist. Wie verbreitet diese Art der Kommunikation ist, bringen Karikaturen treffend zu Ausdruck (vgl. Abb. 1.4).

Die Zeitautonomie wird von Jugendlichen positiv bewertet. Mehr als zwei Drittel sehen es als Vorteil an, dass sie frei entscheiden können, ob und wann und wie sie auf eine Nachricht antworten. Bemerkenswert ist jedoch, dass die Zeitsouveränität der anderen nicht selten mit einer inneren Unruhe und Ungeduld einhergeht. Man hat den Eindruck, dass vieles im Alltag zu lange dauert und möchte möglichst schnell etwas über die Vorgänge im sozialen Netzwerk erfahren (Grosser 2014). Mit anderen Worten: Man schätzt es, wenn man frei ist zu antworten, wann es einem gefällt; andererseits mag man es nicht, wenn man auf die Antworten der anderen warten muss.

Bei der Generation der Digital Natives stellt sich die Frage nach den potenziellen negativen Auswirkungen des Internet besonders dringlich, denn Kinder sind noch neugieriger und aufgeschlossener dem Neuen gegenüber und auch leichter beeinflussbar als Erwachsene (Six 2008). Sie werden durch die digitale Gesellschaft, in die sie hineinwachsen, stark geprägt. Sie besitzen viel technische Kompetenz, aber nicht immer auch eine ausreichende soziale Kompetenz, um Informationen und Botschaften aus dem Internet kritisch zu hinterfragen. Es

Abb. 1.4 Der Laternenmast als Facebook für Hunde. (Mit freundlicher Genehmigung von Beck caricatura)

handelt sich um den „Kindheitsfaktor", auf den Thompson et al. (2008) in einer Untersuchung zur Naturverbundenheit im Erwachsenenalter hingewiesen haben. Mit dieser Bezeichnung wollten sie zum Ausdruck bringen, dass Erfahrungen,

die ein Mensch im Laufe des Lebens und vor allem in der Kindheit macht, seine
späteren Interessen, Wertschätzungen und Einstellungen, Zielsetzungen und
Handlungsabsichten bestimmen. Konkret stellte sich heraus, dass das Interesse
an der Natur und an Themen des Umweltschutzes umso geringer ist, je seltener
man in der Kindheit die Natur zu Gesicht bekommen hatte.

Die Online-Aktivitäten der jüngeren Generation sind wesentlich von der
Computernutzung in der Familie geprägt (Griffith und Parke 2002). Eltern und
Geschwister sind als Bezugspersonen wichtige Modelle. Dies bestätigte eine
Untersuchung von McMillan und Morrison (2006), in der Studierende im Alter
zwischen 19 und 25 Jahren gebeten wurden, ihre persönliche Geschichte der
Internetnutzung aufzuschreiben. Die mitgeteilten Erfahrungen bezogen sich auf
die eigene Person, die Familie sowie die realen und virtuellen Bezugsgruppen.
Dabei zeigte sich auch, dass sich nicht alle der Befragten den Anforderungen
der neuen Technologie gewachsen fühlen. Auch wenn viele betonten, dass sich
mit dem Internet für sie neue Möglichkeiten zu kommunizieren aufgetan haben,
so meinten doch einige, dass sie den Umgang mit dem Computer und Internet
schwierig und frustrierend finden und sich im Vergleich zu anderen unterlegen
fühlen. Die Familie betreffend werden die jüngeren Geschwister oft als versierter
im Umgang mit den neuen Technologien angesehen; sie, als ältere Geschwister,
seien im Vergleich dazu wahre Dinosaurier. Die Jugendlichen sehen nicht mehr
in erster Linie den Vater, sondern sich selbst oder ihre Geschwister als diejenigen
an, die sich in der Familie in Computerfragen am besten auskennen. Das Ergebnis bringt neben dem erwarteten Generationeneffekt auch die Schnelligkeit der
technologische Entwicklung zum Ausdruck, indem die jüngeren Geschwister als
überlegen wahrgenommen werden. Computer und Internet verändern das Fami-
lienleben, indem sie die Generationen voneinander trennen. Die Älteren werden
„abgehängt". Ihre Erfahrungen gelten nichts mehr.

Die Lebenslage der Familie bestimmt weitgehend die Internet-Sozialisation.
So haben Jackson et al. (2010) in einer Befragung 11- bis 16-Jähriger festgestellt,
dass deren Internet Nutzung mit dem Haushaltseinkommen korreliert. Je höher
dieses ist, umso besser ist die Familie mit Computern ausgestattet und umso kom-
petenter sind im Allgemeinen die Familienmitglieder im Umgang mit den neuen
Medien.

Zusammenfassend ist festzuhalten, dass Computer und Internet im Leben von
Kindern und Jugendlichen eine bedeutende Rolle spielen. So wie vor 15 Jahren
von einer „verhäuslichten Kindheit" gesprochen wurde, weil sich viele Aktivitäten von Kindern, die früher einmal draußen ausgeübt wurden, in Innenräume und
Institutionen verlagert haben (Zinnecker 2001), so kann man inzwischen ähnlich

plakativ von einer „digitalisierten Kindheit" reden, weil viele Aktivitäten jetzt nicht mehr in realen sondern in virtuellen Umwelten stattfinden.

1.3.3 Motive der Internetnutzung

Warum ist das Internet so attraktiv? Es sind zum einen sach- und aufgabenbezogene, zum anderen soziale und emotionale Gründe (Döring 2003). Um eine sachbezogene Internetnutzung handelt es sich, wenn man sich Informationen verschafft, um Antworten auf spezielle Fragen zu bekommen und Wissenslücken zu schließen. Von besonderer Bedeutung ist die Informationsfunktion dann, wenn Medien die einzige Quelle sind, um etwas über die Welt zu erfahren, weil es keine Möglichkeiten für reale Erfahrungen gibt. Man ist entweder nicht „vor Ort" oder kann nicht dort sein, weil die ursprüngliche Welt nicht mehr existiert, zerstört wurde oder nicht mehr zugänglich ist. Mediale Darstellungen von historischen Stätten bewahren diese Orte vor dem Vergessenwerden. Dem Internet kommt dabei eine herausragende Bedeutung zu, weil es Informationen – wie ein virtuelles Museum – schnell, unaufwendig und anschaulich liefert. Zu den sachbezogenen Gründen gehört des Weiteren die Nutzung des Internet sowohl im beruflichen als auch im außerberuflichen Bereich. Real nicht anwesende berufstätige Eltern können durch eine Technik basierte virtuelle Präsenz ihrem Kind das Gefühl geben, dass sie sich kümmern und sorgen (Whitacker 1999). Ein konkretes Beispiel ist die Verwendung einer „Familo-App", eines Mini-Netzwerks, das, nachdem die regelmäßig besuchten Orte erfasst sind, eine genaue Ortung der Familienmitglieder erlaubt. So wissen Eltern, wo sich ihre Kinder gerade befinden, und Kinder können mit einem Knopfdruck die Eltern informieren, wo sie im Moment sind[2]. Unverkennbar ist, dass sich dahinter nicht nur liebende Fürsorge, sondern auch ein starkes Kontrollbedürfnis der Eltern verbirgt.

Zu den nicht instrumentellen Motiven sind die sozialen Bedürfnisse nach Kontakt und Zugehörigkeit, nach Erholung und Stressfreiheit, nach Anerkennung, einem positiven Selbstbild, nach Anregungen und Unterhaltung sowie nach Kontrolle und Selbstwirksamkeit zu rechnen. Dass einer Handlung mehrere Motive zugrunde liegen können, zeigt das Vierfelderschema in Abb. 1.5, in dem das Informations- und Unterhaltungsmotiv als Koordinaten dargestellt sind.

Die Kontrastierung von Information und Unterhaltung verleitet dazu, Unterhaltung negativ zu konnotieren und als bloßen Zeitvertreib und Überbrückung

---

[2]„Den Kindern auf der Spur", FAZ, 14.12.15, S. 19.

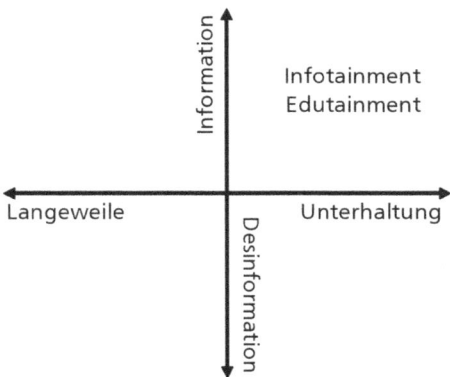

Abb. 1.5 Vierfelderschema der Medieninhalte. (Mangold 2004, S. 529)

von Langeweile hinzustellen. Ohne Zweifel ist das Unterhaltungserleben nicht auf Wissenserwerb und Leistung, sondern in erster Linie auf Vergnügen und Spaß ausgerichtet. Unterhaltendes kann indessen durchaus lehrreich sein, was in den Kunstwörtern „Infotainment" und „Edutainment" zum Ausdruck kommt (vgl. Abb. 1.5).

Infotainment bezeichnet die Mixtur aus Information und Unterhaltung. Die Information wird mit unterhaltsamen Elementen „aufgepeppt", z. B. durch ein witziges Bild. Eine zu starke Betonung der Unterhaltungskomponente kann indessen die Glaubwürdigkeit der Botschaft und der Medienperson, die sie verkündet, reduzieren (Mangold 2004).

Beim Edutainment (Überlappung von Unterhaltung und Lernen) werden Spaß- und Unterhaltungselemente integriert, um die Lernmotivation und damit auch den Lernerfolg zu steigern. Lernsoftware, dem Prinzip des Edutainment entsprechend, ist längst zu einem „big business appealing to companies, schools, and parents" geworden (Norman 2008, S. 399). Das Vergnügen am Witz eines Computerspiels oder einer Unterhaltungssendung kann außerdem zu einem Aha-Erlebnis führen und bewirken, dass die Motivation wächst, sich noch intensiver oder überhaupt mit dem Thema zu befassen.

Unterhaltung sucht der Mensch aus unterschiedlichen Gründen (Batinic 2008; Schweiger 2007): um sich die Zeit zu vertreiben, um sich zu entspannen, zur Erheiterung, um Anregung zu bekommen, um Schönes zu erleben und zu genießen und um einer problematischen Situation zu entkommen. Unterhaltung kann entspannend und erholsam sein. Anregungen und ästhetische Eindrücke sind kognitiv und emotional bereichernd. Das Streben nach Unterhaltung, um leere Zeit zu füllen, ist eine aktive Suche nach Stimulation. Es kommt auf die Perspektive und die Dauer an, wie eine Realitätsflucht bewertet wird. Ein zeitlich begrenzter „Eskapismus" kann eine erholsame Auszeit sein, in der die Kräfte wiederkehren, die benötigt werden, um zu einer Problemlösung zu kommen. Negativ zu bewerten ist, wenn Eskapismus zu einer gewohnheitsmäßigen Haltung wird oder in eine exzessive Nutzung des Internet mündet (Young 1998; Wölfling et al. 2008; Rehbein 2014).

1.3.4   Theorien der Mediennutzung

Motive gelten als Motor des Verhaltens (Heckhausen und Heckhausen 2010), sie sind damit wichtige Einflussfaktoren und Ansatzpunkte für Theorien, die den Anspruch haben, Verhalten zu erklären. Theorien sind unverzichtbar, um Aussagen über Wirkungszusammenhänge machen zu können und empirische Ergebnisse und einzelne Beobachtungen auf eine abstrakte konzeptionelle Ebene zu heben. In der Medienforschung wird auf verschiedene theoretische Ansätze zurückgegriffen:

* auf den Uses-and-Gratification-Ansatz
* auf das Konzept des optimalen Erregungsniveaus
* auf das Selective Exposure Konzept
* auf den strukturellen Ansatz
* auf die Theorie der rationalen Entscheidung.

Die Annahme des *Uses-and-Gratification-Ansatzes* ist, dass Medien Mittel der Bedürfnisbefriedigung sind (Schweiger 2007). Welche Bedürfnisse das sein können, hat Schweiger (2007) Bezug nehmend auf Maslow (1981) aufgelistet:

* biologisch-körperliche Bedürfnisse
* Sicherheitsbedürfnisse
* soziale Bedürfnisse nach Kontakt, Kommunikation, Zugehörigkeit und Liebe
* Ich-Bedürfnisse nach Anerkennung, einem positiven Selbstbild und Selbstwertgefühl
* kognitive Bedürfnisse nach Wissen, Verstehen und neuen Erfahrungen
* ästhetische Bedürfnisse nach Schönheit und Geordnetheit
* Bedürfnis nach Umweltaneignung und Selbstwirksamkeit
* spirituelle Bedürfnisse.

Die biologisch-körperlichen und die Sicherheitsbedürfnisse sind existenzielle
überlebenswichtige Bedürfnisse, die erst einmal befriedigt sein müssen, ehe die
weiteren bzw. „höheren" Bedürfnisse hervortreten. „Höher" gelegen sind die
sozialen Bedürfnisse nach Kontakt, Kommunikation, Gemeinschaftlichkeit und
Zugehörigkeit. Die Möglichkeiten ihrer Befriedigung haben sich mit der Entwicklung der Kommunikationstechnologie vervielfacht. Neue Möglichkeiten
haben sich auch bei der Befriedigung der Ich- und der kognitiven Bedürfnisse
aufgetan. Man nutzt das Internet, weil es Gratifikationen liefert, z. B. die Befriedigung des Bedürfnisses nach Selbstwirksamkeit. Man ist z. B. in der Lage, sich
über das Internet kostenlos Informationen zu beschaffen, wobei gar nicht gemerkt
wird, dass diese Dienstleistungen mit persönlichen Daten bezahlt werden, nämlich der Registrierung, was man wie oft abgefragt hat. Was die ästhetischen
Bedürfnisse betrifft, geht man in der Psychologie von der subjektivistischen Position aus, dass das Ästhetische ein Wahrnehmungseindruck und nicht oder zumindest nicht allein eine Qualität des wahrgenommenen Gegenstands ist (vgl. Allesch
2006). Ob das Bedürfnis nach einer schönen Umwelt befriedigt wird, lässt sich
also nicht am Urteil von Experten festmachen, die etwas als schön anpreisen, sondern hängt davon ab, ob der fachlich weniger versierte Laie Dinge oder Umwelten schön findet. Er schaut sich z. B. einen Film an, in dem karge Steppen und
unwirtliche Erdteile zu sehen sind, deren Ästhetik ihn fasziniert. Dass die ästhetischen Präferenzen indessen nicht gänzlich subjektiv sind, zeigen Experimente
wie z. B. dasjenige von Lohr und Pearson-Mims (2006), die Versuchspersonen
Bilder präsentiert haben, auf denen eine schematisierte gebaute Umwelt mit Bäumen unterschiedlicher Art und ohne Bäume zu sehen waren. Die ästhetische Präferenz wurde mit Hilfe eine Skala erfasst. Die Bilder ohne jeden Baum gefielen
am wenigsten, während Bildszenen mit ausladenden, dachartigen Bäumen am
beliebtesten waren. Solche Bäume beschirmen, man fühlt sich darunter
geborgen[3].

Wei und Lo (2006) haben die Gratifikations-Faktoren bei der Nutzung des
Smartphones von Studenten in Taipei in Taiwan analysiert. Um wichtigsten war
den Studenten, dass das Smartphone unaufwendig und rasch Informationen liefert, z. B. über Fahrpläne und Termine von Veranstaltungen. Doch auch die
sozial-emotionalen Gratifikationsfaktoren sind wichtig: Das Smartphone hilft,

---

[3]Die Entstehung der Psychoanalyse wird mit einer uralten riesenhaften Ulme an einem
Dorfbrunnen in Verbindung gebracht, unter der die Patienten in Hypnose versetzt wurden,
vgl. Sloterdijk (1985).

Langeweile zu vertreiben, es bietet Unterhaltung, und es trägt dazu bei, die familiären und sozialen Beziehungen zu bekräftigen. Über das Smartphone ist man immer erreichbar und kann jederzeit mit anderen Kontakt aufnehmen. Gratifikationen, die das Smartphone bietet, sind seine vielfältigen Verwendungsmöglichkeiten, man kann damit telefonieren, man kann es als Kamera, Recherchehilfe, Taschenrechner, Terminkalender, Musik-Player und Lieferant von Kurznachrichten nutzen. Die Gratifikationen, die es bietet, sind, wie die Untersuchung von Wei und Lo (2006) und die Umfrage von Bitcom (2014) exemplarisch vor Augen führen, „globalisiert". Weil es so vielfältig eingesetzt werden und weil man es immer mit sich führen kann, ist es für viele Menschen unentbehrlich geworden. Es macht die Menschen zu „Cyborgs", zu Mischwesen aus Mensch und Computer.

Ein *optimales Erregungsniveau* (= arousal) ist das Grundkonzept des Sensation Seeking Ansatzes. Das Motiv ist, neuartige, abwechslungsreiche und intensive Sinneseindrücke sowie Spannung und lustvolle Erregung zu erleben. Es werden die Medien genutzt, die das gewünschte Ausmaß an Erregung bieten. Durch Wahl bestimmter Medienangebote, die in unterschiedlichem Ausmaß auf Sensationen setzen, lässt sich der individuell gewünschte Erregungsgrad herstellen (Batinic 2008). Nach den Forschungsergebnissen Zuckermans (1994) bildet sich das Motiv des Sensation Seeking zwischen 9 und 14 Jahren heraus und erreicht zwischen 16 und 20 Jahren seine höchste Ausprägung. Das Konzept des optimalen Erregungsniveaus und das Ergebnis Zuckermanns erklären, warum Älteren ein Medienangebot schrill erscheint, das Jugendliche begeistert.

Das *Selective Exposure Konzept* nimmt an, dass Menschen diejenigen Medien und Medieninhalte auswählen, die mit ihren persönlichen Einstellungen und Denkmustern übereinstimmen. Sie schaffen sich freiwillig eine individuelle „Filter Bubble" (Pariser 2012). Das Ergebnis von Schweiger (2007), dass Menschen, die nur wenig Zeit für das Zeitungslesen aufbringen, sich noch selektiver verhalten und für sie dissonante Beiträge noch stärker ausblenden als diejenigen, die eingehender und ausführlicher Zeitung lesen, weist darauf hin, dass das Selective Exposure Konzept vor allem in der Situation knapper Zeitressourcen ein zutreffender Erklärungsansatz ist.

Die *strukturelle Perspektive* sieht im sozialen Kontext einen wesentlichen Einflussfaktor der Mediennutzung. Welche Medien gewählt werden, hängt ab von den Meinungen, Bewertungen und der Mediennutzung der Bezugspersonen und Bezugsgruppen (Hartmann 2004; Döring 2008). Die Einbeziehung des Kontextes als einem möglichen Einflussfaktor der Mediennutzung verhindert den voreiligen Schluss, dass diese unabhängig von sozialen Einflüssen ausschließlich persönlichkeitsbedingt ist.

Warum wird die eine gegenüber einer anderen Kommunikationsform bevorzugt, wenn beide möglich sind? Die *Theorie der rationalen Entscheidung* unterstellt, dass Menschen rational handeln, indem sie ihren Nutzen maximieren. Das bedeutet, dass dasjenige unter den verfügbaren Medien gewählt wird, das den sachlichen und sozialen Anforderungen der Aufgabe am besten gerecht wird und hinsichtlich des Kosten-Nutzen-Verhältnisses optimal ist (Döring 2003), wobei jedoch nicht die objektiven Kosten und der objektive Nutzen ausschlaggebend sind, sondern das subjektive Kosten-Nutzen-Verhältnis. Optimieren kann allerdings nur derjenige, der über Alternativen verfügt und sich aussuchen kann, was ihm vorteilhafter erscheint.

Wovon hängt die Nutzung der neuen Medien ab? Es sind drei Kategorien von Einflussfaktoren (Döring 2003):

* medienbezogene Faktoren: Verfügbarkeit, Aufgabeneignung, Kosten- und Zeitaufwand, mediale Reichhaltigkeit, soziale Präsenz
* personenbezogene Faktoren: Medienausstattung, Medienkompetenz, Gewohnheiten
* interpersonale Faktoren: räumliche und zeitliche Erreichbarkeit der Kommunikationspartner, soziale Normen, Zwänge.

Man nutzt die neuen Medien also nicht nur, weil man leicht auf sie zugreifen kann. Amichai-Hamburger (2002) hat die Bedeutung der persönlichen Eigenschaften betont, die er für so wichtig hält, dass man die Zugänge zu den neuen Medien danach ausrichten sollte. Um individuell passende Internet-Zugänge zu gestalten, sollten Psychologen und IT-Experten zusammenarbeiten. Ziel sei „a more user-friendly, „healthy" web, that takes into account individual differences" (S. 9).

Zusammenfassend ist festzuhalten, dass es verschiedene theoretische Ansätze gibt, um die Nutzung von Medien, Computer und Internet eingeschlossen, zu erklären. Diese reichen von individual- bis zu sozialpsychologischen Erklärungen sowie von rationalen bis emotionalen Konzeptionen.

1.4 Fragestellungen und Themen

Die beiden zentralen Fragen sind: Verändert die Digitalisierung den Menschen und wenn ja, in welcher Weise? Verliert die reale Umwelt an Bedeutung oder anknüpfend an die Metapher der realen Inseln im virtuellen Meer: Werden die Inseln unwichtiger, weil der Mensch jetzt das Meer beherrscht und den festen Untergrund kaum mehr benötigt? Der ersten Frage wird im dritten Kapitel, der zweiten Frage im vierten Kapitel nachgegangen. Zuvor werden im zweiten Kapitel die vielfältigen Erscheinungsformen der Digitalisierung in unserer Gesellschaft skizziert und die Cyberpsychologie als Weiterentwicklung der Umweltpsychologie vorgestellt.

Konkrete Fragen im dritten Kapitel sind: Ändern sich die sinnliche Wahrnehmung und Informationsverarbeitung? Wird das menschliche Leben gefühlsärmer? Ist Internetsucht eine spezielle Form der Stressbewältigung? Wie verändert sich durch die zunehmend engere Verknüpfung von Computer und Mensch die Identität? Wird die Face-to-Face- gegenüber der Online-Kommunikation zweitrangig? Wird der Mensch durch das Internet angesichts der weitreichenden Anonymität virtueller Gemeinschaften unsozialer? Wird sein Verhalten konformer? Wie lässt sich das Privatheitsparadox erklären, dass Menschen viel von sich preisgeben, zugleich aber auch eine Überwachung und die Verletzung ihrer Privatsphäre befürchten? Sind Computerspiele eine neue Form der Umweltaneignung? Braucht der Mensch überhaupt noch eine kognitive Karte, wenn Navigationsapplikationen ihn zu jedem beliebigen Zielort geleiten? Ist seine Autonomie gefährdet, wenn sich die Arbeitsteilung zwischen Mensch und Computer verändert, indem der Computer dem Menschen immer mehr Arbeit abnimmt?

Im vierten Kapitel wird untersucht, ob reale öffentliche Räume durch die Digitalisierung an Bedeutung verlieren oder ob im Gegenteil ein neu erwachtes Interesse an diesen Orten auszumachen ist, die im Unterschied zum Cyberspace authentische Erfahrungen bieten. Das Konzept der Third Places wird vorgestellt und anhand von Beispielen erläutert. Dann werden die Fourth Places ins Blickfeld gerückt, die im Unterschied zu den Third Places weniger als soziale Treffpunkte fungieren, sondern vor allem als Orte, an denen sich der Mensch mit der physischen Welt in Beziehung setzt. Dazu gehören sakrale Orte und Naturumwelten. An der Nutzung von Third und Fourth Places lässt sich abschätzen, welche Bedeutung reale Umwelten für den Menschen haben.

Am Ende des einleitenden Kapitels sei noch darauf hingewiesen, dass manche Begriffe, die im Zusammenhang mit der Digitalisierung verwendet werden, entweder keiner Übersetzung bedürfen, weil sie bereits so gebräuchlich sind, oder nicht übersetzt wurden, weil es noch keine allgemein verwendete Übersetzung sowie keine verbindlichen Festlegungen über deren Groß- oder Kleinschreibung gibt. Beispiele sind Begriffe wie Digital Divide, information haves, Third Place, Big Data, information overload, Filter Bubble und restorative environments.

Literatur

Albert, M., Hurrelmann, K., & Quenzel, G. (2015). *Jugend 2015. Siebzehnte Shell Jugendstudie.* Hamburg: FISCHER Taschenbuch.
Allesch, C. A. (2006). *Einführung in die psychologische Ästhetik.* Wien: WUV.
Amichai-Hamburger, Y. (2002). Internet and personality. *Computers in Human Behavior, 18,* 1–10.
Bandura, A. (1979). *Sozial-kognitive Lerntheorie.* Stuttgart: Klett-Cotta.
Bandura, A., Ross, D., & Ross, S. A. (1963). Imitation of film-mediated aggressive models. *Journal of Abnormal and Social Psychology, 66,* 3–11.
Batinic, B. (2008). Medienwahl. In B. Batinic & M. Appel (Hrsg.), *Medienpsychologie* (S. 107–125). Heidelberg: Springer Medizin.
BITKOM (Bundesverband Informationswirtschaft, Telekommunikation und neue Medien e. V.) (Hrsg.). (2014). Jung und vernetzt. Kinder und Jugendliche in der digitalen Gesellschaft. https://www.bitkom.org/Publikationen/2014/Studien/Jung-und-vernetzt-Kinder-und-Jugendliche-in-der-digitalen-Gesellschaft/BITKOM-Studie-Jung-und-vernetzt-2014.pdf.
DIVSI. (2014). *U25-Studie. Kinder, Jugendliche und junge Erwachsene in der digitalen Welt.* Hamburg: DIVSI.
DIVSI. (2015). *U9-Studie. Kinder in der digitalen Welt.* Hamburg: DIVSI.
Döring, N. (2003). *Sozialpsychologie des Internet* (2. Aufl.). Göttingen: Hogrefe.
Döring, N. (2007). Vergleich zwischen direkter und medialer Individualkommunikation. In U. Six, U. Gleich, & R. Gimmler (Hrsg.), *Kommunikationspsychologie – Medienpsychologie. Ein Lehrbuch* (S. 297–313). Weinheim: Beltz/PVU.
Döring, N. (2008). Mobilkommunikation: Psychologische Nutzungs- und Wirkungsdimensionen. In B. Batinic & M. Appel (Hrsg.), *Medienpsychologie* (S. 219–239). Heidelberg: Springer Medizin.
Feierabend, S., Karg, U., & Rathgeb, T. (2014). Mediennutzung von Jugendlichen: Zentrale Ergebnisse der JIM-Studie 2012. In T. Porsch & S. Pieschl (Hrsg.), *Neue Medien und deren Schatten. Mediennutzung, Medienwirkung und Medienkompetenz* (S. 29–51). Göttingen: Hogrefe.
Floridi, L. (2015). *Die 4. Revolution. Wie die Infosphäre unser Leben verändert.* Berlin: Suhrkamp.
Griffiths, M. D., & Parke, J. (2002). The social impact of Internet gambling. *Social Science Computer Review, 20,* 312–320.
Grosser, E. (2014). Umfrageergebnisse zur Online-Kommunikation. *Zeitpolitisches Magazin, 25,* 9–14.
Haferkamp, N. (2010). *Sozialpsychologische Aspekte im Web 2.0.* Stuttgart: Kohlhammer.
Hartmann, T. (2004). Computervermittelte Kommunikation. In R. Mangold, P. Vorderer, & G. Bente (Hrsg.), *Lehrbuch der Medienpsychologie* (S. 673–693). Göttingen: Hogrefe.

Heckhausen, J., & Heckhausen, H. (2010). Motivation und Handeln: Einführung und Überblick. In J. Heckhausen & H. Heckhausen (Hrsg.), *Motivation und Handeln* (4. Aufl., S. 1–9). Berlin: Springer.

Heßler, M. (2012). *Kulturgeschichte der Technik*. Frankfurt a. M.: Campus.

Jackson, L. A., Eye, A. von., Fitzgerald, H. E., Zhao, Y., & Witt, E. A. (2010). Self-concept, self-esteem, gender, race and information technology use. *Computers in Human Behavior, 26,* 323–328.

Köhler, T., Kahnwald, N., & Reitmaier, M. (2008). Lehren und Lernen mit Multimedia und Internet. In B. Batinic & M. Appel (Hrsg.), *Medienpsychologie* (S. 477–501). Heidelberg: Springer Medizin.

Kott, K., Thenen, S. von., & Vogel, S. (2013). Freizeit und gesellschaftliche Partizipation. In Destatis & WZB (Hrsg.), *Datenreport 2013* (S. 333–345). Bonn: Bundeszentrale für politische Bildung.

Leffelsend, S., Mauch, M., & Hannover, B. (2004). Mediennutzung und Medienwirkung. In R. Mangold, P. Vorderer, & G. Bente (Hrsg.), *Lehrbuch der Medienpsychologie* (S. 51–71). Göttingen: Hogrefe.

Lohr, V. I., & Pearson-Mims, C. H. (2006). Responses to scenes with spreading, rounded, and conical tree forms. *Environment and Behavior, 38,* 667–688.

Lück, A.-K. (2013). *Der gläserne Mensch im Internet*. Stuttgart: Kohlhammer.

Mangold, R. (2004). Infotainment und Edutainment. In R. Mangold, P. Vorderer, & G. Bente (Hrsg.), *Lehrbuch der Medienpsychologie* (S. 527–542). Göttingen: Hogrefe.

Mangold, R. (2007). *Informationspsychologie. Wahrnehmen und Gestalten in der Medienwelt*. München: Spektrum.

Mangold, R., Vorderer, P., & Bente, G. (2004). Vorwort und Lesehilfe. In R. Mangold, P. Vorderer, & G. Bente (Hrsg.), *Lehrbuch der Medienpsychologie* (S. VII–IX). Göttingen: Hogrefe.

Maslow, A. H. (1981). *Motivation und Persönlichkeit*. Reinbek: Rowohlt. Originalausgabe: Maslow, A. H. (1954). *Motivation and personality*. New York: Harper & Row.

Mayer-Schönberger, V., & Cukier, K. (2013). *Big Data. Die Revolution, die unser Leben verändern wird*. München: Redline.

McMillan, S. J., & Morrison, M. (2006). Coming of age with the Internet: A qualitative exploration of how the Internet has become an integral part of young people's lives. *New Media & Society, 8,* 73–95.

Moore, R. C. (1999). Healing gardens for children. In C. Cooper Marcus & M. Barnes (Hrsg.), *Healing gardens: Therapeutic benefits and design recommendations* (S. 323–384). New York: Wiley.

Norman, K. L. (2008). *Cyberpsychology: Introduction to the psychology of human/computer interaction*. Cambridge: Cambridge University Press.

Pariser, E. (2012). *Filter Bubble. Wie wir im Internet entmündigt werden*. München: Hanser.

Pieschl, S., & Porsch, T. (2014). Cybermobbing – mehr als „Ärgern im Internet". In T. Porsch & S. Pieschl (Hrsg.), *Neue Medien und deren Schatten. Mediennutzung, Medienwirkung und Medienkompetenz* (S. 133–158). Göttingen: Hogrefe.

Porsch, T., & Pieschl, S. (Hrsg.). (2014). *Neue Medien und deren Schatten. Mediennutzung, Medienwirkung und Medienkompetenz*. Göttingen: Hogrefe.

Rehbein, F. (2014). Computerspiel- und Internetabhängigkeit. In T. Porsch & S. Pieschl (Hrsg.), *Neue Medien und deren Schatten. Mediennutzung, Medienwirkung und Medienkompetenz* (S. 219–243). Göttingen: Hogrefe.

Riedel, L. (2009). *Neuruppinger Bilderbogen.* Berlin: Rieger.

Schwan, S., & Hesse, F. W. (2004). Kognitionspsychologische Grundlagen. In R. Mangold, P. Vorderer, & G. Bente (Hrsg.), *Lehrbuch der Medienpsychologie* (S. 73–99). Göttingen: Hogrefe.

Schweiger, W. (2007). *Theorien der Mediennutzung.* Wiesbaden: VS Verlag.

Schweiger, W., & Fahr, A. A. (Hrsg.). (2013). *Handbuch Medienwirkungsforschung.* Heidelberg: Springer.

Six, U. (2008). Medien und Entwicklung. In R. Oerter & L. Montada (Hrsg.), *Entwicklungspsychologie.* (6. vollst. überarb. Aufl., S. 885–926). Weinheim: Beltz /PVU.

Six, U., & Gimmler, R. (2005). Neue Kommunikationsmedien. In D. Frey & C. Graf Hoyos (Hrsg.), *Psychologie in Gesellschaft, Kultur und Umwelt. Handbuch* (S. 325–332). Weinheim: Beltz/PVU.

Sloterdijk, P. (1985). *Der Zauberbaum.* Frankfurt a. M.: Suhrkamp.

Sommer, R. (2002). Personal space in a digital age. In R. B. Bechtel & A. Churchman (Hrsg.), *Handbook of environmental psychology* (S. 647–660). New York: Wiley.

Thompson, C. W., Aspinall, P., & Montarzino, A. (2008). The childhood factor: Adult visits to green places and the significance of childhood experience. *Environment and Behavior, 40,* 111–143.

Trautner, H.-M. (1991). *Lehrbuch der Entwicklungspsychologie* (Bd. 2). Göttingen: Hogrefe.

Trepte, S., & Reinecke, L. (2012). *Medienpsychologie.* Stuttgart: Kohlhammer.

Trepte, S., Baumann, E., & Borges, K. (2000). „Big Brother": Unterschiedliche Nutzungsmotive des Fernseh- und Webangebots? *Media Perspektiven, 2000*(12), 550–561.

Wei, R., & Lo, V.-H. (2006). Staying connected while on the move: Cell phone use and social connectedness. *New Media & Society, 8,* 53–72.

Whitaker, R. (1999). *Das Ende der Privatheit. Überwachung, Macht und soziale Kontrolle im Informationszeitalter.* München: Kunstmann.

Winterhoff-Spurk, P. (2004). *Medienpsychologie. Eine Einführung* (2. Aufl.). Stuttgart: Kohlhammer.

Wölfling, K., Thalemann, R., & Grüsser, S. M. (2008). Computerspielsucht: Ein psychopathologischer Symptomkomplex im Jugendalter. *Psychiatrische Praxis, 35,* 226–232.

Young, K. S. (1998). Internet addiction: The emergence of a new clinical disorder. *Cyber-Psychology & Behavior, 1,* 237–244.

Zinnecker, J. (2001). *Stadtkids. Kinderleben zwischen Straße und Schule.* Weinheim: Juventa.

Zuckerman, M. (1994). *Behavioral expressions and biosocial bases of sensation seeking.* Cambridge: Cambridge University Press.

Das Individuum im Cyberspace

2

2.1 Die Digitalisierung der Gesellschaft

Bevor im dritten Kapitel auf die zentrale Frage des Buches eingegangen wird, inwieweit und in welcher Weise sich der Mensch durch das Internet verändert, wird das Phänomen der Digitalisierung noch etwas näher beleuchtet. Synonyme zu „Digitalisierung" sind Computerisierung, digitaler Wandel, digital shift, digitale Revolution und Internet revolution (Amichai-Hamburger 2002, S. 2). Im ursprünglichen Sinne ist digitalisieren nichts weiter als das Umwandeln analoger Informationen in digitale Signale. Die heutige Digitaltechnik verarbeitet ausschließlich die binären Signale 0 und 1. Computer sind komplexe Maschinen, die solche Signale mit hoher Geschwindigkeit verarbeiten können. Sie können zu umfassenden, hoch komplexen Netzwerken verbunden werden. Die Bezeichnung „Digitalisierung" umfasst inzwischen weitaus mehr als nur das Umwandeln analoger in diskrete Werte, nämlich die zunehmende Nutzung des Computers mit entsprechenden Programmen und des Internets in sämtlichen politischen Handlungsfeldern und Lebensbereichen des Menschen und deren Auswirkung. Digitalisierung meint den Wandel, den die Computertechnologie und das Internet in Gang gesetzt haben.

Die Computerisierung spielt sich nicht mehr wie etwa die Raumfahrt als Technologie fern vom Alltagsleben des Menschen ab, sondern ist längst in alle Bereiche seiner Lebenswelt vorgedrungen. Insbesondere durch die Möglichkeit der Vernetzung haben sich neue Nutzungsmöglichkeiten aufgetan, die seine Lebenswelt und Lebensweise mitsamt seinem „social life" grundlegend verändert haben. Die Digitalisierung findet weltweit statt, es ist ein globales Phänomen, was genau aus diesem Grunde auf nationaler Ebene Befürchtungen weckt, ob man im IT Bereich mit der internationalen Entwicklung Schritt halten kann und sich die

© Springer Fachmedien Wiesbaden 2017   23
A. Flade, *Third Places – reale Inseln in der virtuellen Welt*,
DOI 10.1007/978-3-658-09688-5_2

Unternehmen im Land bereits auf den digitalen Wandel eingestellt haben. Unstrittig ist, dass die sozialen, politischen und gesellschaftlichen Auswirkungen der digitalen Informations- und Kommunikationstechnologie *global* sind. Stichworte sind Informations- und Netzwerkgesellschaft, globale Arbeitsteilung, globale Produktion, globale Finanzmärkte, globale Netzwerke usw. (Heßler 2012).

Um die Wucht der Auswirkungen, die globale Phänomene haben, und den Umbruch zum Ausdruck zu bringen, der in den 1990er-Jahren begann, wird auch von einer digitalen *Revolution* gesprochen. Ähnlich wie die Industrielle Revolution, die den Umbruch von der Agrar- zur Industriegesellschaft bezeichnet, die in der zweiten Hälfte des 18. Jahrhunderts ihren Anfang nahm und im 19. Jahrhundert zu einer dauerhaften Umgestaltung der wirtschaftlichen und sozialen Verhältnisse, der Arbeitsbedingungen und Lebensumstände geführt hat, wird die digitale Revolution ähnlich einschneidend und irreversibel sein. Der Eindruck, dass dies ungeheuer rasch vonstatten geht, wird noch dadurch verstärkt, dass in den Medien über das Thema Digitalisierung ständig und ausführlich berichtet wird. Floridi (2015) spricht, anknüpfend an die drei vorangegangenen Revolutionen durch Kopernikus, Darwin und Freud, welche die zentrale Position des Menschen in der Welt, seine Einzigartigkeit unter den Lebewesen und seine Intelligenz und Rationalität infrage gestellt haben, von der 4. Revolution. Damit will er ausdrücken, dass die Menschen heute nicht mehr nur Nutzer der Informations- und Kommunikationstechnologien sind, sondern dass sie inzwischen von diesen Technologien abhängig sind.

Dass die Bezeichnung „Revolution" mitnichten übertrieben ist, lässt sich anhand von drei technischen Parametern belegen: der Geschwindigkeit der Datenverarbeitung, der Größe des Arbeitsspeichers und der Kapazität der Speicherlaufwerke. In Abb. 2.1 ist die zeitliche Entwicklung für diese drei wesentlichen Parameter der digitalen Datenverarbeitung im PC-Bereich grafisch dargestellt.

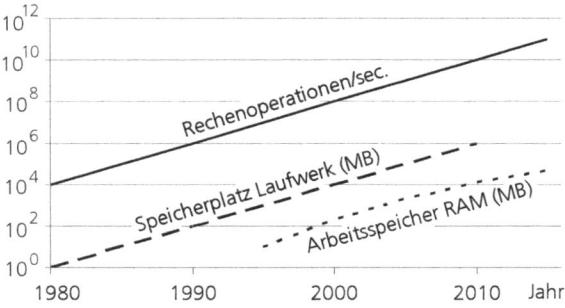

Abb. 2.1 Entwicklung der Leistungsfähigkeit von PCs in den letzten drei Jahrzehnten. (Eigene Zusammenstellung)

Zu den technischen Parametern:

- Die Verarbeitung der Daten erfolgt in sogenannten CPUs (= central processor units), deren Geschwindigkeit bzw. Leistungsfähigkeit in FLOPs (floating point operations per second) gemessen wird. Diese hat sich bei vergleichbaren Kosten seit 1980 etwa alle 10 Jahre um den Faktor 100 erhöht. So werden zurzeit (2015) z. B. im PC-Bereich mit einer CPU wie Core i7 Sandy Bridge etwa 100 GFLOPS erreicht, also 10^{11} rechnerische Operationen, wie sie z. B. eine Multiplikation darstellt, pro Sekunde – bei Prozessorkosten von deutlich weniger als 1000 €.
- Die Größe des Arbeitsspeichers (RAM = random access memory), welcher der CPU die zu verarbeitenden Daten zuführt und das Ergebnis der Berechnung unmittelbar aufnimmt, hat bei gleichbleibenden Kosten eine jährliche Zuwachsrate von etwa 150 %. Waren 1985 im PC-Bereich pro MB etwa 300 $ anzusetzen, so liegen die heutigen Kosten pro GB bei etwa 6 US$.
- Der dritte Aspekt betrifft die Datenspeicherung: Heute sind in PCs Speicherlaufwerke mit 1 TB keine Seltenheit mehr, während um 1980 allenfalls externe Speichermöglichkeiten auf Diskette in der Größenordnung von 1 MB existierten. In 30 Jahren hat sich damit – bei etwa gleichbleibenden Kosten – die Speichermöglichkeit um den Faktor 10^6 erhöht.

Die bereits 1965 von Gordon Moore prognostizierte exponentielle Leistungssteigerung der Computer (bei gleichbleibenden Kosten) ist somit im Wesentlichen bis heute gültig.

Dieser Zusammenhang gilt ebenfalls für die von den großen IT-Konzernen betriebenen Großrechner. So leistet heute (2013) beispielsweise ein chinesischer Superrechner 55 PetaFLOPS bei einem Arbeitsspeicher von 1375 TB und einem Speicherplatz von 12.400 TB[1].

Es ist jedoch abzusehen, dass sich der Zuwachs in der nächsten Zeit verlangsamt (vgl. Waldrop 2016). Es sind gigantische Zahlen, sodass es nicht verwundert,

---

[1]Zur Veranschaulichung: Setzt man 1 TB in Beziehung zu einem Sandkorn von 1 mm³ Volumen, so könnte man mit 1 TB Sandkörnern einen Würfel von 10 m Kantenlänge füllen und mit 12.400 TB einen solchen von über 230 m Kantenlänge – oder in Büchern ausgedrückt: Bei 2 Byte/Zeichen, 30 KB/Seite, 300 Seiten/Buch könnte in dem Speicherplatz des chinesischen Rechners fünf mal der Text sämtlicher in öffentlichen deutschen Bibliotheken befindlichen Medieneinheiten Platz finden.

dass diese Technik bewundert und befürwortet wird. Das Problem bleibt jedoch zum einen die Eingabe von Daten und zum anderen die Interpretation der erzielten Ergebnisse, sodass mehr dabei heraus kommt als nur ein „garbage in, garbage out".

Die Veränderung der Gesellschaft durch die Computerisierung ist ein Thema, das mit größter Aufmerksamkeit bedacht wird. Eine selektive mediale Bericht-erstattung verstärkt den Eindruck, sich mitten in einem umfassenden Wandel – einer Revolution – zu befinden. „Diesmal handelt es sich jedoch nicht um das Gespenst einer Revolution von unten, sondern um eine Revolution von außen, bewirkt durch die wundersamen Taten jenes deus ex machina namens Techno-logie. Die Agrarrevolution und die Industrielle Revolution werden nun von der Informationellen Revolution überholt. Der Computer verändert die Wirtschaft, die Gesellschaft, die Kultur und die Menschen selbst" (Whitaker 1999, S. 64).

Ab den 1980er-Jahren wurden Computer nicht nur mehr für berufliche und militärische Zwecke und in der Forschung, sondern auch im privaten Bereich ein-gesetzt. Der persönliche Computer (PC) wurde zu einem nützlichen Gerät, das man ebenso in den Alltag integrierte wie zuvor das Telefon und den Fernseher. Doch der Computer ist nicht nur ein Gerät wie die anderen, was sich daran zeigt, dass man eine Analogie zwischen Mensch und Computer hergestellt hat. Ähnlich wie der Computer ist das Gehirn ein informationsverarbeitendes System (Lück 1996).

Die Digitalisierung wirkt sich auf die Makro- und die Individualebene aus. Es verändern sich die individuellen Lebensumstände und die politischen Handlungs-felder, wobei es vielerlei Wechselwirkungen zwischen den beiden Ebenen gibt.

Dazu diene das folgende Beispiel: Mit der Möglichkeit, die berufliche Arbeit zu Hause am Computer zu erledigen, tauchen neue Wohn- und Siedlungsformen auf. Das Mikroapartment, eine kleine Wohnung meistens unter 30 m^2, möbliert oder teilmöbliert in Firmennähe in der City reicht als Zweitwohnsitz aus. Die Zeit am Wochenende verbringt man im eigentlichen geräumigeren Zuhause. Dieser „Erstwohnsitz" kann im ländlichen Raum sein, in dem die Immobilien-preise und Mieten erheblich niedriger sind als in der Stadt, in der man arbeitet. Diese Entwicklung wird beschleunigt, wenn der Arbeitsplatz nicht mehr der übli-che Schreibtisch im Büro ist. Der Mobile Worker, dessen Arbeitsausrüstung aus einem transportablen Laptop und einem Container auf Rollen besteht, braucht keinen festen Schreibtisch mehr, denn er sucht die Firma, in der sich sein Contai-ner befindet, nur ab und zu auf (Gerhardt 2014). Er kommt jetzt sogar ohne Mik-roapartment aus. Doch die Entwicklung geht noch darüber hinaus. Weil infolge dieser mobilen Form des Arbeitens weniger Büroflächen benötigt werden, kann man irgendwann daran gehen, Bürogebäude in Wohngebäude und Bürostädte in gemischt genutzte Quartiere oder auch reine Wohnsiedlungen umzuwandeln.

Veränderungen auf der Makroebene schlagen sich über kurz oder lang auf der Individualebene nieder, wobei hier vor allem die wirtschaftlichen und politischen Handlungsfelder gemeint sind. Bei der „Industrie 4.0" geht es um wirtschaftliche Interessen, die wachsende Macht der IT-Konzerne wirft politische Fragen auf. „Die Kommunikationsgiganten, die im Besitz der physikalischen Infrastruktur des Internets sind, haben großen politischen Einfluss" (Pariser 2012, S. 252).

Ein im Zusammenhang mit der Digitalisierung oft gebrauchtes Wort ist „smart", das euphemistisch mit „intelligent" gleich gesetzt wird. „Smart" weckt positive Assoziationen, es besagt, dass etwas hübsch, harmlos, nett und angenehm ist. Das Wort taucht in verschiedenen Zusammenhängen auf. So gibt es die Smart City und darüber hinaus die Global Smart City, und es gibt die Smart Watch, eine besondere Uhr, die ihrem Träger nicht nur sagt, wie spät es ist, sondern körperliche Aktivitäten überwachen und zum Fitness Training eingesetzt werden kann. Es gibt den Smart, das nette kleine Auto, und das Smart Home. Auch in der Werbung wird mit dem Spruch: „Nicht lang denken, smarter schenken", das Wort verwendet. Aus dem Mikroapartment, das möglicherweise Gedanken an Beengtheit aufkommen lässt, wird ein „Smartment". Dessen Zielgruppen sind, wie die GBI (Gesellschaft für Beteiligungen und Immobilienentwicklung) verlauten lässt, vor allem Geschäftsreisende, Berufstätige und Studenten. Geplant und gebaut werden „Smartments business" in den großen Städten und „Smartments student" in Universitätsstädten. Es sind hochfunktionale Kleinstwohnungen, die für einen vorübergehenden Aufenthalt ausreichen. Die Bezeichnung *Smart*ment weckt eher Assoziationen an anheimelnde Behaglichkeit als an Beengtheit.

Die Digitalisierung verändert die Arbeitswelt, Industrie und Wirtschaft, Forschung und Bildung, das Gesundheitswesen, das kulturelle Angebot, die Freizeit, Mobilität und Verkehr, Architektur, Stadtplanung, Siedlungsentwicklung, Landwirtschaft, Kriminalität und Kriminalitätsbekämpfung, worauf im Folgenden noch etwas näher eingegangen werden soll.

Veränderungen im Arbeits- und Wirtschaftsbereich Die Bezeichnung „Industrie 4.0" gibt der Digitalisierung der gesamten Produktion im Unternehmen und der Vernetzung mit anderen Unternehmen einen Namen, der mit einer fortschreitenden Entwicklung assoziiert wird. Schon seit langem werden in den Fabriken die Autos von digital gesteuertem Robotern gebaut. Um sie zu steuern, sind Computerkenntnisse erforderlich, ohne die es inzwischen keine guten beruflichen Aussichten mehr gibt. In einer globalisierten Welt wird es immer wichtiger, über weitreichende berufliche Kontakte zu verfügen, die ohne Computer nicht mehr

Abb. 2.2 Lernort in der Glasgow School of Arts. (Eigenes Foto)

gemanagt werden könnten (Döring 2007). In der Modebranche wird das Internet genutzt, um die Zielgruppen mit Fotos und Bewegtbildern auf neue Modetrends einzustimmen. Ein Trend oder ein neuer dress code können sich über das Internet schnell durchsetzen.

Veränderungen im Bildungsbereich Schulen, Bildungseinrichtungen, Bibliotheken und Hochschulen sind mit Computern ausgestattet (Köhler et al. 2008). Informatik ist Unterrichtsfach. Es gibt Kurse wie „Internet für Einsteiger" oder „Web 2.0 – das Mitmach-Web" für Erwachsene. Multimediales- bzw. E-Learning sind längst gängige Bezeichnungen (Weidemann et al. 2004; Schaumburg und Issing 2004). Seminarräume sind mit Laptops ausgestattet (vgl. Abb. 2.2).

In Schulen wird multimedial gelernt. Dabei wird Lernsoftware eingesetzt, die den klassischen Unterricht ergänzt. So ist „Beiki – Mit dem Fahrrad durchs Netz" ein zusätzliches Online-Angebot für die Verkehrs- und Mobilitätserziehung für die 5. bis 7. Klassenstufe (vgl. Abb. 2.3).

Lernangebote wie Beiki sind nicht streng auf „Education" ausgerichtet, sondern lassen sich unter „Edutainment" einordnen. So beginnt jeder Themenblock dieser Lernsoftware mit einem Quiz, dem Testspiel, um das Interesse an der Thematik zu wecken und zu stärken. Auch die „Forscheraufgaben" am Schluss jedes Themenblocks haben Spielcharakter, es sind Erkundungsspiele, die an für Schüler typische Erfahrungen aus der Verkehrswirklichkeit anknüpfen (Flade 2013).

Das Lernen mit dem Computer hat den Vorteil, dass ein Feedback unmittelbar erfolgt, was die Lernmotivation erhöht. Vorteilhaft sind auch der Wechsel der

Abb. 2.3 Lernsoftware zur Verkehrs- und Mobilitätserziehung. (Flade 2013, S. 245)

Art der Darbietung, die anregend wirkt, und das selbstbestimmte Tempo, mit dem man voran schreitet (Weidemann et al. 2004). Das Fazit von Schaumberg und Issing (2004) ist, dass Computer basiertes Lernen einen positiven Effekt auf die Lernleistung hat, dass auf den klassischen Unterricht aber keinesfalls verzichtet werden sollte. Vielmehr sollten beide Lernformen kombiniert werden. Nach Ansicht von Köhler et al. (2008) sollte das starke Interesse an computer- und internetbasierten Medien und die damit einhergehende intrinsische Motivation bei Jugendlichen und jungen Menschen, sich damit auseinanderzusetzen, noch viel mehr als bisher genutzt werden, um das Lernen zu optimieren.

Veränderungen im Bereich der Forschung Die Möglichkeit der Generierung, Erhebung und Verarbeitung großer Datenmengen hat die Forschung beflügelt. Die Digitalisierung hat neue Herangehensweisen und Erkenntnismöglichkeiten mit sich gebracht. Ein Beispiel sind die erweiterten Möglichkeiten der Erforschung der Materie. Im CERN (Conseil Européen pour la Recherche Nucléaire) in Genf wird das Aufeinanderprallen von Atomteilchen mit extrem hoher Geschwindigkeit durch Computer gesteuert. Ohne diese Möglichkeiten würde es kaum die Erkenntnisse über den Aufbau der Materie geben.

Bei der fachlichen Wissenskommunikation werden keine persönlichen Erlebnisse und Ansichten, sondern fachspezifische Erkenntnisse kommuniziert. Grundlage ist eine technische Infrastruktur, die Experten miteinander verbindet, sodass sie schnell und unaufwendig Wissen transferieren können (Weidemann et al. 2004). Eine dabei auftauchende Frage ist indessen, ob Wissenschaftler und Fachleute überhaupt ihr Wissen in offene und anonyme Netzwerke einspeisen sollten,

wenn dieses Wissen ihr Kapital ist. Deshalb muss die netzbasierte Wissenskommunikation nicht nur unter dem Gesichtspunkt der Effizienz und des Nutzens für
die Organisation oder Scientific Community gesehen werden, sondern auch aus der
Perspektive des individuellen Forschers und Experten.

Veränderungen im Kulturbereich Der Kulturbereich ist sehr vielfältig, dementsprechend vielfältig sind die mit der Digitalisierung einher gehenden Veränderungen. Das Konzertleben, Theaterinszenierungen, Ausstellungen in Museen, die
Kunst- und Musikproduktion, Kunstgeschichte und Literatur wandeln sich. Es
gibt inzwischen einen virtuellen Popstar, die Sängerin Hatsune Miku aus Japan,
die auf Tournee geht. Die Sängerin wird als Hologramm auf die Bühne projiziert.
Ihre Stimme kommt aus dem Computer. Die meisten Lieder, die Hatsune Miku
singt, wurden von ihren Fans komponiert[2]. Es ist ein Beispiel für eine enge
Durchmischung von realer und virtueller Welt. Die Popsängerin auf der Bühne
existiert nur virtuell, die Zuschauer sind real. Die Liedermacher sind real, sie
komponieren für einen virtuellen Star, der offensichtlich so erfolgreich ist, dass es
lohnt, ihn auf Tournee zu schicken. Eine neue Entwicklung ist auch, wenn an die
Stelle des traditionellen Komponisten, dessen Schaffen sich in einer Partitur niederschlägt, der Sounddesigner tritt, der Geräusche, Töne und Klänge aus dem
Netz holt und diese kunstvoll mischt.

Man kann sich den Weg ins reale Museum sparen, wenn es das virtuelle
Museum gibt, in dem man, ohne an der Kasse anstehen zu müssen und ohne ins
Gedränge zu geraten, die Exponate ansehen kann. Ein Beispiel ist das virtuelle
Museum Mecklenburg www.landesmuseum-mecklenburg.de, in dem man sich in
der ständigen Ausstellung die Skulptur des lesenden Klosterschülers von Barlach
von allen Seiten betrachten und Erläuterungen dazu lesen kann (vgl. Abb. 2.4).

Der Kunstgeschichte werden durch die Digitalisierung neue Methoden an die
Hand gegeben. Ein Beispiel ist die neue Fachzeitschrift DAH (digital art history)
(http://dah-journal.org). Je nach Fachrichtung sind die Verwertungsinteressen
unterschiedlich. Für Informatiker sind Kunstwerke Material, um Computer auf
das Feststellen von Ähnlichkeiten zu trainieren, das Interesse der Kunsthistoriker
ist auf die Rezeption der Kunstwerke und die Frage, was der Betrachter wahrnimmt, gerichtet. Inzwischen finden auch Kunstauktionen nicht mehr nur in der
klassischen Weise, sondern auch online statt, wobei ein Zeitlimit die Funktion des
Hammerschlags ersetzt (Engel 2015).

---

[2] „Diesen Star gibt es doch gar nicht!", FAZ vom 29.12.15, S. 13.

Abb. 2.4 Der lesende Klosterschüler. (Eigenes Foto)

Eine Aufgabe der digitalen Archäologie besteht darin, antike Bauten und Siedlungen mit 3-D-Kameras zu fotografieren und zu dokumentieren, bevor diese verfallen oder womöglich zerstört werden. Die dreidimensionale Dokumentation ermöglicht es, die zerstörten Stätten wieder erstehen zu lassen. In den Archiven werden sämtliche Dokumente digitalisiert.

Die Inszenierungspraxis im Theater ändert sich, man nutzt die neuen Möglichkeiten, indem man Computermusik einsetzt oder auf den Bühnenhintergrund großflächige Bilder oder Filme projiziert, die eine parallele Geschichte erzählen, die mit der auf der Bühne erzählten Geschichte nicht unbedingt übereinstimmen muss. Für einen Teil des Publikums ist diese bewusst inszenierte Diskrepanz kognitiv anregend, für manche Zuschauer aber auch verstörend. Solche Kontroversen sind durchaus beabsichtigt, weil sie die Kritiker auf den Plan rufen, die darüber in den Medien berichten.

Veränderungen im Gesundheitsbereich Der gesamte Gesundheits- und Wellness-Bereich ist im Begriff sich zu verändern. Man analysiert nicht mehr nur Krankheiten, sondern optimiert das Wohlbefinden, wobei eine große Menge an persönlichen Daten einfließt, um ein individuell zugeschnittenes Wellness-Programm zusammen zu stellen. Mit der elektronischen Patientenakte geht es weiter, die neben den klassischen medizinischen Daten jetzt auch Daten enthält, die der Fitness-Tracker liefert. Sogar die Psychotherapie, deren zentrales Element bislang der Face-to-Face Kontakt ist, wird sich durch die Digitalisierung ändern. Vorboten sind Online Angebote wie die web-based bzw. E-Therapie (Wells et al. 2007; Amichai-Hamburger et al. 2014).

Online therapy services may be provided as an adjunct to more traditional forms of mental health treatment, or may be initiated without any offline contact between the therapist and client (Wells et al. 2007, S. 453).

Die Meinungen zur Digitalisierung der Psychotherapie sind geteilt. Die Kritiker halten es für nicht Therapie fördernd, wenn sich Klient und Therapeut an unterschiedlichen Orten befinden, weil auch das Setting einen Einfluss auf den sozialen Prozess habe, und weil die nonverbalen Hinweisreize (Cues) der Face-to-Face Situation fehlen, die das therapeutische Geschehen auf subtile Weise beeinflussen. Es sind die wesentlichen Gründe, weshalb Psychotherapeuten die Entwicklung in Richtung eines Online Therapieangebots weniger befürworten, was Wells et al. (2007) in einer Befragung von Therapeuten ermittelt haben. Dennoch werden sich über kurz oder lang auch die psychotherapeutischen Verfahren verändern, was sich auch daran zeigt, dass die Digitalisierung zu einem Thema psychotherapeutischer Fachtagungen geworden ist. Die Fragestellungen, mit denen man sich dabei befasst, sind ganz unterschiedlich. Der Bogen reicht von der Entstehung neuer Symptomatiken, die einer Therapie bedürfen, bis hin zu einer möglichen Substitution traditioneller therapeutischer Verfahrensweisen (Wahl und Lehmkuhl 2014):

- Die Digitalisierung hat eine neue Symptomatik hervorgebracht: die Internetsucht.
- Der Klient bekommt wirkungsvolle Abwehrmechanismen an die Hand, indem er dem Therapeuten die Diagnose präsentiert, die er sich im Internet geholt hat.

- Bei bestimmten Störungen wie Soziophobien können online-Kontakte den Einstieg erleichtern.
- Online Kontakte ergänzen oder ersetzen die Face-to-Face Kontakte zwischen Klient und Therapeut.

Die Auswirkungen der Digitalisierung sind sowohl negativ (Entstehung einer neuen Symptomatik) als auch positiv (leichterer Zugang bei soziophoben Klienten). Wie sie sich indessen auf den therapeutischen Prozess und den Erfolg der Intervention auswirkt, ist noch weitgehend unerforscht. Ein sicherlich nicht unwichtiger Einflussfaktor könnte die flachere Hierarchie sein, indem sich der Klient im Internet nicht nur über sein Leiden, sondern auch über den Therapeuten informieren kann.

Veränderungen in Architektur und Stadtplanung Wie sich die Digitalisierung in der Architektur niederschlägt, zeigen die kühnen Entwürfe und Bauten weltbekannter Architekten, die vor 100 Jahren noch nicht möglich gewesen wären, weil man noch nicht über Computer verfügte, um solche spektakulären Bauten wie das weltberühmte, von Frank Gehry entworfene Guggenheim Museum in Bilbao zu kreieren und zu realisieren (vgl. Abb. 2.5).

Seit man mit Stahlbeton oder Flächentragwerken große Flächen überspannen kann, ohne dass das Dach herunterfällt, kann man weite Hallen und Säle bauen.

Abb. 2.5 Guggenheim Museum in Bilbao von Frank Gehry. (Eigenes Foto)

Und im digitalen Zeitalter lassen sich mit dem Computer die kühnsten Formen entwerfen und berechnen. Deshalb wird auch vom „Parametrismus" gesprochen: dem Entwerfen und Berechnen von komplexen Formen mithilfe parametrischer Computerprogramme, die solche höchst künstlerischen Formen überhaupt erst möglich gemacht haben.

Eine neue Leitvorstellung auf der Ebene der Stadt ist die „Smart City". Es ist eine Stadt, in der systematisch Informations- und Kommunikationstechnologien sowie umweltschonende Technologien in den Bereichen Energie, Mobilität, Stadtplanung und Verwaltung eingesetzt werden (Jürgens 2015; Schubert 2015). Die Daten zum Strom-, Wasser- und Energieverbrauch der Haushalte sollen zu effizienteren infrastrukturellen Abläufen führen, digitale Zählersysteme sollen es ermöglichen, Überlastungen und Ausfälle zu identifizieren, Zählstellen für den Verkehr zur Diagnose und Prognose von Staus beitragen, Informationen aus Sicherheitskameras zur Verbesserung der öffentlichen Sicherheit genutzt werden. Das übergeordnete Ziel der Smart City ist Effizienz, städtische Abläufe sollen optimiert und automatisiert werden (Jürgens 2015; Flade 2016). Die Smart City ist eine Stadt, in der die Informationstechnologie eingesetzt wird, um den Verbrauch von Ressourcen zu verringern und zugleich die Lebensqualität der Stadtbewohner zu erhöhen oder zu erhalten. Die Aufgabe wird nicht nur erschwert, weil unterschiedliche Zielsetzungen miteinander verknüpft werden sollen, sondern auch, weil unter Lebensqualität Unterschiedliches verstanden wird (Glatzer 1996):

- Die objektive Umwelt: gute Bedingungen in den Bereichen Wohnen, Arbeiten, Bildung und Gesundheit
- Das Erleben: Wohlbefinden und Lebenszufriedenheit
- Gesellschaftliche Werte: Freiheit, Sicherheit, Solidarität, Verteilungsgerechtigkeit und politische Beteiligung.

Objektive und subjektive Lebensqualität stimmen nicht immer überein. Hinzu kommt, dass die abstrakten Begriffe Freiheit, Solidarität usw. unterschiedlich aufgefasst und konkretisiert werden können. Ob die vor allem auf Effizienz ausgerichtete Smart City auch nutzergerecht ist, d. h. die Lebensqualität der Bewohner gewährleistet, ist ebenfalls eine offene Frage (Flade 2016).

Über die Stadtplanung hinaus in die Siedlungs- und Raumplanung hinein reicht die Konzeption von Cyberstädten, in denen wie im Silicon Valley viele Experten der Informationstechnologie tätig sind. So dient auch die in Israel in Beerscheva in der Negev-Wüste geplante Cyberhauptstadt der Weiterentwicklung der Informationstechnologie. Ein Technologie-Park soll das Zentrum der Cyberhauptstadt werden, in der Experten daran arbeiten, das Internet sicherer und die großen Mengen an Daten gezielter und besser nutzbar zu machen. Zugleich soll die neue Cyberhauptstadt aber auch noch der Raumerschließung dienen, indem der südliche Teil des Landes, eine Wüstenregion, eine stärker besiedelte Region wird[3]. Die Idee einer Cyberstadt, eines neuen Stadttyps, ist somit zugleich ein Produkt der Digitalisierung und der Landesentwicklung.

Veränderungen auf dem Lande Nicht nur in der Stadt läuft die Digitalisierung. So existieren auf dem Lande bereits Vorstellungen über eine digital gesteuerte Farm und eine agrarindustrielle Vernetzung. Inzwischen wurde auch die digitale Entwicklung des ländlichen Raums in Angriff genommen. Der intelligente ländliche Raum, die „Smart Rural Areas", wird in zwei Gemeinden in Rheinland Pfalz entwickelt und erprobt. Das Projekt „Digitale Dörfer" wird vom Fraunhofer- IESE (Institut für Experimentelle Software Engineering) in Kaiserslautern durchgeführt. „Informationstechnologie ist der entscheidende Faktor, wenn es darum geht, dem ländlichen Raum eine Zukunftsperspektive zu geben", heißt es bei Spanier-Baro und Trapp (2014, S. 28). Zumindest die Forscher sind überzeugt davon, dass die ländlichen Regionen dringend einer Digitalisierung bedürfen, um attraktiv zu bleiben.

Veränderungen im Mobilität- und Verkehrsbereich Die Informations- und Kommunikationstechnologie wird eingesetzt, um die Verkehrsinfrastruktur besser auszunutzen, Überlastungen zu verhindern und Staus aufzulösen und die Containerschifffahrt zu betreiben. Die Verkehrstelematik kombiniert Komponenten aus Elektronik, Informatik und Telekommunikation, um Verkehrsflüsse zu steuern. Der international gebräuchliche Begriff ist ITS (= Intelligent Transport Systems, vgl. Mietsch 2007). Das Wort „intelligent" wird auch hier absichtsvoll verwendet: Einem intelligenten System kann man vertrauen, denn wer intelligent ist, wird die Komplexität am ehesten durchschauen und sodann auch die bestmögliche Entscheidung treffen. Die großen Containerschiffe können nur mit Einsatz von Computern so beladen und entladen werden, dass man die einzelnen Container ohne langes Suchen wiederfindet und weiter an ihren Zielorte transportieren kann.

Neue Sicherheitsfragen Cyberangriffe mit Computerviren lassen Zweifel an der Beherrschbarkeit der Digitalisierung aufkommen. Die Cybersicherheit hat sich zu einem hochaktuellen Thema entwickelt.

---

[3]„Ab in den Süden", FAZ 2.3.16, S. 6.

2.2   Ambivalenzen

Die Digitalisierung wird von den einen als Fortschritt und von den anderen als
Unheil gesehen. Sie stellt das Bisherige und gewohnte infrage. Von den einen
wird dies als gesellschaftlicher Fortschritt und als Zuwachs an Lebensmöglichkeiten und Lebensqualität bewertet, von den anderen als Zerstörung des Natürlichen
und Ursprünglichen und als Gefahr für das Menschliche und Humane (Heßler
2012). Im Titel des Buches „Neue Medien und deren Schatten" von Porsch und
Pieschl (2014) klingen die negativen Seiten der Computertechnologie an. Die
Ambivalenz kommt auch in Stellungnahmen, Presseberichten und Reportagen,
Sachbüchern und Diskussionsforen zum Ausdruck (vgl. Schirrmacher 2015).

Sogar bei den Digital Natives findet sich diese Ambivalenz, wie eine Studie
des Deutschen Instituts für Vertrauen und Sicherheit im Internet gezeigt hat, in
der 14- bis 24-Jährige befragt wurden (DIVSI 2014). Der Schutz persönlicher
Daten wird je nach Einstellung als unterschiedlich bedeutsam angesehen. Die
Einstellungen korrelieren mit den Internet-Milieus. In der Studie wird zwischen
den Milieus der Pragmatischen, Souveränen, Unbekümmerten, Skeptikern, Ver-
antwortungsbedachten, Vorsichtigen und Verunsicherten unterschieden. Die Pragmatischen sind mit einem Anteil von 28 % die größte Gruppe. Sie sind zielstrebig
und trendorientiert und sehen ganz nüchtern, dass sie in eine unaufhaltbare Entwicklung eingebunden sind. Die zweitgrößte Gruppe sind mit 26 % die Souveränen, die sich als individualistisch, kosmopolitisch und kreativ darstellen und als
digitale Avantgarde fühlen. Das unterscheidet sie von den Verantwortungsbedach-
ten, den Skeptikern und den Vorsichtigen, die zusammen auf einen Anteil von
23 % kommen. Nur die Unbekümmerten mit einem Anteil von 18 % haben überhaupt keine Sicherheitsbedenken. Die Verunsicherten, die sich überfordert fühlen
und diffuse Sicherheitsbedenken äußern, sind unter den Digital Natives mit einem
Anteil von 3 % eine kleine Randgruppe.

Die Ambivalenz, mit der die Digitalisierung bewertet wird, ist nicht auflösbar,
weil die Auswirkungen sowohl positiv als auch negativ sind. Wenn es z. B. heißt:
Hierarchische Strukturen werden flacher, weil jeder das Internet nutzen kann, so
gibt es dazu sogleich Gegenargumente, wenn nämlich die Polarisierung zwischen
den kompetenten und versierten Informierten und den Nicht-Informierten, die
mit der komplexen Technik Schwierigkeiten haben, zur Sprache kommt (Döring
2004).

Individuelle Unterschiede finden sich nicht nur bei der Internet-Kompetenz, sondern auch bei den Einstellungen gegenüber der neuen Technologie.
Der Begriff des Digital Divide bezieht sich auf die individuellen Unterschiede
hinsichtlich der Internet-Kompetenz (Döring 2004; Janetzko 2008). Nur eine

Teilgruppe sind wirkliche „information-haves", ein weiterer Teil sind diejenigen, die bestimmte Routinen im Internet nutzen, aber nur einen Bruchteil von dem wissen, was zu wissen möglich wäre. Eine dritte Gruppe sind die Nicht-Nutzer, die allerdings infolge des Heranwachsens der jungen Digital Natives immer mehr zusammen schrumpfen wird.

Die Reaktionen auf neue Technologien sind unterschiedlich. So gibt es die Technikbegeisterten und die Technikhasser (Döring 2007). Technikbegeisterung (technophilia) und Technikablehnung (technophobia) sind Extrempositionen. Die einen sehen in der Online Kommunikation die Möglichkeit für einen unbegrenzten zwischenmenschlichen Austausch, während die anderen vor einer kommunikativen Verarmung (Kruger et al. 2005) und einem Sprachverfall warnen. Morozow (2015) hat den beiden Kategorien von Döring, den Technooptimisten und den Technopessimisten, noch eine dritte hinzugefügt und zwar die Technoagnostiker. Die Positionen der Pessimisten und Optimisten sind klar, die Pessimisten lehnen neue Technologien als Unheil stiftend rundum ab, die Optimisten lieben alles, was Fortschritt verheißt, die Agnostiker setzen sich aus zwei Teilgruppen zusammen, wobei die eine sehr gut informiert und die andere uninformiert naiv ist. Die informierten Agnostiker sehen die Technologie als Bestandteil der Gesellschaft und als einen Motor des gesellschaftlichen Wandels und nicht als etwas, was ein Einzelner beeinflussen kann. Sie haben erkannt, dass es von den politischen und wirtschaftlichen Entscheidungen abhängt, also von der Makroebene, „ob eine bestimmte Technologie sich in den Rahmen des Emanzipations- oder in den des Versklavungsprojekts einfügt" (Morozow 2015, S. 25). Diese klugen Agnostiker ähneln den bereits genannten Pragmatischen.

Eine weitere Typologie lässt sich aus dem Lebensstil-Konzept ableiten. Lebensstile sind im Unterschied zur sozialen Schicht mehrdimensionaler (Böltken et al. 1999; Schneider und Spellerberg 1999). Außer dem Bildungsniveau und dem Einkommen werden bei der Kategorisierung nach Lebensstilen individuelle Werthaltungen, Geschmacksmuster, Einstellungen, Interessen, kulturelle Vorlieben, Lebensziele, Freizeitaktivitäten, das Konsumverhalten und die Mediennutzung einbezogen. Mit der Digitalisierung der Gesellschaft zeichnet sich ein neuer Lebensstil ab und zwar der digital lifestyle, der in einer bevorzugten Nutzung der neuen Medien in sämtlichen Bereichen vom Fitnesstraining bis hin zur Unterhaltung und Entspannung zum Ausdruck kommt.

Die Aussage „Technik als Brücke zum Paradies" (Bredekamp 2007, S. 106) ist zweifellos eine positive Bewertung der Digitalisierung. Nach der Vertreibung aus dem Paradies waren die Menschen dazu verdammt, sich im Schweiße ihres Angesichts eine Existenzgrundlage zu schaffen. Jedes technische Mittel, das dem

Menschen die Arbeit erleichtert, enthält, wie es Bredekamp formuliert hat, ein
paradiesisches Versprechen.

2.2.1 Benefits

Das Internet liefert Informationen über aktuelle Ereignisse. Daher rührt auch
der Begriff der Informations- oder Wissensgesellschaft, der ein fortgeschritte-
nes Entwicklungsstadium von Wirtschaft und Gesellschaft kennzeichnet, in dem
die Informationsdienstleistungen in den Vordergrund und die industrielle Waren-
produktion sowie die traditionellen Dienstleistungen in den Hintergrund rücken
(http://wirtschaftslexikon.gabler.de). Es ist ein Zuwachs an Effizienz: Gewünschte
Informationen bekommt man sofort geliefert. Wikipedia ersetzt das Lexikon im
Bücherregal, leo.org das Wörterbuch in Printform. Man muss nicht erst eine Bib-
liothek aufsuchen und das gewünschte Buch aus dem Regal nehmen, man kann
sich über den Computer die elektronische Ausgabe besorgen. Der Wegeaufwand
entfällt. Die gesparte Zeit kann für andere Aktivitäten genutzt werden – ein typischer More-and-More Effekt.

Positiv zu bewerten ist, dass sich durch das Internet vergleichsweise leicht
soziale Kontakte herstellen lassen. Rheingold (1994) hat geradezu euphorisch
gemeint, dass virtuelle Gemeinschaften sein Leben bereichert hätten. Durch die
sozialen Computernetze würde eine Tür zu vielen anderen Menschen und Kulturen geöffnet.

> Die Technologie, welche die virtuellen Gemeinschaften ermöglicht hat, hat das
> Potenzial, einfachen Bürgern bei relativ geringen Kosten enorme Entfaltungsmög-
> lichkeiten zu bieten (Rheingold 1994, S. 15).

Lokal übergreifende Gemeinschaften machen das soziale Leben vielfältiger und
erlebnisreicher.

Auch die Stärkung der Demokratie wird als Pluspunkt ins Feld geführt mit
der Begründung, dass mehr Transparenz und eine Hierarchieverflachung zu
mehr Informiertheit und Gleichheit führen und dass die Beteiligungsmöglichkei-
ten durch das Internet zugenommen haben. Die politischen Debatten werden für
jedermann sichtbar, sie werden öffentlicher (Kretschmer und Werner 2012; Saco
2002). So gesehen vermag das Internet die politische Partizipation zu fördern
(Janetzko 2008).

2.2.2 Macht und Ohnmacht

Aus der großen Menge an Informationen aus der realen Umwelt, die der Computer sammelt und speichert, muss eine Auswahl getroffen werden, weil nur ein sehr kleiner Teil davon vom Menschen aufgenommen und verarbeitet werden kann. Sofern der Mensch nicht selbst, sondern außen stehende Vorsortierer die Auswahl treffen, bestimmen sie, welche Erfahrungen gemacht werden und damit auch, was im Gedächtnis gespeichert wird, was wiederum seinen Niederschlag in den individuellen Weltsichten (world views) und Einstellungen findet. World views sind Betrachtungsweisen bzw. Perspektiven.

Der Machtzuwachs der großen Internetkonzerne ist ein Phänomen auf der Makroebene, der sich ergibt, wenn sich sämtliche Kommunikationsplattformen in den privaten Händen von Technomonopolisten und ihren Lobbyisten befinden (Morozow 2015). Macht wird ausgeübt, wenn das Internet deanonymisiert und personalisiert wird und die persönlichen Daten des Internetnutzers verwendet werden, um ihm genau die Informationen, die vermeintlich zu ihm passen, zu liefern (Pariser 2012) oder auch, um ihn bloßzustellen oder zu verleumden.

Noch ein anderer Aspekt von Macht ist, die menschliche Arbeitsleistung zu entwerten, indem die Arbeit, die bisher Menschen verrichtet haben, effizienter von Computern erledigt wird. Dieser Wertverlust ist zugleich ein Machtverlust der Arbeitenden.

Macht wird ausgeübt, wenn mithilfe der digitalen Technologie ein Belohnungs- bzw. Bestrafungssystem geschaffen wird, das über die Lebenschancen und Lebensmöglichkeiten eines Menschen entscheidet. Zur Veranschaulichung dienen die folgenden Szenarien:

Szenario 1 Verhält sich der Mensch sozial erwünscht und politisch korrekt, was durch das Sammeln von Daten über ihn festgestellt wird, bekommt er Punkte gutgeschrieben; ab einer bestimmten Punktezahl gibt es Belohnungen wie günstige Tarife, Visa, eine schnellere Beförderung, einen sofortigen Arzttermin, den Zugang zu einer Eliteuniversität usw. Verhält er sich jedoch unerwünscht, werden Punkte abgezogen, was sich spürbar nachteilig auf seinen Lebensweg auswirkt.

Szenario 2 Kfz-Versicherungen ist daran gelegen, die Häufigkeit von Verkehrsunfällen und unfallträchtigen Fahrweisen zu senken. Durch Auswertung von Fahrdaten, die mit einer großen Zahl von Sensoren erfasst und dann digitalisiert wurden, lässt sich bewerkstelligen, dass erwünschte Fahrweisen belohnt und unerwünschte Verhaltensweisen bestraft werden. Die Belohnung können niedrigere Versicherungstarife und Prämien sein.

Die vermehrte Transparenz und die allgemeine Zugänglichkeit des Internet für jedermann haben außer positiven Konsequenzen auch Schattenseiten. Transparenz verringert Privatheit. Nichts bleibt im Verborgenen. Dadurch werden Bloßstellung, Denunziation und ein zerstörerisches Cybermobbing ermöglicht (Pieschl und Porsch 2014).

Rheingold (1994), ein klarer Befürworter und Bewunderer der Computertechnologie, die neue Gemeinschaften ermöglicht, hat durchaus gesehen, dass sich die positive Einschätzung virtueller Gemeinschaften als einer intellektuellen und sozialen Bereicherung vermindert, sobald sich Machtstrukturen herausbilden und Kontrollinstanzen auf den Plan treten.

> Die Wahrscheinlichkeit ist hoch, dass Leute mit wirtschaftlicher und politischer Macht einen Weg finden, den Zugang zu den virtuellen Gemeinschaften zu kontrollieren. In der Vergangenheit haben die Reichen und Mächtigen immer Wege gefunden, neue Kommunikationsmedien zu kontrollieren (Rheingold 1994, S. 15).

Computer und Internet schaffen folglich nicht nur mehr Gleichheit, weil sie allgemein verfügbar sind; sie sind zugleich auch Mittel, um auf nicht spürbare Weise Macht auszuüben. Das von Rheingold kreierte Kunstwort „Desinformokratie" drückt aus, dass vermehrte Transparenz im Sinne von mehr Demokratie durch Informiertheit nur die eine Seite der Medaille ist, die andere Seite ist die Macht derjenigen, die den Informationsfluss kontrollieren und die Demokratie unterhöhlen. Auch gezielte Fehlinformationen sind nicht auszuschließen, von bewussten Weglassungen und Hervorhebungen ganz abgesehen.

Döring (2003) hat auf eine sich herausbildende Polarität jenseits von Arm und Reich hingewiesen, indem sich die Gesellschaft in information-haves und information-not- haves bzw. in Informationsreiche und Informationsarme aufspaltet. Ähnlich besagt der Begriff des Digital Divide, dass Leben im Zeitalter der Digitalisierung nicht bedeutet, dass alle Menschen über einen Zugang zum weltweiten Netz verfügen (Heßler 2012).

Der Eindruck ist somit, dass es zu jedem Pro auch immer ein Kontra gibt.

2.3 Von der Psychologie zur Cyberpsychologie

2.3.1 Die Entdeckung der Umwelt in der Psychologie

Die Geschichte der Psychologie als empirischer Wissenschaft beginnt mit Wilhelm Wundt, dem Begründer der experimentell ausgerichteten Psychologie, der 1879 in Leipzig das Institut für experimentelle Psychologie gründete (Lück

1996; Norman 2008). Im psychologischen Forschungslabor war man bestrebt, das menschliche Erleben und Verhalten unter Ausschaltung vermeintlicher Störfaktoren, nämlich den Einflüssen der konkreten Umwelt, zu analysieren. Man strebte nach allgemein gültigen Aussagen.

Die Erkenntnis, dass die alltägliche Umwelt kein Störfaktor ist, sondern neben den Persönlichkeitseigenschaften entscheidend das Erleben und Verhalten beeinflusst, führte Ende der 1960er-Jahre zur Entstehung der Umweltpsychologie (environmental psychology), in der sich zwei Richtungen herausbildeten: die Umweltschutzpsychologie und die Psychologie der gebauten Umwelt (Bell et al. 1996; Homburg und Matthies 2005; Hellbrück und Kals 2012; Flade 2008).

Die reale Umwelt in Bezug auf den Menschen hatte die Psychologie lange Zeit nicht im Blick gehabt. Sie war insgesamt experimentell orientiert. Der Mensch war Versuchsperson, der auf vorgegebene Reize reagierte. Aus diesen Reaktionen wurde auf interne kognitive Prozesse geschlossen. Stokols (1990) sprach von einer minimalistischen Perspektive. Statt Mensch-Umwelt-Beziehungen zu untersuchen, konzentrierte man sich in erster Linie auf den Menschen als Untersuchungseinheit.

Das änderte sich, als man sich Anfang der 1970er-Jahre zu fragen begann, wohin ein ungebremstes wirtschaftliches Wachstum ohne Beachtung der ökologischen Folgen führen würde. Eine weitere Frage schloss sich an, nämlich inwieweit die von Menschen geschaffene gebaute Umwelt womöglich der Gesundheit und dem Wohlbefinden der Menschen überhaupt zuträglich ist. Man entdeckte die „sick buildings" und die Trostlosigkeit mancher Großwohnsiedlungen (Bell et al. 1996; Kruse et al. 1996). Man hatte es nunmehr mit zwei Fragestellungen zu tun:

• Wie kann die Umwelt vor zerstörerischen Eingriffen des Menschen geschützt werden?
• Wie sehen bedürfnisgerechte gebaute Umwelten aus und wie lassen sie sich herstellen?

Man erkannte, dass die Umwelt durch menschliches Verhalten Schaden nehmen kann. Die Psychologie war aufgefordert, eine Antwort zu geben, wie dieses schädigende Verhalten beeinflusst werden kann (Kaminski 1976; Hellbrück und Kals 2012).

The minimalist view of people-environment relations was abruptly challenged by the global dilemmas of the 1960s ... Suddenly, the world was awakened to the very real and immediate impacts of the physical environment on human health and behavior (Stokols 1990, S. 641).

Mensch-Umwelt-Beziehungen kamen in den Blick. Dies war der Beginn einer Psychologie der gebauten Umwelt bzw. Architekturpsychologie (Dieckmann et al. 1998; Flade 2008). Eine Planung und Bauweise, die die Erfordernisse und Bedürfnisse der Nutzer außer Acht lässt, hat Sommer (1983) treffend als „formalistic design" bezeichnet. Eine formalistische Architektur kümmert sich kaum um die Performanz des Gebauten. Performanz sagt etwas darüber aus, wie gut eine Umwelt, ein Platz, ein Gebäude oder Räume allgemein dem vorgesehenen Zweck dienen (Preisser et al. 1988; Dieckmann et al. 1998). Dem formalistischen Entwurf hat Sommer das „social design", die nutzerorientierte bzw. bedürfnisgerechte Architektur, gegenüber gestellt.

Um die Einflüsse der Umwelt auf das Erleben und Verhalten zu untersuchen, sind Differenzierungen des Globalbegriffs „Umwelt" erforderlich. Hier gibt es unterschiedliche Kategorisierungen z. B. die Unterscheidung zwischen der gebauten (man-made) und der natürlichen Umwelt oder zwischen einer physischen, sozialen und gesellschaftlichen Umwelt. Die Mensch-Umwelt-Beziehungen unterteilte Stokols (1990) in instrumentelle und spirituelle Beziehungen. Um eine instrumentelle Beziehung handelt es sich, wenn die Umwelt als Mittel oder „Instrument" zum Nutzen des Menschen gesehen und genutzt wird, wobei auch vor Übernutzungen des „Gemeingutes Umwelt" nicht zurück geschreckt wird (Homburg und Matthies 2005). Kennzeichnend für eine spirituelle Beziehung ist, wenn die Umwelt als ein umfassendes Ganzes gesehen wird, in dem man selbst ein Teil ist. Es ist dann unstrittig, dass der Schutz dieses umfassenden Ganzen auch dem Menschen zugute kommt.

Die instrumentelle Perspektive ist anthropozentrisch, was besagt: Die Umwelt ist für den Menschen da, sie dient ihm als Mittel zur Erhöhung seiner Lebensqualität und seines Wohlbefindens. Die spirituelle bzw. ökologische Perspektive sagt aus, dass die Umwelt mitsamt ihren Ressourcen nicht für den Menschen und dessen Wohl da ist, kein Mittel zum Zweck, sondern „an end in itself" ist (Stokols 1990). Der Mensch ist nicht der Mittelpunkt der Welt, um den sich alles dreht, sondern ein kleiner Punkt in einer umfassenden Ganzheit.

2.3.2 Mensch-Umwelt-Kongruenz

Nutzerorientiertes Gestalten und Bauen ist nicht gleichzusetzen mit einer anthropozentrischen Perspektive, denn die Frage der Mensch-Umwelt-Kongruenz zielt in beide Richtungen: Wie gut passt die Umwelt, die der Mensch gestaltet, zu den Anforderungen und Bedürfnissen? Und: Wie gut fügt sich das Gebaute in die bestehende natürliche Umwelt ein, ohne diese zu schädigen? Die Leitvorstellung ist hier die ökologische Perspektive. Fuhrer (1996) hat zwischen verschiedenen Formen der Mensch-Umwelt-Passung differenziert, die er als funktionale, kognitive, emotionale und motivationale Kongruenz bezeichnet hat. Funktionalität zielt darauf ab, Objekte und Räume nach den körperlichen Maßen und Bewegungsabläufen des Menschen zu bemessen. Ein Treppe ist z. B. kongruent, wenn die Treppenstufen weder zu flach noch zu hoch sind, sondern so, dass ein bequemes Hinauf- und Hinabsteigen möglich ist. Oder eine schmale Straße ist für schnelles Autofahren oder ein unebener holperiger Weg zum Radfahren nicht geeignet. Neu aufgetaucht ist die Frage des Zusammenpassens von Computer und Nutzer, mit der sich Amichai-Hamburger (2002) auseinandergesetzt hat. Er plädiert dafür, individuell passende Internet-Zugänge zu schaffen, was durch Zusammenarbeit von Psychologen und IT-Experten, die das Web gestalten, geleistet werden könnte. Seine Vorstellung ist „a more user-friendly, „healthy" web, that takes into account individual differences" (S. 9). Zugleich stellt er jedoch fest, dass die Forschung hier noch kaum begonnen hat. Anzumerken ist hier, dass ein personalisierter Internetzugang, der auf unterschiedliche Kompetenzgrade oder individuelle Bedürfnisse zugeschnitten wäre, durchaus auch problematische Seiten hätte. Dies zeigen die Überlegungen zum personalisierten Internet (vgl. Abschn. 3.2.3).

Eine vollkommene funktionale Kongruenz erscheint auf den ersten Blick als wünschenswert, die Überlegungen von Carroll (1997) machen jedoch skeptisch. Eine Gestaltung, die dem Nutzer den Umgang mit neuen Technologien erleichtert, kann sogar abträglich sein, indem sie zu dessen Entmachtung und Dequalifizierung führen kann.

Making someone's work easier reduces the skill required to perform the work; in a given organizational context, it may reduce status, pay, even job security (Carroll 1997, S. 513).

Mit anderen Worten: Zu leicht sollte es dem Menschen nicht gemacht werden; 100 %ige Passungen sind nicht anzustreben, wenn sie Passivität begünstigen und Lernen überflüssig machen.

Die kognitive Kongruenz wird durch lesbare räumliche Strukturen gefördert, die es erleichtern, Umwelten und Räume mental zu erfassen und in Form kognitiver Karten abzubilden (Bell et al. 1996; Kitchin 1994). Die emotionale Kongruenz manifestiert sich in Gefühlen wie Sicherheit, Geborgenheit und Wohlbefinden. Motivational kongruent ist eine Umwelt, die etwas, aber nicht zu sehr vom Gewohnten abweicht. Sie macht neugierig und regt zur Erkundung an und dazu, Neues zu erproben. So kann eine nicht vollkommen funktionale Umwelt dazu motivieren, sich dieselbe passend zu machen.

Abb. 2.6 Mystery. („Über Nacht" von Ingrid Lill, mit freundlicher Genehmigung der Künstlerin)

Umwelten regen zur Erkundung an, wenn sie als interessant wahrgenommen werden und man mehr darüber erfahren möchte (Singh et al. 2008). Es sind im Allgemeinen Umwelten mit einem mittleren Grad an Komplexität und einem hohem Ausmaß an „Mystery". Komplexe und mysteriöse Umwelten erschließen sich nicht auf Anhieb. Man muss sie erkunden, um sie zu verstehen (Kaplan und Kaplan 1989).

Mystery lässt sich mit einem Weg veranschaulichen, der ins Ungewisse führt (vgl. Abb. 2.6). Er verschwindet hinter einer Mauer oder Bergkuppe, oder er wird durch Häuser oder Bäume verdeckt. Der Verlauf kann nicht überblickt werden. Wer wissen will, wohin er führt und wie es dahinter aussieht, muss sich auf den Weg machen.

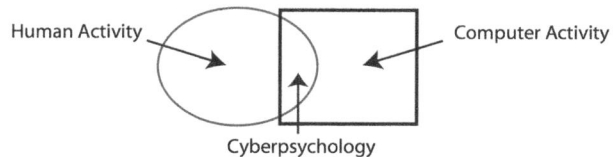

Human Activity   Computer Activity

Cyberpsychology

Abb. 2.7 Überschneidung zwischen den Aktivitäten des Menschen und des Computers. (Norman 2008, S. 8)

Mystery verheißt, dass es noch mehr zu erfahren gibt, als man gerade sieht (Singh et al. 2008). Das geheimnisvolle Ungewisse macht neugierig und weckt die Lust am Erkunden. Es ist die Chance, bislang Unbekanntes zu entdecken und sein Wissen zu erweitern.

2.3.3 Die neuen Medien und die Cyberpsychologie

Wie Mensch-Umwelt-Beziehungen beschaffen sind, hängt von den Umweltmerkmalen, von den persönlichen Eigenschaften und auch davon ab, wie sie vermittelt werden. In einer technischen Kultur steht dafür eine große Anzahl an technischen Medien zur Verfügung. Die Entwicklung der Informations- und Kommunikationstechnologie führte zu einer enormen Erweiterung der Formen, mit denen eine Verbindung zwischen Umwelt und Mensch hergestellt werden kann.

Die Geschichte des Computers nahm in den 1940er-Jahren ihren Anfang, die Geschichte der Mensch-Computer-Interaktion und der Cyberpsychologie wird von Norman (2008) auf 1973 datiert, als nämlich das erste grafische Nutzer-Interface im Forschungszentrum in Palo Alto vorgestellt wurde. Ab da gab es eine Verbindung zwischen Mensch und Computer. Die Umweltpsychologie musste zu einer Umweltpsychologie des Internet bzw. der Cyberpsychologie erweitert werden (Stokols und Montero 2002; Norman 2008). Die Silbe „Cyber" strahlt, wie Döring (2003) gemeint hat, etwas Utopisches und Spannendes aus, während die Bezeichnung „Internet-basiert" nüchtern und sachlich klingen würde. Die Cyberpsychologie untersucht die Auswirkungen des Computers und des Internet auf Individuen und Gruppen.

Cyberpsychology is the study of the impact of computers, technology, and virtual environments on the psychology of individuals and groups (Norman 2008, S. 8).

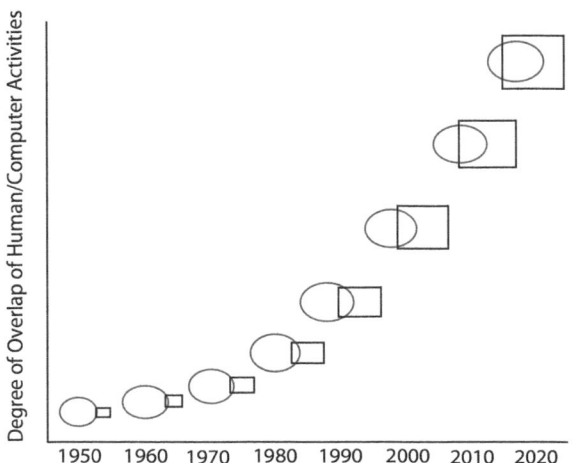

Abb. 2.8 Zunehmende Überschneidung zwischen den Aktivitäten des Menschen und des Computers. (Norman 2008, S. 10)

Mit einer schematisierten Darstellung hat Norman das Verhältnis zwischen Computer und Mensch veranschaulicht (vgl. Abb. 2.7).

Die Komponenten Mensch und Computer sind über ein Interface miteinander verbunden. Diese Schnittstelle (= Interface) ist zentraler Bestandteil der „Human Computer Interaction" (HCI). Im Begriff „Interface" deutet das darin enthaltene „face" an, dass von dem gesamten System nur die Oberfläche zu sehen ist.

Die Schnittmenge zwischen Mensch und Computer hat sich mit der Vernetzung der Computer immer mehr vergrößert (vgl. Abb. 2.8). Ein immer größerer Teil der sozialen Interaktionen erfolgt computerbasiert.

Norman (2008) sieht am Ende der in Abb. 2.8 skizzierten Entwicklung ein Mischwesen (Cyborg) aus Mensch und Computer, die zu einer Ganzheit verschmolzen sind. Bei diesem Cyborg besteht eine direkte Verbindung zwischen Gehirn und Computer, was bislang nur eine Denkfigur im Bereich des Science-Fiction gewesen ist. Das Smartphone kann man noch beiseite legen. Bei einem Hybrid aus lebendigem Organismus und Maschine ist die Verbindung fest verankert (Heßler 2012, S. 34).

Die Cyberpsychologie von der Umweltpsychologie her zu erschließen macht Sinn, indem der umweltpsychologische Ansatz, Mensch und Umwelt als interagierende Komponenten eines Systems aufzufassen, übernommen wird. Eine solche interaktionistische Sichtweise schützt vor angeblichen Erklärungen, die keine sind, und verhindert vorschnelle Schlussfolgerungen in Form zu einfacher Kausalitäten.

Die Herausbildung einer Cyberpsychologie zu einem Teilbereich der Psychologie wird jedoch erschwert durch die Zersplitterung der Psychologie, die sich mit vielfältigen Themen wie Aufmerksamkeits- und Lernstörungen, Gesundheit und Erholung, Fahrtauglichkeit, nutzerorientiertem Bauen, Suchtverhalten, Aggressivität usw. befasst. Sie wird zusätzlich erschwert durch eine explizit gewünschte Interdisziplinarität bei der Verknüpfung von Neurowissenschaft, Linguistik, Psychologie und dem Forschungsbereich AI (artificial intelligence) zu einer Kognitionswissenschaft (Norman 2008, S. 18). So ist die Psychologie zwar vielerorts präsent, doch ein einigermaßen abgegrenztes cyberpsychologisches Forschungsfeld, in dem man den Wechselbeziehungen zwischen Mensch und Computer nachspürt und die Auswirkungen des Internet auf das Individuum und seinen Lebensalltag untersucht, ist kaum erkennbar, beginnt sich jedoch abzuzeichnen. Dies lässt sich an neu erschienenen Fachzeitschriften wie Cyber-Psychology & Behavior, Computers in Human Behavior, Media Psychology, Cyberpsychology: Journal of Psychosocial Research on Cyberspace, Computers in Human Behavior, Human Communication Research sowie Information, Communication and Society usw. ablesen. Das Tempo dieser Entwicklung spiegelt sich auch darin wider, dass mehr Hefte pro Jahr erscheinen. Zum Beispiel erschien die Zeitschrift „Cyberpsychology: Journal of Psychosocial Research on Cyberspace" erstmals 2007 mit einer Ausgabe im Jahr, in den folgenden vier Jahren waren es zwei, der Jahrgang 2014 hat vier Ausgaben (Daneback und Smahel 2014).

2.3.4   Neue Methoden

In ihrem Beitrag zur Psychologie des Internet sind Gosling und Mason (2015) schwerpunktmäßig auf die methodischen Fragen eingegangen, die mit dem Internet aufgetaucht sind, wobei sie diese jedoch mit aktuellen inhaltlichen Fragen wie Internetsucht, Einsamkeit, Cybermobbing, Informationsselektion, soziale Bewegungen und politische Protestaktionen verknüpft haben. Eine besondere

Herausforderung ist die hohe Geschwindigkeit des Wandels, die neue Untersu-
chungsansätze erfordert.

Ein anschauliches Beispiel für die rasante Entwicklung hat Müller (2015)
geliefert: In Amsterdam wurde mit einem groß angelegten Projekt „Digitale
Stadt Amsterdam" der Versuch gemacht, den Erwerb von Medienkompetenz
in der Bevölkerung zu fördern. Im Januar 1994 öffnete die Digitale Stadt Amsterdam ihre Tore für die zu dieser Zeit noch nicht sehr zahlreichen Nutzer des
World Wide Web. Das Internet sollte mit dieser Aktion einer breiteren Öffentlichkeit nahe gebracht werden. Nachdem die Teilnehmer die „Digitale Stadt"
durch ein virtuelles Eingangstor betreten haben, sehen sie verschiedene Plätze,
von denen sie Informationen abrufen und wo sie zu öffentlich-rechtlichen, privaten, kommerziellen und nicht-kommerziellen Einrichtungen und Institutionen
gelangen können. Wer eine E-Mail schreiben will, geht ins virtuelle Postamt, wer
Neuigkeiten erfahren möchte, begibt sich zum virtuellen Kiosk, wer eine öffentliche Angelegenheit klären will, geht ins virtuelle Rathaus. Dass das Projekt, als
es nach einer Konzeptionsphase durchgeführt wurde, gar nicht mehr nötig war,
lag an dem rasanten gesellschaftlichen Wandel in Richtung einer digitalisierten
Gesellschaft, in der man im Alltag außerhalb von solchen Förderprojekten sehr
rasch die erforderlichen Fähigkeiten und Fertigkeiten erwirbt.

Eine der Folgen des hohen Tempos der Digitalisierung, wie sie in Abb. 2.1
anhand technischer Daten veranschaulicht wurde, ist, dass Statistiken und
Umfragergebnisse über die Nutzung digitaler Medien ziemlich schnell veralten.
Zugleich haben sich jedoch auch die Möglichkeiten, unaufwendig wiederholt
Daten zu erheben, erweitert, sodass man häufiger Umfragen starten kann. Es
muss kein Interviewerteam mehr unterwegs sein, wenn Befragungen online erfolgen können.

In der Zeit vor der Digitalisierung verwendete man spezielle Erhebungs-
methoden und Auswertungsverfahren, um mit den vergleichsweise geringen
Datenmengen („small data") zu generalisierbaren Ergebnissen zu gelangen
(Mayer-Schönberger und Cukier 2013). Die Experimente in der psychologischen
Forschung stützen sich meistens auf vergleichsweise kleine Stichproben, um
deren Repräsentativität man sich zwar bemüht, die aber dennoch oft nicht gegeben ist, insbesondere dann nicht, wenn die Experimente mit studentischen Versuchspersonen durchgeführt werden. Wenn man über große Datenmengen bzw.
Grundgesamtheiten verfügen kann, sind Nachweise der Repräsentativität weniger
oder nicht von nöten.

Heute können mit vielerlei Sensoren auch Daten erhoben werden, die
es bislang nicht gegeben hat. Man kann Daten erhebende Geräte in eine

Internet-Infrastruktur einbauen, mit denen sich aus dem erfassten individuellen Verhalten, z. B. wann und wie oft die Wohnung verlassen oder der Kühlschrank geöffnet wird, auf Gewohnheiten und Vorlieben rückschließen lässt. Des Weiteren können mit Einsatz des Computers die experimentellen Verfahren verfeinert werden. So kann man im psychologischen Labor die reale Umwelt mit Computer generierten virtuellen Umwelten viel „authentischer" nachbilden als mit schematisierten Bildern, wie sie zum Beispiel Stamps (2000) und Lohr und Pearson-Mims (2006) in ihren Experimenten verwendet haben, um die Effekte von Bäumen in gebauten Umwelten auf die Präferenz für bestimmte Umwelten zu ermitteln. Mit computergenerierten virtuellen Umwelten ist es möglich, die Darbietungsformen realitätsähnlicher zu machen. An die Stelle von Bildern, die die Versuchspersonen anschauen und beurteilen, tritt eine simulierte Umwelt, in der sie mittendrin sind. Hier werden nicht nur mit einem gewissen Abstand Bilder betrachtet, sondern man ist umgeben von einer Umwelt, die in ihrer Gesamtheit eine bestimmte Atmosphäre ausstrahlt. Dabei gibt es unterschiedliche Stufen der Realitätsnähe. Bishop et al. (2001) haben zwischen zwei Stufen computergenerierter virtueller Umwelten unterschieden: solchen, in denen der Mensch das Gefühl hat, anwesend zu sein, und solchen, in die er sich hineingezogen fühlt. Sie bezeichneten die eine Stufe schlicht als VR (VR = für virtual reality) und die andere als full immersion VR environments. Eine virtuelle Umwelt, in die man eintaucht, ähnelt der realen Umwelt, die den Menschen von allen Seiten umgibt. Weniger Ähnlichkeit mit der Realität hat dagegen eine Umwelt, die als Bild präsentiert wird.

2.3.5 Big Data

Big Data bezeichnet große Datenmengen aus vielerlei Quellen. Mit Computern lassen sich große Mengen an Daten problemlos speichern, sodass beliebig viele Daten gesammelt werden können, ohne dass man über Kapazitätsgrenzen nachdenken muss. Bei wachsenden Datenmengen treten Hochleistungsrechner in Aktion, d. h. Rechnersysteme, die zum high-performance computing (= HPC) geeignet sind.

Die Bezeichnung Big Data ist sehr anschaulich, man stellt sich unmittelbar eine riesengroße Datenmenge vor. „Heute, mit so vielen Daten und immer neuen Datenströmen, die ständig hinzukommen, ist die Knappheit an Daten kein Hindernis mehr" (Mayer-Schönberger und Cukier 2013, S. 81). Man ist nicht mehr sparsam, sondern strebt stattdessen einen Datenreichtum an, den man für verschiedene Zwecke nutzen kann. Die Kehrseite ist ein „Datentsunami" verbunden

mit dem Problem zu entscheiden, welche Daten es wert sind, aufbewahrt zu werden und wie mit „alten" Daten verfahren werden soll (Floridi 2015).
Städte, die Smart Cities sein oder werden wollen, nutzen z. B. die Analyse der Datenmengen, um die Energieversorgung und den Stadtverkehr effizienter zu machen. Doch neben praktischen Anwendungen liefert Big Data auch neue Forschungsansätze: Man kann Zusammenhänge feststellen und Entwicklungen vorhersagen, ohne die verursachenden Variablen zu kennen (Mayer-Schönberger und Cukier 2013). Damit haben sich auch die Möglichkeiten und Herangehensweisen, wie man mit empirischer Forschung zu Erkenntnissen gelangen kann, verändert. Mit Big Data sucht man erst einmal nicht nach Ursachen, sondern nach Zusammenhängen. Man hält nicht mehr Ausschau nach Kausalitäten, sondern berechnet Korrelationen und bestimmt Wahrscheinlichkeiten. „Man wird oft nicht mehr wissen *warum*, sondern nur noch *was*. Das … verändert tief greifend die Art, wie wir Entscheidungen treffen und die Wirklichkeit verstehen" (Mayer-Schönberger und Cukier 2013, S. 13 f.).

Big Data erinnert an eine frühere Datenflut, die sich aber im Vergleich zu dem, was durch die Digitalisierung möglich wurde, bescheiden ausnimmt. Sie kam durch die Erfindung des Buchdrucks durch Johannes Gutenberg im 15. Jahrhundert zustande. Dank der Druckerpresse konnten massenhaft Bücher und Schriften produziert werden. Von da an lohnte es sich lesen zu lernen (Mayer-Schönberger und Cukier 2013).

Heute lohnt es zu lernen, wie man mit dem Computer umgeht. Das Programmieren ist wegen des erforderlichen Spezialwissens und der angesichts von immer mehr Daten wachsenden Komplexität eine Aufgabe von Experten. Eine spezielle Gruppe, die sich unter den Fachleuten herausbildet, könnten, wie Mayer-Schönberger und Cukier meinen, die „Algorithmiker" sein: Spezialisten, die sich in der Informatik, Mathematik und Statistik auskennen.

Für die Psychologie, deren Ziel es ist, das Erleben und Verhalten des Menschen zu erklären, d. h. auf Ursachen zurück zu führen, ist es ein ungewohnter Gedanke, wenn nicht mehr nach Kausalitäten gesucht wird. Andererseits hat die Suche nach Ursache und Wirkung in der *Umwelt*psychologie bereits an Fahrt eingebüßt, weil sich diese der Erforschung von Zusammenhängen widmet, davon ausgehend, dass Mensch-Umwelt-Beziehungen meistens Wechselwirkungen und nur selten einseitige Kausalbeziehungen sind.

Big Data eröffnet der Forschung neue Wege, weil sich diese nicht mehr mit kleinen Stichproben begnügen muss. Man kann große Stichproben aus der normalen Population ziehen oder sogar über Grundgesamtheiten verfügen und muss nicht mehr auf kleine, möglicherweise nicht repräsentative Stichproben studentischer Versuchspersonen zurückgreifen. Bei großen Datenmengen ist es unproblematisch, große Teilgruppen zu bilden, und diese miteinander zu vergleichen (Gosling und Mason 2015). Die Frage der Repräsentativität rückt in den Hintergrund, wenn Daten nichts Rares mehr sind. Was bei kleinen Stichproben unverzichtbar ist, nämlich die Vermeidung von Messfehlern und ungenauen Daten, ist bei großen Datenmengen weniger zwingend. Man kann sogar eine gewisse Unschärfe der Daten in Kauf nehmen und muss weniger auf Exaktheit bestehen (Mayer-Schönberger und Cukier 2013).

Und man kann Phänomene untersuchen, für die man große Datenmengen braucht. Ein Beispiel ist die Analyse, wie sich Gerüchte verbreiten. Das Internet mit seinen ungeheuer vielen Kanälen kann zutreffende oder falsche Botschaften in kürzester Zeit weit streuen (Gosling und Mason 2015).

Daten werden überall gesammelt, wo man an Erkenntnissen interessiert ist. Ein Beispiel ist das Sammeln von Daten beim Lesen von E-Books. Die Lesegeräte registrieren, was gelesen wird, wie lange der Lesende für einen Absatz oder eine Seite braucht, ob er ein Kapitel überschlägt oder das Buch für immer beiseite legt, ob er eine Stelle markiert oder eine Bemerkung am Rand macht. Verlage bekommen damit Daten an die Hand, die ihnen etwas über die Vorlieben und Gewohnheiten der Leser sagen, was sie für die Gestaltung des Verlagsprogramms nutzen können.

Die Menge an Daten wird sich noch mehr vermehren, weil nicht nur die vorhandenen Daten registriert und gesammelt werden, sondern weil durch den Einsatz zahlreicher Sensoren an vielen Stellen neue Daten generiert werden. Diese neuen Daten sind Voraussetzung für das computergesteuerte Auto sowie allgemein für die Industrie 4.0, bei der Betriebe und Fabriken digitalisiert werden, des Weiteren für die Umwandlung normaler Städte in Smart Cities. Mit Hochleistungsrechnern, neuen Netzwerken und Programmen lässt sich das zuwege bringen.

Was Floridi (2015) jedoch immer wieder betont hat, ist, dass die heutigen Informations- und Kommunikationstechnologien nicht imstande sind, bedeutungsvolle Informationen zu verarbeiten. Sie funktionieren auf der syntaktischen Ebene, ihnen fehlt die Intelligenz, das Verstehen und effektive Umgehen mit Informationen.

2.3.6 Hypothesen und methodische Ansätze

Die Big Data-Forschung ersetzt nicht die klassische empirische psychologische Forschung mit kleinen Stichproben. Denn nach wie vor besteht ein Interesse daran, Wirkungszusammenhänge zu erkennen und gegebenenfalls zu beeinflussen. So ist auch das Anliegen der Cyberpsychologie wie der Psychologie allgemein, Erleben und Verhalten zu erklären (Norman 2008). Dabei wird nach wie vor nach Kausalitäten gefragt. Ein erster Schritt ist die Identifizierung möglicher Einflussfaktoren bzw. Inputvariablen (= antecedents) und möglicher Auswirkungen bzw. Outputvariablen (= consequences). Inputvariablen sind z. B. Systemmerkmale (Design des Interface, Leistungsfähigkeit des Computers), die Schwierigkeit der Aufgaben, Art und der Inhalt von Medienangeboten, Merkmale der Nutzer (Alter, Erfahrungen, kognitive Fähigkeiten, Motive) sowie Umgebungsmerkmale (physische Bedingungen, soziale Umwelt).

Outputvariablen sind unter anderem Leistungsmaße wie die Fehlerrate oder Qualität der Problemlösungen, Lerngeschwindigkeit, mentale Anstrengung, Stress, Kommunikations- und Sozialverhalten, Privatheit, Wohlbefinden und Zufriedenheit mit sich selbst, mit der Leistung und dem Ergebnis, exzessive Internetnutzung und Computerspielsucht.

In den empirischen Untersuchungen auf der Grundlage von „Small Data", d. h. mit relativ wenigen Daten, können immer nur wenige Input- und Output Variablen einbezogen werden.

Die folgenden Beispiele sollen dies veranschaulichen: Feierabend et al. (2014) haben den Zusammenhang zwischen dem Alter des Nutzers (Inputvariable) und dem Online-Verhalten (Outputvariable) analysiert. Sie fanden heraus, dass den 12- bis 19-Jährigen das Internet besonders wichtig ist, um zu kommunizieren und Musik zu hören. Den Zusammenhang zwischen dem Anschauen gewalthaltiger Bildschirmspiele (Inputvariable) und Aggressionsbereitschaft und gewalttätigem Verhalten (Outputvariablen) haben Happ et al. (2014) sowie Nauroth et al. (2014) untersucht.

Pieschl und Porsch (2014) haben sich mit dem Cybermobbing befasst, das sie als Mobbing mit Hilfe von Informations- und Kommunikationstechnologien definierten, dem gegenüber sich der Mensch ausgeliefert fühlt. Gefühle der Hilflosigkeit und Belastung sind die untersuchten Outputvariablen.

Die Beispiele zeigen, dass die Forschungsprojekte auf bestimmte Fragestellungen gerichtet sind, dass die Frage nach kausalen Beziehungen immer noch aktuell ist, dass Forschung mit Small Data unverzichtbar bleibt, um zu Erkenntnissen über Wirkungszusammenhänge auf der psychologischen Ebene und zu

Hypothesen zu gelangen, wie etwas miteinander zusammen hängen könnte. Und sie zeigen noch etwas: Auf die Frage, wie sich die Digitalisierung auf den Menschen auswirkt, gibt es wegen der zahlreichen zu betrachtenden Variablen und Zusammenhänge nicht nur eine, sondern ziemlich viele Antworten.

Diese vielen Antworten lassen sich zwei allgemeinen Hypothesen zuordnen: der Substitutions- und der Komplementaritätshypothese. Beide haben sich zunächst allein auf die Mediennutzung bezogen, wobei die Frage war, inwieweit die neuen Medien die traditionellen Medien ersetzen oder sie ergänzen werden. Es zeigte sich, dass sie koexistieren (Trepte et al 2000; Hartmann 2004).

Im weiteren Sinne ist mit Substitution gemeint, dass die virtuelle Welt in der Lebenswelt des Menschen einen großen Teil der realen Umwelt ersetzt, während Komplementarität beinhaltet, dass sich reale und virtuelle Welt ergänzen.

Argumente für die Substitutionshypothese sind, dass das Internet den Alltag des Menschen so verwandelt hat, dass die reale Umwelt darin an Bedeutung verloren hat (vgl. Abb. 2.9). Beispiele sind: Wer E-Mails versendet und bekommt, braucht keinen realen Briefkasten mehr. Wer häufig online kommuniziert, hat weniger Face-to-Face-Kontakte. Das Smartphone hat diese Entwicklung gefördert. Es ist ein Gerät, das für die Substitutionshypothese spricht.

Würde die Substitutionshypothese zutreffen, hätte das gravierende Folgen für die Umweltplanung und -gestaltung, denn die reale Umwelt wäre nicht mehr so wichtig, dass man sich über deren zweckmäßige und ästhetische Gestaltung den Kopf zerbrechen müsste. Architekturwettbewerbe könnten entfallen. Die Anliegen des Denkmalschutzes, historische Bauwerke als Kulturgut zu erhalten, könnte man als irrelevant abtun, zumal die Möglichkeit besteht, die gebaute Umwelt aus früheren Zeiten in Bildern und Filmen zu bewahren. Dagegen spricht allerdings, dass zahlreiche Menschen keine Mühe scheuen, um sich als Touristen das Kulturerbe im Original zu betrachten (Levi und Kocher 2012).

Die Destruktionshypothese spitzt die Substitutionshypothese noch etwas zu. Sie schreibt dem Internet zerstörerische Folgen zu, weil dadurch etwas, was für wertvoll gehalten wird wie z. B. Authentizität und Emotionalität, verloren geht. Online Kontakte sind entsinnlicht und arm an sozialen Hinweisreizen, wie sie körperliche Präsenz automatisch mitliefert. Und sie sind anonym, was antisoziales Verhalten bis hin zum Cybermobbing begünstigt. Der Teufelskreis, den man der Kategorie der Destruktionshypothese zuordnen würde, ist in Abb. 2.10 dargestellt.

Die Tendenz, realen Belastungen durch Flucht zu entgehen statt sich aktiv damit auseinander zu setzen und diese mehr oder weniger erfolgreich zu bewältigen, wird verstärkt, was den Teufelskreis mit seinen destruktiven Folgen in Gang

Abb. 2.9 Unabhängigkeit von Smartphone Nutzern vom realen Setting. (Titelblatt von Verkehrszeichen Heft 4/2014)

hält. Wenn man gewohnheitsmäßig und nicht nur kurzfristig aus der realen in die virtuelle Welt flieht, ist man den Anforderungen der realen Welt immer weniger gewachsen, was die negative Entwicklung noch weiter beschleunigt.

Die Komplementaritätshypothese besagt, dass sich Computer und Internet problemlos in die Lebenswelt des Menschen einfügen, weil das Alltagsleben infolge neuer Einflüsse und Konstellationen neu strukturiert wird. Computer und Internet wirken sich nicht negativ aus, weil der Mensch lernfähig und in der Lage ist, diese in seinen Lebensalltag zu integrieren und gewinnbringend zu nutzen. Komplementarität schließt den More-and-More Effekt ein, einen zusätzlichen Gewinn, indem z. B. die Zeit, die bei der Online Nutzung gespart wird, wie etwa beim

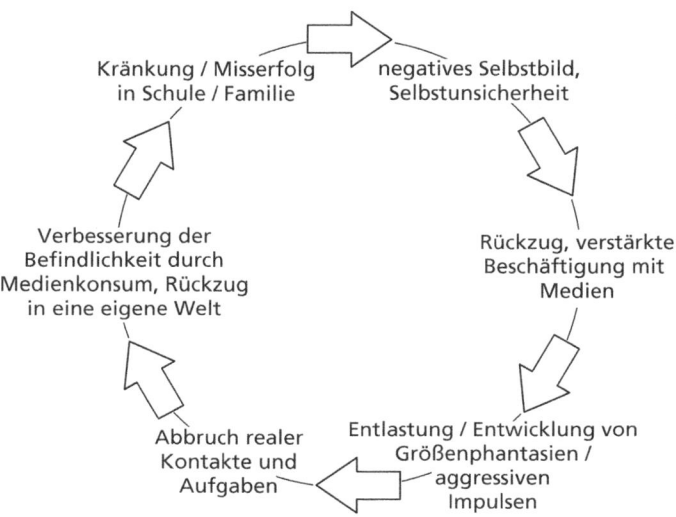

Abb. 2.10   Ein Teufelskreis. (Lehmkuhl et al. 2014, S. 53)

E-Banking, E-Commerce oder E-Mailen, für Aktivitäten genutzt werden kann, für die man andernfalls gar keine Zeit gehabt hätte (Trepte et al. 2000). Nicht auszuschließen ist allerdings, dass der More-and-More-Effekt durch Befriedigung neu entstehender Bedürfnisse und durch Aktivitäten, die man bald auch nicht mehr missen möchte, wieder aufgezehrt wird. Nach der Komplementaritätshypothese behält die reale Umwelt ihre volle Bedeutung. Deren nutzerorientierte Gestaltung bleibt ein vorrangiges Anliegen. Hässliche und monotone Architektur und eine unwirtliche formalistische Stadtgestaltung reduzieren die Lebensqualität auch in einer digitalisierten Gesellschaft.

Ein Beispiel für Komplementarität ist auch die AR-Technologie (AR= augmented reality). Die Realität wird erweitert, indem wirkliche Orte durch virtuelle „Zutaten" angereichert werden. Oleksy und Wnuk (2016) haben diese Technik in ihrem Experiment angewendet, das sie in einem Stadtteil in Warschau durchführten, der heute vollkommen anders aussieht als in früheren Zeiten. Auf dem Smartphone, das die Teilnehmer des Experiments bei einem Rundgang durch den Stadtteil mit sich führten, konnten sie an verschiedenen Orten virtuelle Szenen aus früheren Zeiten betrachten – eine Augmented Reality, die ihnen vertiefte Eindrücke bescherte.

Veränderungen auf allen Ebenen und in allen Bereichen, wie sie die Digitalisierung mit sich bringt, lassen sich durch Vergleiche und durch Längsschnittuntersuchungen feststellen. Da Längsschnittuntersuchungen im Allgemeinen aufwendig und kostenträchtig sind, begnügt man sich mit wiederholten Querschnittsuntersuchungen, die den Längsschnitt ersetzen. Oder man simuliert einen Längsschnitt, indem man unterschiedliche Altersgruppen vergleicht. So wird die Nutzung und Wirkung des Internet bei Jüngeren und Älteren untersucht, wobei die junge Generation die zukünftige Situation repräsentiert. Schon aus diesem Grund sind Kinder und Jugendliche eine oft untersuchte Gruppe, deren Medien- und Internetnutzung in zahlreichen Umfragen erfasst und in etlichen Untersuchungen beleuchtet wird (vgl. Abschn. 1.3).

Wiederholte Erhebungen sind ein Weg, um anhand von Vergleichen Veränderungen auszumachen und auf Entwicklungen zu schließen. Dazu diene als Beispiel die Untersuchung von Kraut et al. (1998). Deren Ausgangspunkt war die Frage, ob mit zunehmender Internetnutzung das soziale Engagement verloren geht und das individuelle Wohlbefinden verringert wird oder ob stattdessen das Gegenteil zutrifft. Soziales Engagement tritt in der innerfamiliären Kommunikation, in außerfamiliären Kontakten und in der Zahl der Personen, die einem helfen und oder denen man helfen würde, falls es erforderlich ist, zutage. Das Wohlbefinden ist beeinträchtigt, wenn eine Person sich einsam fühlt und an Depressionen leidet. Das Wohlbefinden wurde dementsprechend mit einer Einsamkeits- und einer Depressions-Skala gemessen. Das Ergebnis war, dass man vor einer zu intensiven Nutzung von Computer und Internet warnen muss. Die Forscher stellten nämlich fest, dass eine verstärkte Internetnutzung mit einer Abnahme sowohl der innerfamiliären Kommunikation als auch der außerfamiliären sozialen Kontakte sowie mit häufigeren Einsamkeitsgefühlen und Depressionen einher geht. In der Untersuchung der Forschergruppe vier Jahre später waren diese negativen Effekte nicht mehr festzustellen. Einsamkeitsgefühle und depressive Stimmungen waren sogar eher seltener bei denen zu finden, die das Internet und in ihren Alltag integriert haben und es auch häufig nutzen, als bei den Wenig- oder Gar-nicht-Nutzern (Kraut et al. 2002). Die Internetnutzung hat sich in der Zwischenzeit versachlicht, sie dient seltener eskapistischen Tendenzen.

Die Gegenüberstellung der beiden Studien zeigt, dass eine Untersuchung zu einem Zeitpunkt nicht immer ausreicht, um daraus weitreichende Schlüsse zu ziehen. Der Umgang mit dem Internet ist für immer mehr Menschen zu einer Alltagsroutine geworden. Die Diskrepanzen machen den Wandel sichtbar, den man mit nur einer Studie zu einem einmaligen Zeitpunkt nicht hätte erfassen können.

Auch wenn man sich angesichts des hohen Tempos der Digitalisierung sowie der gewaltigen Datenmengen, die Computer sammeln, speichern und analysieren können, fragen muss, ob die klassischen Modelle und Forschungsmethoden künftig noch passend sein werden (vgl. Hartmann 2004), so haben sie immer noch einen heuristischen Wert, indem sie ein theoriebasiertes Vorgehen fördern und damit das Auffinden von Wirkungszusammenhängen ermöglichen. Als deduktive Vorgehensweisen gleichen sie Inseln im Big Data Meer mit einer großen Fülle an Korrelationen. Diese verweisen zwar auf Zusammenhänge, sagen aber nichts über *Wirkungs*zusammenhänge aus. Beispielsweise möchte man das Therapieangebot zur Behandlung von Internetsucht erweitern und in diesem Zusammenhang wissen, ob Menschen, die sich einsam und verlassen fühlen, zum Eskapismus in Form einer exzessiven Internetnutzung neigen (Kraut et al. 1998; Ceyhan und Ceyhan 2008). Sollte sich das herausstellen, würde man anstelle einer Einzel- eine Gruppentherapie durchführen, die vermehrte Sozialkontakte beinhaltet.

Literatur

Amichai-Hamburger, Y. (2002). Internet and personality. *Computers in Human Behavior, 18*, 1–10.

Amichai-Hamburger, Y., Brunstein Klomek, A., Friedman, D., Zuckerman, O., & Shani-Sherman, T. (2014). The future of online therapy. *Computers in Human Behavior, 41*, 288–294.

Bell, P. A., Greene, T. C., Fisher, J. D., & Baum, A. (1996). *Environmental psychology* (4. Aufl.). Fort Worth: Harcourt College Publishers.

Bishop, I. D., Ye, W.-S., & Karadaglis, C. (2001). Experiential approaches to perception response in virtual worlds. *Landscape and Urban Planning, 54*, 115–123.

Böltken, F., Schneider, N., & Spellerberg, A. (1999). Wohnen – Wunsch und Wirklichkeit. *Informationen zur Raumentwicklung, 1999*(2), 141–156.

Bredekamp, H. (2007). *Bilder bewegen*. Berlin: Wagenbach.

Carroll, J. M. (1997). Human-computer interaction: Psychology as a science of design. *International Journal of Human-Computer Studies, 46*, 501–522.

Ceyhan, A. A., & Ceyhan, E. (2008). Loneliness, depression, and computer self-efficacy as predictors of problematic internet use. *CyberPsychology and Behavior, 11*, 699–701.

Daneback, K., & Smahel, D. (2014). Editorial: An increase in published articles and special issues. Cyberpsychology: *Journal of Psychosocial Research on Cyberspace, 8*(4), doi:10.5817/CP2014-4-1.

Dieckmann, F., Flade, A., Schuemer, R., Ströhlein, G., & Walden, R. (1998). *Psychologie und gebaute Umwelt. Konzepte, Methoden, Anwendungsbeispiele.* Darmstadt: Institut Wohnen und Umwelt.

DIVSI. (2014). *U25-Studie. Kinder, Jugendliche und junge Erwachsene in der digitalen Welt*. Hamburg: DIVSI.

Döring, N. (2003). *Sozialpsychologie des Internet* (2. Aufl.). Göttingen: Hogrefe.
Döring, N. (2004). Sozio-emotionale Dimensionen des Internet. In R. Mangold, P. Vorderer, & G. Bente (Hrsg.), *Lehrbuch der Medienpsychologie* (S. 769–791). Göttingen: Hogrefe.
Döring, N., & Döring, N. (2007). Vergleich zwischen direkter und medialer Individualkommunikation. In U. Six, U. Gleich, & R. Gimmler (Hrsg.), *Kommunikationspsychologie – Medienpsychologie. Ein Lehrbuch* (S. 297–313). Weinheim: Beltz/PVU.
Engel, P. (2015). Nur etwas für Marktkenner. Die Problematik von Online - Kunstauktionen. kunnst, Herbst, 42-47.
Feierabend, S., Karg, U., & Rathgeb, T. (2014). Mediennutzung von Jugendlichen: Zentrale Ergebnisse der JIM-Studie 2012. In T. Porsch & S. Pieschl (Hrsg.), *Neue Medien und deren Schatten. Mediennutzung, Medienwirkung und Medienkompetenz* (S. 29–51). Göttingen: Hogrefe.
Flade, A. (2008). *Architektur psychologisch betrachtet*. Bern: Huber.
Flade, A. (2013). *Der rastlose Mensch. Konzepte und Erkenntnisse der Mobilitätspsychologie*. Wiesbaden: Springer VS.
Flade, A. (2016). Smart gleich nutzergerecht? Die Smart City psychologisch betrachtet. *Transforming Cities, 1,* 26–29.
Floridi, L. (2015). *Die 4. Revolution. Wie die Infosphäre unser Leben verändert*. Berlin: Suhrkamp.
Fuhrer, U. (1996). Person-Umwelt-Kongruenz. In L. Kruse, C. F. Graumann, & E.-D. Lantermann (Hrsg.), *Ökologische Psychologie. Ein Handbuch in Schlüsselbegriffen* (S. 143–153). München: Psychologie Verlags Union.
Gerhardt, A. (2014). *Bürowelt: Effizienz durch Architektur: Der Mensch und sein Wohlbefinden im gestalteten Arbeitsplatzumfeld*. Lengerich: Pabst.
Glatzer, W. (1996). Messung der Lebensqualität. In L. Kruse, C. F. Graumann, & E.-D. Lantermann (Hrsg.), *Ökologische Psychologie. Ein Handbuch in Schlüsselbegriffen* (S. 240–244). Weinheim: Psychologie Verlags Union.
Gosling, S. D., & Mason, W. (2015). Internet research in psychology. *Annual Review of Psychology, 66,* 877–902.
Happ, C., Melzer, A., & Steffgen, G. (2014). Gewalthaltige Videospiele. In T. Porsch & S. Pieschl (Hrsg.), *Neue Medien und deren Schatten. Mediennutzung, Medienwirkung und Medienkompetenz* (S. 191–218). Göttingen: Hogrefe.
Hartmann, T. (2004). Computervermittelte Kommunikation. In R. Mangold, P. Vorderer, & G. Bente (Hrsg.), *Lehrbuch der Medienpsychologie* (S. 673–693). Göttingen: Hogrefe.
Hellbrück, J., & Kals, E. (2012). *Umweltpsychologie*. Wiesbaden: Springer VS.
Heßler, M. (2012). *Kulturgeschichte der Technik*. Frankfurt a. M.: Campus.
Homburg, A., & Matthies, E. (2005). Umweltschonendes Verhalten. In D. Frey, L. von Rosenstiel, & C. G. Hoyos (Hrsg.), *Wirtschaftspsychologie* (S. 345–352). Weinheim: Beltz/PVU.
Janetzko, D. (2008). Psychologische Beiträge zum Verhältnis von Medien und Politik. In B. Batinic & M. Appel (Hrsg.), *Medienpsychologie* (S. 293–312). Heidelberg: Springer Medizin.
Jürgens, U. (2015). Aktuelle Fragen der Stadtgeographie. In A. Flade (Hrsg.), *Stadt und Gesellschaft im Fokus aktueller Stadtforschung. Konzepte – Herausforderungen – Perspektiven* (S. 61–99). Wiesbaden: Springer VS.

Kaminski, G. (1976). Einführung und Vorschau. In G. Kaminski (Hrsg.), *Umweltpsychologie Perspektiven – Probleme – Praxis* (S. 10–25). Stuttgart: Klett.

Kaplan, R., & Kaplan, S. (1989). *The experience of nature. A psychological perspective.* Cambridge: Cambridge University Press.

Kitchin, R. M. (1994). Cognitive maps: What are they and why study them? *Journal of Environmental Psychology, 14*, 1–19.

Köhler, T., Kahnwald, N., & Reitmaier, M. (2008). Lehren und Lernen mit Multimedia und Internet. In B. Batinic & M. Appel (Hrsg.), *Medienpsychologie* (S. 477–501). Heidelberg: Springer Medizin.

Kraut, R., Patterson, M., Lundmark, V., Kiesler, S., Mukopadhyay, T., & Scherlis, W. (1998). Internet paradox. A social technology that reduces social involvement and psychological well-being? *American Psychologist, 53*, 1017–1031.

Kraut, R., Kiesler, S., Boneva, B., Cummings, J., Helgeson, V., & Crawford, A. (2002). Internet paradox revisited. *Journal of Social Issues, 58*, 49–74.

Kretschmer, B., & Werner, F. (Hrsg.). (2012). *Die digitale Öffentlichkeit. Wie das Internet unsere Demokratie verändert.* Hamburg: Friedrich-Ebert-Stiftung & Julius-Leber-Forum.

Kruger, J., Epley, N., Parker, J., & Ng, Z.-W. (2005). Egocentrism over E-Mail: Can we communicate as well as we think? *Journal of Personality and Social Psychology, 89*, 925–936.

Kruse, L. (1996). Raum und Bewegung. In L. Kruse, C. F. Graumann, & E. D. Lantermann (Hrsg.), *Ökologische Psychologie. Ein Handbuch in Schlüsselbegriffen* (S. 313–324). München: Psychologie Verlags Union.

Lehmkuhl, G., Alfer, D., Kürschner, C., & Frölich, J. (2014). Virtuelle Welten und psychische Entwicklung. In P. Wahl & U. Lehmkuhl (Hrsg.), *Seelische Wirklichkeiten in virtuellen Welten* (S. 34–59). Göttingen: Vandenhoeck & Ruprecht.

Levi, D., & Kocher, S. (2012). Perception of sacredness at heritage religious sites. *Environment and Behavior, 45*, 912–930.

Lohr, V. I., & Pearson-Mims, C. H. (2006). Responses to scenes with spreading, rounded, and conical tree forms. *Environment and Behavior, 38*, 667–688.

Lück, H. E. (1996). *Geschichte der Psychologie* (2. Aufl.). Stuttgart: Kohlhammer.

Mayer-Schönberger, V., & Cukier, K. (2013). *Big Data. Die Revolution, die unser Leben verändern wird.* München: Redline.

Mietsch, F. (2007). Verkehrstelematik. In O. Schöller, W. Canzler, & A. Knie (Hrsg.), *Handbuch Verkehrspolitik* (S. 641–662). Wiesbaden: VS Verlag.

Morozow, E. (2015). Wider digitales Wunschdenken. In F. Schirrmacher (Hrsg.), *Technologischer Totalitarismus. Eine Debatte* (S. 23–28). Berlin: Suhrkamp.

Müller, S. (2015). Die Großstadt abbilden. In A. Flade (Hrsg.), *Stadt und Gesellschaft im Fokus aktueller Stadtforschung. Konzepte – Herausforderungen – Perspektiven* (S. 259–289). Wiesbaden: Springer VS.

Nauroth, P., Bender, J., & Rothmund, T. (2014). Die „Killerspiele"- Diskussion: Wie die Forschung zur Wirkung gewalthaltiger Bildschirmspiele in der Öffentlichkeit wahrgenommen wird. In T. Porsch & S. Pieschl (Hrsg.), *Neue Medien und deren Schatten. Mediennutzung, Medienwirkung und Medienkompetenz* (S. 81–100). Göttingen: Hogrefe.

Norman, K. L. (2008). *CyberPsychology: Introduction to the psychology of human/computer interaction.* Cambridge: Cambridge University Press.

Oleksy, T., & Wnuk, A. (2016). Augmented places: An impact of embodied historical experience on attitudes towards places. *Computers in Human Behavior, 57,* 11–16.

Pariser, E. (2012). *Filter Bubble. Wie wir im Internet entmündigt werden.* München: Hanser.

Pieschl, S., Pieschl, S., & Porsch, T. (2014). Cybermobbing – mehr als „Ärgern im Internet". In T. Porsch & S. Pieschl (Hrsg.), *Neue Medien und deren Schatten. Mediennutzung, Medienwirkung und Medienkompetenz* (S. 133–158). Göttingen: Hogrefe.

Porsch, T., & Pieschl, S. (Hrsg.). (2014). *Neue Medien und deren Schatten. Mediennutzung, Medienwirkung und Medienkompetenz.* Göttingen: Hogrefe.

Preiser, W. F. E., Rabinowitz, H. Z., & White, E. T. (1988). *Post-occupancy evaluation.* New York: Van Nostrand Reinhold.

Rheingold, H. (1994). *Virtuelle Gemeinschaft. Soziale Beziehungen im Zeitalter des Computers.* Bonn: Addison-Wesley. (Englische Ausgabe 1993).

Saco, D. (2002). *Cybering democracy. Public space and the Internet.* Minneapolis: University of Minnesota Press.

Schaumburg, H., & Issing, L. J. (2004). Interaktives Lernen mit Multimedia. In R. Mangold, P. Vorderer, & G. Bente (Hrsg.), *Lehrbuch der Medienpsychologie* (S. 717–742). Göttingen: Hogrefe.

Schirrmacher, F. (Hrsg.). (2015). *Technologischer Totalitarismus. Eine Debatte.* Berlin: Suhrkamp.

Schneider, N., & Spellerberg, A. (1999). *Lebensstile, Wohnraumbedürfnisse und räumliche Mobilität.* Opladen: Leske & Budrich.

Schubert, D. (2015). Stadtplanung – Wandlungen einer Disziplin und zukünftige Herausforderungen. In A. Flade (Hrsg.), *Stadt und Gesellschaft im Fokus aktueller Stadtforschung. Konzepte – Herausforderungen – Perspektiven* (S. 121–176). Wiesbaden: Springer VS.

Singh, S. N., Donavan, D. T., Misra, S., & Little, T. D. (2008). The latent structure of landscape perception: A mean and covariance structure modeling approach. *Journal of Environmental Psychology, 28,* 339–352.

Sommer, R. (1983). *Social design. Creating buildings with people in mind.* Englewood Cliffs: Prentice Hall.

Spanier-Baro, N., & Trapp, M. (2014). Landleben 2.0. Vom smarten Leben auf dem Lande. *digitale welt, 3,* 28–31.

Stamps, A. E. (2000). *Psychology and the aesthetics of the built environment.* Boston: Kluwer.

Stokols, D. (1990). Instrumental and spiritual views of people-environment relations. *American Psychologist, 45,* 641–646.

Stokols, D., & Montero, M. (2002). Toward an environmental psychology of the Internet. In R. B. Bechtel & A. Churchman (Hrsg.), *Handbook of environmental psychology* (S. 661–675). New York: Wiley.

Trepte, S., Baumann, E., & Borges, K. (2000). „Big Brother": Unterschiedliche Nutzungsmotive des Fernseh- und Webangebots? *Media Perspektiven, 2000*(12), 550–561.

Wahl, P., & Lehmkuhl, U. (Hrsg.). (2014). *Seelische Wirklichkeiten in virtuellen Welten.* Göttingen: Vandenhoeck & Ruprecht.

Waldrop, M. M. (2016). More than Moore. *Nature, 530*, 145–147.

Weidemann, B., Paechter, M., & Schweizer, K. (2004). E-Learning und netzbasierte Wissenskommunikation. In R. Mangold, P. Vorderer, & G. Bente (Hrsg.), *Lehrbuch der Medienpsychologie* (S. 743–768). Göttingen: Hogrefe.

Wells, M., Mitchell, J. K., Finkelhor, D., & Becker-Blease, A. K. (2007). Online mental health treatment: Concern and considerations. *Cyberpsychology and Behavior, 10*, 453–461.

Whitaker, R. (1999). *Das Ende der Privatheit. Überwachung, Macht und soziale Kontrolle im Informationszeitalter.* München: Kunstmann.

Veränderung des Menschen?

3

Nach einführenden Exkursen über das Lernen, über Motive und Bedürfnisse werden sechs Themenbereiche beleuchtet, die das weite Spektrum an Mensch-Umwelt-Beziehungen vor Augen führen. Es beginnt mit der Aufnahme von Informationen aus der Umwelt und endet bei der Umweltaneignung. Im Einzelnen zu nennen sind: Informationsverarbeitung, Stress und Stressbewältigung, Identität und Selbstdarstellung, soziale Beziehungen und soziale Prozesse, Privatheit und Umweltaneignung. Es geht um das Erleben und Verhalten des Menschen, um sensorische und kognitive Prozesse, um Belastungsfaktoren in der Umwelt und deren individuelle Bewältigung, um die Herausbildung von Ich-Identität, um Kommunikation, Gruppenzugehörigkeit und soziales Verhalten, um die Gefährdung der Privatsphäre und um das Individuum, das sich mit seiner Welt in Beziehung setzt. Die zugrunde liegende Frage ist in allen Fällen, wie sich die Digitalisierung auf das Erleben und Verhalten des Menschen auswirkt.

3.1 Theoretische Grundlagen

3.1.1 Lernen

Der Mensch mit all seinen individuellen Eigenheiten, Eigenschaften und Fähigkeiten wird nicht nur durch seine Gene determiniert, sondern er ist stets auch ein Produkt seiner Umwelt, was die Frage aufwirft, wie sich der digitale Wandel auf sein Dasein und schließlich auch auf sein Sosein auswirkt. Die Ausgangsüberlegung ist: Wenn sich die Daseinsbedingungen ändern, dann verändern sich auch die Interaktionen zwischen Mensch und Umwelt, in deren Folge der Mensch ein anderer wird. Grundlage von Veränderungen sind Lernprozesse. Die Fähigkeit, aus Erfahrungen zu lernen, macht den Menschen zu einem anpassungsfähigen

© Springer Fachmedien Wiesbaden 2017
A. Flade, *Third Places – reale Inseln in der virtuellen Welt,*
DOI 10.1007/978-3-658-09688-5_3

Lebewesen. Diese Fähigkeit macht seine Intelligenz aus (Heckhausen 2010). Mangelnde Intelligenz bedeutet, nicht ausreichend lernen zu können.

Zu unterscheiden sind das absichtliche (intentionale) und das beiläufige (inzidentille) Lernen sowie die Lernformen des instrumentellen, kognitiven und sozialen Lernens.

Belohnungen und Bestrafungen spielen beim *instrumentellen Lernen* die zentrale Rolle. Es sind Anreize, die mit der Aufforderung einher gehen, sich in einer bestimmten Art und Weise zu verhalten (Heckhausen und Heckhausen 2010). Belohnungen und Bestrafungen sind Mittel, um Verhalten zu beeinflussen und zu steuern. Wer z. B. an einer Überwachungskamera zu schnell vorbei fährt, wird mit einem Bußgeld bestraft. Wer gute Erfahrungen mit dem Navigationsgerät gemacht hat, d. h. belohnt wurde, wird es wieder einsetzen. Ebenso wird die Nutzung von Computer und Internet bekräftigt, wenn diese mit positiven Konsequenzen einhergeht. Ein Verhalten wird umso mehr verstärkt, je häufiger und unmittelbarer die Belohnungen erfolgen. Bei einer unmittelbaren Verstärkung tritt die Kontingenz zwischen Verhalten und Verhaltensfolgen besonders deutlich zutage. Sind die Folgen eines Verhalten unangenehm, wird es geschwächt und schließlich „gelöscht". Wer erleben muss, dass er den Anforderungen einer neuen Technologie nicht gewachsen ist, macht zweifellos unangenehme Erfahrungen, die dazu führen könnten, dass er es überhaupt nicht mehr versucht.

Verhaltensänderungen beruhen nicht nur auf den Prinzipien des instrumentellen Lernens. Vor allem das *kognitive Lernen,* die Aneignung von Wissen, ist Voraussetzung für den effektiven Umgang mit der digitalen Technik. Durch diese hat sich auch die Art und Weise, wie Wissen erworben wird, verändert. So haben sich neue Lese- und Schreibweisen heraus gebildet. Bücher werden – auch wegen des großen Angebots – weniger gründlich und selten wiederholt gelesen, sondern flüchtiger und abschnittsweise, und auch nicht nur ein Buch zurzeit, sondern mehrere Bücher parallel (Heßler 2012). Texte werden anders geschrieben. E-Mails sind knapper und kürzer gehalten als traditionelle Briefe. Das Internet selbst ist eine neue Form des nicht-linearen Lesens und Schreibens und der Interaktion zwischen Leser bzw. Autor und Text, die dadurch in Gang gehalten wird, dass sich Texte beliebig mit anderen Texten verknüpfen lassen. Der Schreibprozess hat sich durch die Nutzung des Computers verändert. Texte werden überarbeitet und umgeschrieben (Heßler 2012). Sie sind nicht mehr klar linear, wenn sie sich mit einer Vielzahl verschiedener Texte verlinken lassen. Ein elektronischer Text mit Links ähnelt so eher einem Netzwerk als einem Text mit einem Anfang und einem Ende.

Eine dritte Lernform ist das *soziale Lernen.* Das menschliche Verhalten wird durch andere Menschen geprägt, den persönlich wichtigen Bezugspersonen bzw.

Modellen, deren Verhalten beobachtet und imitiert wird. Die Modelle müssen keine realen Menschen sein, es können in den Medien auftauchende Personen oder Comic- und Kunstfiguren sein, deren Verhalten zum Vorbild wird. Das Problem ist die Nachahmung sozial unerwünschten Verhaltens. Die Frage, inwieweit gewalttätiges Verhalten, das in Filmen und Fernsehsendungen gezeigt wird, nachgeahmt wird, hat die psychologische Forschung schon in den 1960er Jahren beschäftigt (vgl. Bandura et al. 1963).

Durch soziales Lernen werden nicht nur Verhaltensweisen übernommen, sondern auch die Einstellungen, die diesen zugrunde liegen, indem man sich die Ansichten und Bewertungen der Bezugsperson zu eigen macht (Bierhoff 2002).

Zusammenfassend ist festzuhalten: Veränderungen des Menschen beruhen auf Lernprozessen. Die Konsequenzen, die ein Verhalten hat, sind maßgeblich, ob das Verhalten bekräftigt oder „gelöscht" wird, entscheidend sind des Weiteren die Informationen aus der Umwelt, die der Mensch aufnimmt und im Gedächtnis speichert, und schließlich das Verhalten anderer Menschen, das beobachtet und nachgeahmt wird. Wenn der Mensch in der digitalisierten Gesellschaft ein anderer wird, beruht dies auf instrumentellen, kognitiven und sozialen Lernprozessen.

3.1.2 Motive und Bedürfnisse

Durch Lernen erwirbt der Mensch Eigenschaften, Fähigkeiten und Fertigkeiten. Warum er sich jedoch in einer Situationen, in denen er selbstbestimmt handeln kann, so und nicht anders entscheidet, ist eine Frage der Motivation, d. h. des Wollens anstelle des Sollens oder Könnens. Motive bzw. Bedürfnisse sind die Gründe für ein bestimmtes Verhalten und die Bereitschaft, sich für etwas zu engagieren und mit einiger Ausdauer ein Ziel zu verfolgen. Motive sind auf Wirkungen gerichtet (Heckhausen und Heckhausen 2010).

Der Begriff Bedürfnis umfasst alle Mangel- und Ungleichgewichtszustände wie Hunger, Durst, Müdigkeit, Schmerz und Bedrohung usw., die der Mensch bestrebt ist, möglichst rasch zu beseitigen, weil sie höchst unangenehm sind. Es gilt, wieder ein Gleichgewicht herzustellen (Heckhausen 2010). Neben diesen homöostatischen Bedürfnissen hat Maslow (1981) ein Wachstumsbedürfnis identifiziert, das nicht auf die Herstellung eines körperlichen und seelischen Gleichgewichts, sondern auf Selbstverwirklichung gerichtet ist. Er bezeichnete es als *Wachstum*sbedürfnis, weil es im Prinzip nie befriedigt werden kann. Der Mensch hört nicht auf, nach Selbstverwirklichung zu streben. Es ist das Bild des rastlosen Menschen, der mit dem Erreichten nie zufrieden ist.

Motive sind wie Bedürfnisse die Antwort auf die Frage, warum ein Mensch so und nicht anders handelt. Will man das aktive selbstbestimmte Wollen des Menschen pointierter zum Ausdruck bringen und die rationalen Zielbildungs- und Handlungsprozesse deutlicher hervortreten lassen, wird meist der Begriff „Motiv" verwendet. Die Übergänge zu den Bedürfnissen sind fließend. Maslow hat den Bedürfnissen eine zentrale Rolle zuerkannt: „Wenn wir über die Bedürfnisse menschlicher Wesen sprechen, sprechen wir über das Essentielle ihres Lebens" (S. 10).

Bedürfnisse sind abstrakte Konzepte, es sind anthropologische Konstanten, die abhängig von den jeweiligen Umweltbedingungen, den sozialen Einflüssen und den gesellschaftlichen Gepflogenheiten und kulturellen Normen in unterschiedlichen Formen zutage treten. So kann sich das Bedürfnis nach sozialer Anerkennung, persönlicher Geltung und einem positiven Selbstbild in einer digitalisierten Gesellschaft in anderer Weise artikulieren als in der realen Welt. Die Befriedigung der biologischen Bedürfnisse nach Nahrung, Wärme, Erholung und Schlaf und das Streben nach einer sicheren, beständigen und vertrauten Umwelt sind existenzielle Bedürfnisse, ihre Befriedigung ist lebensnotwendig und realitätsnah. Ein virtuelles Dach über dem Kopf würde nicht vor realen Witterungseinflüssen schützen.

Die sozialen und die Ich-Bedürfnisse, die ausnahmslos kulturell überformt und geprägt sind, sind dagegen weniger an die reale Umwelt als Ort ihrer Befriedigung gebunden. So kann das Bedürfnis nach Zugehörigkeit befriedigt werden, indem man Mitglied in virtuellen Gemeinschaften wird oder indem man mit dem Smartphone eine ständige Konnektivität sicher stellt, sodass man sich nie allein fühlen muss. Was die Ich-Bedürfnisse nach einem positiven Selbstbild und einem positiven Selbstwertgefühl betrifft, bietet das Internet die Möglichkeit, sich mit einem Online-Profil so darzustellen, dass ein positives Selbstbild dabei heraus kommt (McKenna und Bargh 1998). Der Eindruck, dass man up to date und kompetent im Umgang mit den neuen Medien ist, stärkt das Selbstwertgefühl. Die kognitiven Bedürfnisse nach Wissen, Verstehen und Anregung lassen sich mit Hilfe des Internet vergleichsweise leicht befriedigen. In der realen Umwelt bedarf es dazu eines deutlich größeren Aufwands.

Die Vermeidung als hässlich wahrgenommener Umwelten weist auf ästhetische Bedürfnisse hin (Nasar 1997). Bewohner halten sich in einer schönen Wohnumgebung länger auf als in einer unschönen Umgebung, wie Skjaeveland und Gärling (2002) festgestellt haben. Bei einer längeren Aufenthaltsdauer ergeben sich zwangsläufig mehr Gelegenheiten, die sozialen Bedürfnisse durch nachbarliche Kontakte zu befriedigen. Das Ergebnis zeigt nicht nur, dass Menschen ästhetische Bedürfnisse haben, sondern auch wie wichtig eine ansprechende Umweltgestaltung für das soziale Leben ist.

Selbstverwirklichung ist ein Begriff, der vieles umfasst, darunter auch das Bestreben, sich die Umwelt zu eigen zu machen (Graumann 1996). Virtuelle Umwelten bieten hier durchaus Möglichkeiten. Im Social Web rezipiert der Mensch nicht nur Inhalte, sondern kann sie auch produzieren. Auch für die spirituellen Bedürfnisse gibt es Möglichkeiten, sie im Cyberspace zu befriedigen. Ein Pfarrer kann z. B. mit der Predigt oder einem Gebet im Internet sehr viel mehr Menschen erreichen als im Kirchenraum Platz hätten[1].

Zusammenfassend ist festzuhalten: Der Mensch nutzt Computer und Internet aus unterschiedlichen Gründen:

- weil er mit Anforderungen konfrontiert ist, denen er ohne eine solche digitale Daten verarbeitende Ausstattung nicht nachkommen könnte,
- weil er sich über die hochleistungsfähige Suchmaschine rasch und unaufwendig Wissen verschaffen kann, das ihm im Alltagsleben und darüber hinaus von Nutzen ist,
- weil er jederzeit und überall mit anderen Menschen Kontakt aufnehmen kann,
- weil virtuelle Gemeinschaften ihm ein Gefühl von Zugehörigkeit vermitteln,
- weil sein Bedürfnis nach Unterhaltung und Anregungen gestillt wird,
- weil er die neuen Möglichkeiten der Selbstverwirklichung aufgreift.

Es sind also nicht nur Sachzwänge, die Menschen dazu veranlassen, sich entsprechend auszurüsten; es sind die vielfältigen Angebote des Internet, die geeignet sind, die sozialen, die Ich- und die weiteren „höheren" Bedürfnisse zu befriedigen.

Im Uses-and-Gratification-Ansatz, einer der im ersten Kapitel dargestellten Theorien zur Erklärung der Mediennutzung, war die Bedeutung der menschlichen Bedürfnisse als Motor des Verhaltens – so auch des Medienverhaltens – bereits angeklungen. Medien fungieren als Mittel der Bedürfnisbefriedigung.

---

[1]„Das Gebet geht online. Angeklickt: Zwiesprache mit Gott im Internet", FAZ, 26.10.16, S. 15.

3.2   Informationsverarbeitung

3.2.1   Wahrnehmungs- und kognitive Prozesse

Wahrnehmung ist ein aktiver Prozess der Aufnahme und Verarbeitung von Information. Wahrnehmen beginnt mit sensorischen Prozessen, dem sinnlichen Empfinden. Empfindung ist der Vorgang, bei dem durch Reizung der Sinneszellen und Sinnesorgane neuronale Impulse erzeugt werden. Nervenzellen leiten diese Impulse in das Gehirn weiter. Informationsverarbeitung umfasst kognitive Operationen, es ist ein Umwandeln der sensorischen Reize in die Sprache des Gehirns, die Bildung mentaler Repräsentationen und das Speichern im Gedächtnis, durch das Wissen über die Umwelt kumuliert wird. Was im Langzeitgedächtnis gespeichert wird und daraus wieder abgerufen werden kann, hängt davon ab, was über die Sinneskanäle dort hineingelangt ist.

Wahrnehmungs- und kognitive Prozesse (Denken, Vorstellen Lernen, Orientierung, Planen und Problemlösen) sind untrennbar miteinander verbunden, denn erst durch Rückgriff auf gespeichertes Wissen können sensorische Eindrücke überhaupt gedeutet werden. Dinge, die anderen Menschen und der gesamte Kontext beeinflussen die Aufnahme und Verarbeitung von Informationen. So hängt es von sozialen Einflüssen ab, wie Sachverhalte und Ereignisse gesehen und bewertet werden. Im Begriff „soziale Wahrnehmung" (social perception) spiegelt sich das wider. Die Wahrnehmung ist untrennbar mit Selektions- und Bewertungsprozessen verbunden, und was ausgewählt und wie bewertet wird, ist mehr oder weniger auch ein Ergebnis sozialer Einflüsse, denen sich der Mensch nicht entziehen kann (Lück 1993).

Auch die reale Umwelt ist bei diesem Prozess nicht nur neutraler Hintergrund, sondern beeinflusst die kognitiven Prozesse und deren Ergebnis. Zu dieser „situated cognition" kommt noch eine „embodied cognition" hinzu, was besagt, dass Informationen von Menschen aufgenommen und verarbeitet werden, die einen Körper haben, der gesund und ausgeruht oder auch müde und abgespannt sein kann. Der Körper macht uns zu biologischen Wesen, die den Einflüssen der Umwelt wie dem Wetter, dem Klima, dem Boden und der Landschaft ausgesetzt sind (Hellpach 1950). Wahrnehmen, Lernen, Denken, Vorstellen, Fühlen und Handeln sind immer körperlich beeinflusste Prozesse (Anderson 2003). Des Weiteren sind kognitive Vorgänge alles andere als ein automatischer Ablauf der Informationsverarbeitung, der bei den Sinnesorganen beginnt. Die Abkehr vom Paradigma des passiv wahrnehmenden und reagierenden Individuums hin zum Paradigma des aktiv und selbstbestimmt handelnden Individuums hat man als „kognitive Wende" bezeichnet (Lück 1996).

Nicht erst seit der Computerisierung, sondern schon lange davor, hat man die Informationsaufnahme durch Vorrichtungen und Geräte beeinflusst. Mit einer Brille kann der Mensch eine verringerte Leistung seiner Augen ausgleichen. Die reale Umwelt, die er wahrnimmt, ändert sich dadurch nicht, wohl aber sein Wahrnehmungsraum.

Anders verhält es sich mit dem Oculus Rift (oculus = Auge; rift = Riss, Graben), einer speziellen Brille, die das Sichtfeld vergrößert und den Eindruck erzeugt, sich in einer virtuellen Welt zu bewegen. „With these devices, virtual reality merges with physical world in augmented reality paradigms: through technology, virtual world gets superimposed over the real world" (Giard und Guitton 2016, S. 614).

Anders als durch eine normale Brille oder ein Vergrößerungsglas oder auch ein Teleskop blickt der mit einem Oculus Rift ausgestattete Mensch nicht in eine reale Welt, die er lediglich schärfer sieht, sondern in eine mit technischen Mitteln erzeugte künstliche Welt.

Perception has classically be linked to the functioning of our sensory organs, and thus been implicitly limited to the actual range of the biological receptors. Such devices would artificially – yet surely – extend the range of our senses considerably further (Giard und Guitton 2016, S. 614).

Diese Vorrichtungen werden zunehmend leichter und kleiner, sodass sie immer näher an den Körper heran kommen können, „making the barrier between the virtual and the phenomenlogical worlds even thinner" (Giard und Guitton 2016, S. 615).

Das gilt auch für den akustischen Bereich, in dem seit langem Stereoanlagen und spezielle Wandverkleidungen eingesetzt werden, um zu verstärkten Klangerlebnissen zu gelangen. Wie wichtig das Musikhören für Jugendliche ist, zeigen Befragungen (Feierabend et al. 2014). Ausgestattet mit Smartphone und Kopfhörern können sie Pop Konzerte oder andere Musik überall und jederzeit hören und sich damit zugleich auch noch von der realen Welt ringsum abschirmen.

Das Speichern von Informationen ist Voraussetzung für Lernprozesse und zielgerichtetes Handeln (Mangold 2007). Dies gilt auch für die räumliche Orientierung. Wenn es kein mentales Abbild der räumlichen Struktur der Umwelt gäbe und kein Stadtplan in welcher Form auch immer zur Verfügung stünde, wäre die räumliche Orientierung eine Versuch- und Irrtum-Unternehmung. Die gespeicherte raumstrukturelle Information in Form einer kognitiven Karte ermöglicht es, Zielorte ohne externe Stadtpläne und ohne Irrwege zu finden und dabei auch noch Wegerouten zu optimieren. Wenn ein Navigationsgerät eingesetzt oder das Smartphone genutzt wird, um in einer unbekannten Umgebung den eigenen Standort zu bestimmen und den Zielort zu finden, besteht auf den ersten Blick keine Notwendigkeit, sich die Route einzuprägen. Es ist ein Beispiel für Substitution, wenn technische Geräte kognitive Prozesse überflüssig machen. Die Folge ist jedoch, dass die räumlichen Strukturen nicht im Gedächtnis gespeichert werden. Eine solche Arbeitsteilung zwischen Mensch und Computer, bei der der Computer Aufgaben übernimmt, die den Menschen entlasten, beinhaltet längerfristig einen Autonomieverlust, weil kein räumliches Wissen erworben wird, das unabhängig von „Hilfsmitteln" macht. Die Verarbeitung von Informationen und das Erkennen, um was es sich handelt, ist nur durch Rückgriff auf gespeichertes Wissen möglich. Wenn der Mensch ein solches Wissen nicht mehr speichert und demzufolge bestimmte sensorische Eindrücke nicht mehr gedeutet werden können, verliert er seine individuelle „Deutungshoheit". Er wird abhängig von technischen Geräten und Dienstleistungen.

3.2.2 Sinnesmodalitäten und deren Zusammenwirken

Mit der Verarbeitung von Sinnesreizen, bei der physikalische und chemische Prozesse in neuronale Erregungen übersetzt werden, beginnt die Informationsverarbeitung. Meistens wird dabei das Augenmerk auf einzelne Sinneskanäle gerichtet und das Zusammenspiel der Sinnesmodalitäten außer Acht gelassen, weil jede einzelne Sinnesmodalität schon ein umfassendes Thema ist. Im Vordergrund steht das Sehen, die Sinnesmodalität, die auch im Cyberspace absolut vorherrscht.

Informationen aus der Umwelt werden über den Körper, durch Anfassen und Greifen (haptische Wahrnehmung), über Hautempfindungen, den Gleichgewichtssinn, durch Riechen und Schmecken und die Fernsinne Sehen und Hören aufgenommen. In der Haut befinden sich die Sinneszellen für Druck-, Schmerz-, Wärme- und Kälteempfindung. Die Reizung der Kälte- und Wärme-Sinneszellen lässt zum Beispiel die Luft als heiß und schwül und das Meer als kühl erscheinen (Schönhammer 2009). Sehr anschaulich hatte Hellpach (1950) schon vor Jahrzehnten die Landschaftseindrücke als multimodales Sinnenerleben geschildert.

Die Hirnforschung hat das Bild von gegeneinander abgeschotteten Sinneskanälen längst korrigiert. Dass die Erregungen verschiedener Sinne im Prozess der Informationsverarbeitung zusammen wirken und einen ganzheitlichen Eindruck ergeben, zeigen die Ergebnisse empirischer Untersuchungen (Carles et al. 1999; Schönhammer 2009). So wird z. B. eine Umgebung als heller wahrgenommen, wenn gleichzeitig hohe Töne zu hören sind. Die integrierten Gesamteindrücke weichen von den monomodalen Eindrücken mehr oder weniger ab.

In realen Umwelten ist das Übliche, dass alle Sinne angeregt werden: Der Mensch blickt in die Landschaft oder auf Betonwände, der Duft der Pflanzen oder die Autoabgase steigen ihm in die Nase, er hört die Vögel singen und die Blätter rauschen oder den Verkehrslärm von der nahe gelegenen Straße, er spürt beim Wandern im Gebirge den harten Felsen oder beim Gehen durch die Stadt den harten Asphalt unter seinen Füßen.

Das Zusammenwirken der Sinne kommt bei Beschreibungen wie warme Farben, schwere Düfte, helle Töne zum Ausdruck. Hier wird mittels der Sprache eine Sinnesmodalität in eine andere übertragen.

Zwei Experimente, in denen das Zusammenwirken der Sinne in anschaulicher Weise nachgewiesen wurde, sollen hier kurz vorgestellt werden. Anderson et al. (1983) haben das Zusammenwirken von visuellen und akustischen Sinneseindrücken untersucht. Sie wählten zehn Geräusche aus, darunter von Kindern, Vögeln, Maschinen, Autos, Flugzeugen und Wind. Den Versuchspersonen in den durchgeführten Experimenten wurden Bilder von Städten, ländlichen Gegenden und Naturumwelten vorgeführt, was jeweils mit verschiedenen Geräuschen gekoppelt wurde. Die Aufgabe war, den Gesamteindruck von Bild plus Geräusch auf einer Skala von 1 (= sehr störend) bis 8 (= sehr erfreulich) zu beurteilen. Die Einstufungen der Geräusche auf der Skala fielen je nach Kontext (Waldgegend oder Stadt) unterschiedlich aus (vgl. Abb. 3.1).

Insgesamt am erfreulichsten ist der Gesang von Vögeln und zwar vor allem in baumreichen Umgebungen. Ebenfalls erfreulich, wenn auch nicht so ausgeprägt wie beim Vogelgesang, ist das Zirpen von Grillen, allerdings nur in Waldgebieten. Am schlechtesten schneidet das Geräusch des Motorrasenmähers ab. In der Stadt sind die vom Menschen erzeugten Geräusche des Motorrasenmähers und des Verkehrs viel weniger störend, sie passen zur gebauten Umwelt. Das gilt vor allem für den Innenstadtverkehr, der zum städtischen Ambiente gehört. Dennoch ist die positive Beurteilung der Verkehrsgeräusche in innerstädtischen Umwelten erstaunlich. Ein möglicher Grund könnte sein, dass die Verkehrsbelastung zum Zeitpunkt der Untersuchung Anfang der 1980er Jahre noch weitaus geringer war als sie es heute ist.

Schon Hellpach (1950) hatte den Vogelgesang als Inbegriff der Natur obenan gestellt. Mit der Feststellung, dass eine tonlose Natur beklemmend wäre, hat er zum Ausdruck gebracht, dass Geräusche erwartet werden. „Stumme Natur erscheint wie eine Unnatur, sie hat etwas Unheimliches" (S. 179).

Carles et al. (1999) haben den Einfluss von Geräuschen auf die Bewertung visueller Eindrücke experimentell untersucht. Sechs Geräusche und sechs Bilder von Umwelten wurden ausgewählt, die zunächst unimodal und dann miteinander kombiniert dargeboten wurden. Aufgabe der Versuchspersonen war, auf einer

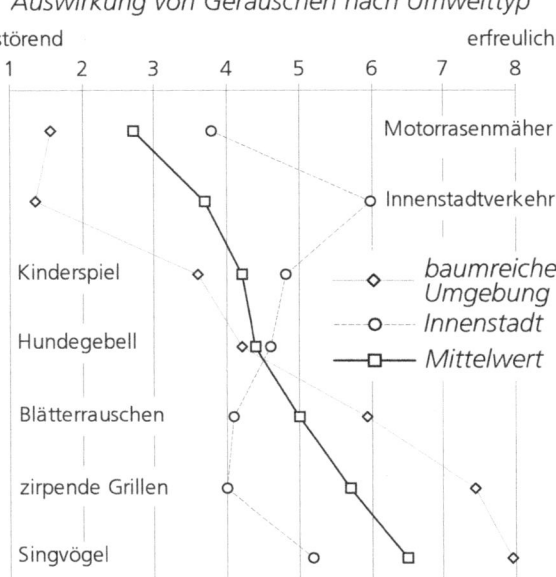

Abb. 3.1 Zusammenwirken der Sinne. (Ausschnitt aus Anderson et al. 1983, S. 552, eigene Grafik)

5-Punkte Skala zu bewerten, als wie angenehm bzw. unangenehm sie die gezeigten Bilder und die Geräusche und sodann deren diverse Kombinationen wahrnehmen. Das Ergebnis war auch hier, dass Geräusche die Einschätzung des visuellen Eindrucks verändern. Begleitende Geräusche können einen visuellen Eindruck vervollständigen und eindeutiger machen. Des Weiteren fanden die Forscher, dass natürliche Geräusche wie das Gemurmel eines Baches besonders positiv bewertet werden und dass dieses positive Urteil auf den visuellen Eindruck ausstrahlt.

Virtuelle Umwelten sind in erster Linie visuelle Umwelten, in der es kaum modifizierende Geräusche wie den Gesang der Vögel oder das Rauschen eines Bachs gibt. Auch „full immersion VR environments" sind in erster Linie visuelle Umwelten (Bishop et al. 2001). Oft fehlt ein umgebender Soundspace oder akustischer Reiz.

Typisch für die virtuelle Umwelt ist, dass sie nicht greifbar ist. Die Menschen darin sind körperlos, man kann sie nicht berühren und spüren. Es fehlt im „Konzert der Sinne" die Körperwahrnehmung, die taktile (Berührtwerden und Hautempfindungen) und die haptische Wahrnehmung (Anfassen und Greifen). Auch die chemischen Sinne Riechen und Schmecken werden nur in realen Umwelten aktiviert. Wärme- und Kälteempfindungen gibt es in virtuellen Welten ebenfalls nicht. Eine virtuelle Eiswüste sieht zwar kalt aus, bringt einen aber nicht zum Frieren. Menschen, die ihren Geruchssinn eingebüßt haben, beklagen den Verlust an Vitalqualität, ihr affektives Leben ist reduziert – ein untrügliches Zeichen für die Bedeutung des Geruchssinns. Die Folge einer mangelnden Aktivierung der Sinneskanäle ist ein reduzierter Reizzufluss von den Sinnesorganen zum Gehirn (Schönhammer 2009).

Wie ausschlaggebend indessen die taktile Wahrnehmung z. B. für die kindliche Entwicklung ist, zeigen Beobachtungen von Kleinkindern, bei denen das Bedürfnis nach körperlicher Nähe sehr stark ausgeprägt ist. Berühmtheit haben die in den 1950er Jahren von Harlow durchgeführten Experimente erlangt, in denen er nachgewiesen hat, dass Körperkontakt für eine normal verlaufende Entwicklung unverzichtbar ist (vgl. Zimbardo und Ruch 1975). Harlow hat mit jungen Rhesus-Affen experimentiert, die ohne das Muttertier in einen Käfig gesetzt wurden. Dort befanden sich zwei Attrappen, zwischen denen sie wählen konnten. Die eine Attrappe war aus Draht und spendete Milch, die andere war mit Stoff bespannt und spendete keine Milch. Die jungen Tiere hielten sich bei der Milch spendenden Drahtpuppe nur zur Nahrungsaufnahme auf, dann schmiegten sie sich wieder an die stoffbespannte Attrappe. Bei den jungen Tieren, die sich nicht in dieser Weise anschmiegen konnten, und noch verstärkt bei denen, die isoliert aufgewachsen waren, zeigten sich gravierende Entwicklungsverzögerungen und Verhaltensstörungen.

In virtuellen Umwelten würden sich Kinder mit körperlosen Bezugspersonen, die sie nur sehen und hören, aber nicht körperlich spüren, emotional und sozial nicht normal entwickeln können. Virtuelle Umwelten könnten das in der frühen Lebensphase sehr starke Bedürfnis nach Körperkontakt nicht befriedigen.

3.2.3 Informationsselektion

Dass die Kapazität des Menschen, Informationen aus der Umwelt zu verarbeiten, begrenzt ist, lässt sich empirisch mit einfachen Doppelaufgaben demonstrieren, z. B. dem gleichzeitigen Autofahren und Telefonieren. Die dabei auftretenden Fehler und Risiken fördern die Grenzen der Informationsverarbeitung zutage (Döring 2008). Es ist keine neue Erkenntnis, dass die Umwelt weit mehr Informationen enthält als der Mensch zu verarbeiten in der Lage ist, dass er also ständig mit Doppelaufgaben konfrontiert wäre, wenn er nicht die Informationszufuhr begrenzen würde; neu ist jedoch die Zunahme der Informationsmenge, welche die digitale Gesellschaft zusätzlich produziert. „Die Welt ist so voll von Information wie nie zuvor und auch die Informationsmenge nimmt immer schneller zu" (Mayer-Schönberger und Cukier 2013, S. 12). Die Kluft zwischen objektiv vorhandener und subjektiv verarbeitbarer Informationsmenge hat sich dadurch weiter vergrößert.

Die Sinnesorgane, die den Menschen mit der Welt verbinden, können nur einen bestimmten Ausschnitt aus dem gesamten Spektrum an Reizen aus der Umwelt aufnehmen. Sie sind damit die primären „Vorsortierer". Sie reagieren nur auf ganz bestimmte physikalische und chemische Reize. So kann das menschliche Auge elektromagnetische Schwingungen nur im Wellenlängen-Bereich zwischen 380 (violett) und 780 nm (rot) aufnehmen, das Ohr nur Frequenzen im Bereich von etwa 16 bis 20.000 Hz. Es ist eine biologisch bedingte Vorauswahl. Eine zweite Form ist eine psychologisch bedingte Vorauswahl. Von der ungeheuren Fülle an Informationen aus der Umwelt kann der Mensch nur einen Bruchteil verarbeiten. Was er dabei auswählt, variiert mit seiner körperlichen Befindlichkeit, seinem Know-how, seinen Absichten, Interessen, Einstellungen und Motiven, seinen Fähigkeiten und Fertigkeiten und seiner Weltsicht. Die Informationen, die aus Gründen mangelnder Kapazität nicht im Kurzzeitgedächtnis verarbeitet werden können und demzufolge auch nicht ins Langzeitgedächtnis gelangen, gehen verloren. Sie hinterlassen keine Spuren. Weil man sie nicht registriert hat, vermisst man sie auch nicht.

Die sensorische und informatorische Überlastung, die zur Selektion zwingt, wird als Informationsüberflutung (information overload) bezeichnet.

> Information overload refers to the experience of feeling burdened by large amounts of information received at a rate too high to be processed efficiently or used effectively (Misra und Stokols 2012, S. 739).

Untersuchungen, um die Auswirkungen von information overload festzustellen, haben ergeben, dass Angespanntsein, eine verringerte Lebenszufriedenheit, die Beeinträchtigung der Gesundheit und eine vermehrte Unentschlossenheit häufige Folgen sind (Misra und Stokols 2012). Es sind typische Stresssymptome (vgl. Abschn. 3.3).

Mit dem Internet hat sich die Informationsmenge, mit der Menschen konfrontiert sind, und damit auch das information overload noch weiter vergrößert. Andererseits hat das Internet als hochleistungsfähige Suchmaschine den Vorteil, die gewünschten Informationen schnell herauszufinden. Die Lieferung ist jedoch mit Hinweisen auf weitere Informationen versehen, sodass sich möglicherweise neue Horizonte auftun, bei denen wiederum eine Selektion erforderlich wird. Misra

und Stokols (2012) haben mit einer eigens entwickelten Stressskala zeigen können, dass ein cyber-basierter overload zu vermehrtem Stress führt, die Gesundheit
beeinträchtigt und weniger Zeit für Erholung und Kontemplation lässt. Man kann
sich in einer solchen Situation nicht mehr auf bestimmte Fragen oder Themen
konzentrieren, darüber nachdenken und den Dingen auf den Grund gehen.

Das Ergebnis, dass Informationen aus dem Internet das overload noch vermehren, wurde von Mangold (2007) infrage gestellt, der sich auf das Modell der
Kanalreduktion bezogen hat, das besagt, dass computervermittelte Informationen
ein geringeres Ausmaß an overload zur Folge haben, weil weniger Sinnesmodalitäten beteiligt sind und demzufolge auch weniger Informationen zu verarbeiten
sind (Hartmann 2004). Trotz der ungeheuren Informationsmengen, die zu einer
Informationsflut aus zwei Quellen, der realen und der virtuellen Umwelt, anwach-
sen könnte, die über den Menschen hinweg schwappt, geht er doch nicht darin
unter. Solche Befürchtungen seien zwar, wie Mangold meinte, weit verbreitet;
der Mensch verfüge jedoch über vielerlei Strategien, um mit dieser Flut fertig zu
werden.

Eine solche Strategie ist das Framing bzw. der Einsatz von Frames (Entman
1993). Frames erleichtern die Informationsverarbeitung, indem sie Informationen aussortieren und indem sie Akzente setzen. Die Blickwinkel auf ein Thema
werden als Frames bezeichnet. Frames sind „Sinnhorizonte von Akteuren ...,
die gewisse Informationen und Positionen hervorheben und andere ausblenden"
(Matthes 2014, S. 9 f.). Es hängt von den jeweiligen Frames ab, was beachtet
wird, wie das Beachtete definiert wird, wie Wirkungszusammenhänge interpretiert, wie Akteure bewertet und welche Problemlösungen als sinnvoll angesehen
werden. Frames bestimmen das Problemverständnis, die Zuschreibung von Ursachen und Ansätze zur Problemlösung. Die ausgewählten Informationen erfahren
eine zusätzliche Bedeutungserhöhung, sodass sie mit größerer Wahrscheinlichkeit
als andere Informationen aufgenommen, behalten und schließlich auch leichter wieder abgerufen werden können. Je größer die Informationsmenge, umso
bedeutsamer werden Frames, weil sie das Aussortieren regeln.

Das Bemühen, möglichst viele Informationen aufzunehmen, kann sich als
ungünstig erweisen, z. B. wenn im Hörsaal der Laptop verwendet wird, mit dem
man möglichst viel von dem gebotenen Lernstoff festhalten will. Es gibt dazu
ein aufschlussreiches Experiment von Mueller und Oppenheimer (2014), in dem
die Lernleistungen von Studierenden verglichen wurden, die sich von einer dargebotenen Lektion entweder handschriftlich Notizen machten oder dafür ihren
Laptop nutzten. Es zeigte sich, dass die inhaltlichen Zusammenhänge besser
wieder gegeben werden konnten, wenn die Notizen handschriftlich gemacht worden waren. Erklärt wurde das schlechtere Abschneiden bei den mit dem Laptop

ausgestatteten Studierenden damit, dass diese versuchen, möglichst viel mitzu-
schreiben, und dass die gemachten Notizen wortwörtlich sind, während hand-
schriftliche Notizen bereits einen Informationsverarbeitungsprozess hinter sich
haben. In allen drei Studien von Mueller und Oppenheimer zeigte sich, dass mit
dem Laptop signifikant mehr Wörter aufgeschrieben wurden als mit der Hand.
Der Kommentar der Forscher lautete: „Participants using laptops were more inc-
lined to take verbatim notes than participants who wrote longhand, thus hurting
learning" (S. 1166). Das bessere Abschneiden derjenigen mit handgeschriebenen
Notizen galt unabhängig davon, ob der Test im Anschluss oder nach einer Woche
erfolgte.

Eine dritte Art der Informationsselektion erfolgt durch Redakteure, Journa-
listen und Sendeleiter. In Anbetracht der gewaltigen Menge an Informationen
und Ereignissen in der Welt müssen sie entscheiden, was berichtswürdig ist und
was nicht. Gewalttaten, Katastrophen und Terror werden eher als berichtswürdig eingestuft (Früh und Brosius 2008), alltäglichere oder weniger spektakuläre
Vorkommnisse sind dagegen höchstens von lokalem Interesse. Durch diese spezifische Auswahl wird der Eindruck zusätzlich verstärkt, dass wir in einer Welt
voller Krisen und Bedrohungen leben.

Eine vierte Form der Vorselektion findet auf der Basis der von einer Person
gesammelten persönlichen Daten statt. Die Vorauswahl macht der Computer. Der
Mensch wird gezielt mit ganz bestimmten Informationen beliefert und nicht mit
anderen. Die persönlichen Daten, die bei jeder Internetnutzung anfallen, werden
von den großen Datensammlern wie Google und Facebook ausgewertet, um die
Informationsselektion zu personalisieren, d. h. den Internet-Nutzer genau mit den
Informationen aus dem Bereich zu versorgen, die er bisher nachgefragt hat. Das
Ergebnis dieser auf ein Individuum genau abgestimmten Informationsselektion ist
eine personalisierte Filter Bubble (Pariser 2012). Diese ist ein durch das Internet möglich gewordenes Instrument einer gezielten Informationsauswahl. Sämtliche solche Bubbles generierenden Systeme nutzen Algorithmen, die persönliche
Daten speichern und nutzen, um zu bestimmen, was der Internetnutzer zu erfahren wünscht oder erfahren soll. Pariser (2012) spricht von Prognosemaschinen,
die voraussagen, was ein Mensch möchte und als nächstes tun wird.

Personalisierte Informationslieferungen setzen voraus, dass man den Menschen, den man beliefert, gut kennt. Kenntnisse über ihn gewinnt man durch
dessen Klicks und Links. Diese Daten werden registriert und analysiert und zur
Konstruktion einer Bubble genutzt. Ein konkretes Beispiel für die Wirkungsweise
von Filter Bubbles sind gezielte Produktempfehlungen. Man hat ein bestimmtes Produkt gekauft und bekommt gleich mehrere andere, die zu dem gekauften

Produkt passen, empfohlen („Das könnte Sie auch interessieren"). Mayer-Schönberger und Cukier (2013) schätzen, dass ein Drittel des Umsatzes bei Amazon auf das personalisierte Empfehlungssystem zurückzuführen ist. Informationen außerhalb der Bubble erreichen den Nutzer nicht. „The danger is that these mechanisms diminish the diversity of things to which one is exposed, potentially leading to an unintentional and relatively invisible isolation from new experiences" (Gosling und Mason 2015, S. 882).

Wie jede extern vorgenommene Informationsselektion ist die Herstellung einer solchen auf ein Individuum zugeschnittenen Bubble ein Mittel, um Verhalten so zu beeinflussen und zu steuern, dass es den Internet-Betreibern Gewinne beschert. Und je mehr Informationen die globalisierte Welt liefert, umso mehr kann gefiltert werden und umso unterschiedlicher kann das personalisierte Internet sein. Pariser (2012) hat die Folgen ausgemalt: Am Schluss sitzt jeder Internetnutzer allein in seiner einzigartigen Filter-Bubble und kann seine personalisierten Informationen nicht mehr mit anderen teilen. Er vereinsamt. Die Filter Bubble treibt, wie Pariser meint, die Menschen auseinander.

Filter Bubbles helfen zwar, die Informationsflut einzudämmen. Das große Problem ist indessen, dass dies in einer Weise geschieht, die Zufälle und Neues ausschließt.

Eine Welt, die nur aus Bekanntem besteht, ist eine Welt, in der man nichts Neues lernen kann (Pariser 2012, S. 23).

Digitale Algorithmen, die helfen, die Informationsüberflutung zu bewältigen, sind ein mächtiges Mittel, um Menschen von anderen Informationen fernzuhalten, die ihren Erfahrungsraum erweitern und Kreativität wecken könnten. Damit verringert sich auch die Motivation, sich mit der Umwelt auseinander zusetzen, denn es fehlen, wenn es nichts Neues gibt, die Diskrepanzerlebnisse, die zu einer kognitiven Auseinandersetzung anregen würden. „Um aber neugierig zu sein, müssen wir erst einmal wissen, dass etwas vor uns versteckt wird. Da die Filter Bubble Dinge unbemerkt versteckt hält, sind wir weniger begierig zu erfahren, was wir nicht wissen" (Pariser 2012, S. 99).

Das personalisierte Internet ist nicht auf Entdeckungen, sondern auf Bestätigungen ausgerichtet. Das Neue und Unbekannte, das zum Wissenserwerb und zur Erkundung der Umwelt motiviert, bleibt außen vor. Dass das Explorationsstreben mit dem Ziel, den Handlungsraum und das Wirkungspotenzial über das Bestehende hinaus zu erweitern, zur motivationalen Grundausstattung des Menschen gehört, wie es Heckhausen und Heckhausen (2010) postuliert haben, wird an dieser Stelle zu einer Idealvorstellung.

Filter Bubbles werden jedoch nicht als Übel erlebt, was sich lernpsychologisch begründen lässt: „Informationen zu konsumieren, die unseren Vorstellungen von der Welt entsprechen, ist sehr einfach und äußerst angenehm; Informationen zu konsumieren, die uns heraus fordern, in eine andere Richtung zu denken oder unsere Überzeugungen zu hinterfragen, ist frustrierend und unangenehm" (Pariser 2012, S. 96). Bestätigungen haben einen Belohnungseffekt; Einstellungen und Verhalten werden bekräftigt. Gegenteilige Meinungen sind dagegen beunruhigend und unangenehm vor allem dann, wenn sie als meaning threats (Sinnbedrohungen) erfahren werden.

Eine andersartige Strategie, mit dem information overload zu Recht zu kommen, ist die Nutzung des Computers als externes Gedächtnis. Der Mensch kann seine begrenzten Möglichkeiten, Informationen aufzunehmen, zu verarbeiten und zu speichern, dadurch kompensieren, dass er sich die Kapazität des Computers nutzbar macht z. B. zur Speicherung von Telefonnummern, Terminen und Adressen. Der Computer speichert verlässlich.

3.2.4 Emotionale Prozesse

Erleben umfasst nicht nur kognitive Prozesse, sondern auch gefühlsmäßige Reaktionen auf Wahrnehmungseindrücke, die angenehm oder unangenehm, anregend oder monoton, kontrollierbar oder einschüchternd sein können.

> Wer lebt, fühlt; Gefühle sind das Salz in der Suppe; sie sind ein zentrales Moment menschlichen Erfahrens und Erlebens, aber auch wichtige kulturelle Determinanten, Impulsgeber für Kunst und Medien. Emotionale Prozesse sind für viele Menschen der Kern menschlichen Erlebens und Verhaltens, eine Verbindung zu unserem wahren Gesicht, zu dem, was uns antreibt (Keil und Grau 2005, S. 7).

Emotionen ähneln als treibende Kraft den Motiven, die den Menschen dazu bringen, dass er aktiv wird und handelt.

Emotionen haben eine existenzielle Bedeutung. Insbesondere Furcht hat eine überlebenswichtige Funktion. Furcht bewirkt, dass man versucht, einer bedrohlichen Situation zu entkommen oder alle Kräfte zu sammeln, um mit der Bedrohung fertig zu werden. Furcht kann in eine psychische Störung ausarten, indem bestimmte Objekte oder Situationen eine übertriebene Angst und Panikreaktionen hervorrufen (Pinel und Pauli 2012). Phobien sind übermäßige Furchtreaktionen. Gefühle können so übermächtig sein, dass sie nicht mehr kontrolliert werden können. So hat Young (1998) die Internet- und Computerspielsucht auf eine mangelnde Affektkontrolle zurückgeführt.

Gefühle lassen sich anhand von drei Dimensionen beschreiben (Mehrabian und Russell 1974; Russell und Snodgrass 1987; Zillmann 2004). Die Hauptdimension erstreckt sich zwischen den Polen Lust – Unlust bzw. sehr angenehm bis sehr unangenehm. Die weiteren Dimensionen sind Erregung – Entspannung und Macht – Machtlosigkeit. Jedes Gefühl lässt sich als Punkt in diesem dreidimensionalen semantischen Raum darstellen. Furcht lässt sich als unangenehm, erregend und machtlos einordnen, Hilflosigkeit als unangenehm und machtlos.

Gefühle manifestieren sich nicht nur psychisch, sondern auch als physiologische Reaktionen. Bei der Empfindung von Furcht sind die körperlichen Reaktionen besonders stark, was dazu geführt hat, dass Furcht in der Emotionsforschung eine große Rolle spielt. Die Wahrnehmung einer bedrohlichen Situation wie der Anblick eines leibhaftigen Bären ruft Empfindungen von Furcht und zugleich sehr deutliche somatische Reaktionen hervor (Pinel und Pauli 2012).

Umwelten strahlen eine bestimmte Atmosphäre aus, z. B. wird eine Landschaft als friedlich und weit oder ein Raum als behaglich, reizvoll, schön, beruhigend oder ungemütlich, reizarm, hässlich, hektisch, überwältigend und einschüchternd empfunden. Die Atmosphäre oder Gestimmtheit eines Raums ist ein Gesamteindruck, der sich nicht auf einzelne Merkmale zurückführen lässt (Kruse 1996). So hängt die Atmosphäre großstädtischer Umwelten nicht allein von der baulichen Dichte oder den Geschäften in der Innenstadt oder anderen einzelnen Merkmalen ab. „Das Erlebnis von städtischer Atmosphäre liegt demgegenüber in der diffusen Erregung, die von einer vielstimmigen Geräuschkulisse und dem visuellen Eindruck mannigfacher, sich überkreuzender Bewegungen von Menschen, Fahrzeugen, Lichtern ausgelöst wird" (Schönhammer 2009, S. 250).

Die Ursprünglichkeit des Erlebens von Gestimmtheit wurde von Kruse (1996) anschaulich beschrieben. Es ist ein Erleben vor jedem reflexiven Gerichtetsein. „Als gestimmten Raum erleben wir den Raum nicht in einzelnen, spezifizierbaren Eigenschaften (von Formen, Farben, Größenverhältnissen etc.), sondern in seinem Ausdrucksgehalt, seinen Anmutungsqualitäten, seiner Atmosphäre (als feierlicher Kirchenraum, belebte Straße, heitere Landschaft, gemütliches Zimmer oder „kalte Pracht")" (Kruse 1996, S. 318). Die Stimmung eines Raums wird dabei mit ähnlichen Begriffen beschrieben wie die eigene Gestimmtheit. Man ist heiterer oder gedrückter Stimmung und erlebt den Raum als heiter oder bedrückend.

Die Atmosphäre einer Umwelt ist verhaltensrelevant, denn von dem gefühlsmäßigen Gesamteindruck hängt es ab, ob der Mensch dort verweilen oder sich gleich wieder davon machen möchte. Man bleibt dort, wo man sich gefühlsmäßig wohl fühlt. Annäherung oder Vermeidung (approach und avoidance) sind unmittelbare Reaktionen, die durch Gefühle ausgelöst werden (Mehrabian und Russell 1974).

Wie werden nun virtuelle Umwelten und Online-Kontakte gefühlsmäßig erlebt? Im Internet muss man sich nicht fürchten. Virtuelle Lebewesen wie ein Bär oder sonstige Furcht erregenden Wesen rufen keine Furcht hervor, sie lassen – weil nicht real – den Menschen „kalt". Man kann sich das wilde Tier oder sonstige bösartige Wesen in Ruhe anschauen, ohne gefühlsmäßig so involviert zu sein, wie man es in realen Situationen zweifellos wäre. Die normale Furchtreaktion wird durch die Kognition, dass der Bär nicht wirklich da ist, auf ein anregendes Schaudern reduziert. Man muss sich nicht schwach und hilflos fühlen. Dennoch lösen mediale Darbietungen und virtuelle Umwelten durchaus Gefühle aus (Zillmann 2004). Insbesondere beim Unterhaltungsmotiv spielen Emotionen eine entscheidende Rolle: Gut unterhalten zu werden bedeutet, in eine angenehme Stimmung versetzt zu werden. Es ist jedoch eine reduzierte Gestimmtheit, weil darin Gefühle wie Furcht und Bedrohung durch eine übermächtige Umwelt nicht vorkommen und weil die physiologischen Begleiterscheinungen von Gefühlen im virtuellen Raum schwächer sind. Ähnlich wie wie im Spiel ist es eine „Als-ob"-Situation.

In der Online Kommunikation fallen wichtige Cues (Hinweisreize) weg, aus denen auf die Gefühlslage des Kommunikationspartners geschlossen wird. Durch die fehlende Leiblichkeit des anderen verringert sich der emotionale Gehalt der interpersonalen Interaktion, weil man dessen Gesicht nicht sieht. Denn vor allem der Gesichtsausdruck liefert wichtige Hinweisreize. Furcht, Überraschung, Wut, Trauer, Ekel und Freude spiegeln sich im Gesichtsausdruck wider. In etlichen Studien hat sich gezeigt, dass Menschen aus unterschiedlichen Kulturen ähnliche Gesichtsausdrücke in ähnlichen Situationen zeigen und dass sie die emotionale Bedeutung von Gesichtsausdrücken richtig zu deuten vermögen (Ekman 2003; Pinel und Pauli 2012). Das Gesicht mit seinen subtilen Muskelaktivitäten liefert Hinweisreize, die wichtig für das Verstehen des anderen und den Verlauf der Kommunikation sind. Bei der rein textlichen Online Kommunikation fehlen solche Hinweisreize.

Virtuelle Umwelten haben keine vergleichbaren affektiven Qualitäten wie reale Umwelten, weil nicht sämtliche Sinnesmodalitäten einbezogen sind. Dem Cyberspace mangelt es an Sinneseindrücken, die eng mit dem emotionalen Erleben zusammenhängen wie insbesondere Geruchs- und haptische Wahrnehmungen (Schönhammer 2009). Man riecht den wunderbaren Rosenduft nicht, spürt keine Berührung und fühlt keine Kälte, wie sie z. B. eine reale steinerne Krypta ausstrahlt (Abb. 3.2).

Abb. 3.2 Rosenduft. (Eigenes Foto)

3.3   Stress und Stressbewältigung

Das Alltagsleben wird in vielerlei Hinsicht durch den Einsatz des Computers erleichtert, es wird Zeit für das Zurücklegen von Wegen eingespart und damit der Zeitstress verringert, man braucht nicht nach einer Adresse zu suchen, sie ist im Computer gespeichert usw. Es gibt weniger Engpässe (constraints). Capacity und Coupling Constraints sind weniger einschneidend. Doch Computer und Internet haben nicht nur Zeiteinsparung und vielerlei Möglichkeiten der Informationsbeschaffung und Kommunikation, sondern auch neue Belastungsfaktoren (Stressoren) mit sich gebracht. Zu nennen sind hier das bereits erwähnte information overload. Stressoren sind des Weiteren erhöhte Anforderungen, Aufgaben rascher zu erledigen und mit einer komplizierten Technologie umzugehen.

3.3.1   Stress-Modell

Der Mensch muss Anpassungsleistungen vollbringen, wenn die Umweltbedingungen für ihn nicht optimal sind, oder er muss versuchen, die Umweltbedingungen zu verändern (Schönpflug 1996). Wenn er die Umwelt als lebensfeindlich und bedrohlich wahrnimmt und weder Anpassungen noch Veränderungen möglich sind, setzt sich der Stress fort. Körperliche Begleiterscheinungen des Stresserlebens sind eine Aktivierung des hormonalen und sympathischen Nervensystems (Pinel und Pauli 2012). Stress ist nicht nur ein Zustand, sondern auch ein Prozess, in dessen Verlauf sich der Mensch bemüht, den Stress zu bewältigen (Coping). Der Prozess beginnt mit einer Einschätzung der Umweltbedingungen als ungünstig bis bedrohlich oder als harmlos bis optimal. Ist das Ergebnis, dass die Umwelt ungünstig ist, werden die Coping-Möglichkeiten abgeschätzt. Der Stress verstärkt sich, wenn der Mensch feststellt, dass er einer aversiven Situation ausgesetzt ist, ohne daran etwas ändern zu können. Das gilt nicht nur für hereinbrechende Naturkatastrophen und Unfälle, sondern auch für ambiente Stressoren wie Verkehrs- und Fluglärm und alltägliche Ärgernisse, den „daily hassles" (Evans und Cohen 1987). Individuelle Unterschiede beim Stresserleben können so an zwei Stellen zutage treten:

*   Die Umwelt wird unterschiedlich wahrgenommen.
*   Die Möglichkeiten, ungünstige Umweltbedingungen zu verändern oder sich damit zu arrangieren, werden unterschiedlich eingeschätzt.

Sieht der Mensch, der Stress erlebt, keine Möglichkeiten, denselben zu bewältigen, führt dies in der Folge oftmals zu psychosomatischen Erkrankungen, der Verfestigung der Haltung von Hilflosigkeit, verstärkter Apathie und Depressionen. Eskapismus kann eine versuchte Coping-Strategie sein, sich den Herausforderungen, denen man sich nicht gewachsen fühlt, zu entziehen. Eine exzessive Internetnutzung kann durch Stress bedingt sein.

3.3.2 Stress durch information overload

Handys, die klingeln, Telefongespräche, die ablenken und deshalb eine vermehrte Konzentration erfordern, sind ein Beispiel für ein information overload in Form von daily hassles, das durch die Mediennutzung der anderen zustande kommt. Eine einfache Anordnung, um die Effekte des information overload zu untersuchen, ist die Vorgabe von Doppelaufgaben, z. B. mit dem Handy telefonieren und gleichzeitig Auto fahren. Die dazu durchgeführten Studien im Fahrsimulator zeigen, dass die höhere Belastung durch die vermehrte Informationsmenge die Fahrleistung beeinträchtigt und zwar umso mehr, je kognitiv anspruchsvoller die Kommunikation ist (Döring 2008). Dass die Nutzung des Handys während des Autofahrens wegen der geteilten Aufmerksamkeit unfallträchtig ist, haben Strayer und Johnston (2001) bestätigt. Sie ließen Versuchspersonen in einem Fahrsimulator Handygespräche führen. Die Fahrleistungen verschlechterten sich signifikant und zwar unabhängig davon, ob das Handy in der Hand gehalten werden musste oder ob es im Fahrzeug eine Freisprechanlage gab. Die telefonierenden Fahrer übersahen häufiger Verkehrsschilder und hatten längere Reaktionszeiten. Ein weiteres Ergebnis bezog sich auf die Mitfahrenden. Die Gespräche zwischen Fahrer und Mitfahrer werden durch die Komplexität der Fahrsituation beeinflusst. In Situationen, die für den Fahrer kompliziert sind, wird weniger geredet, was auf Empathie schließen lässt, indem dem Fahrer Ablenkungen erspart werden. Im Unterschied dazu hat der nicht anwesende Gesprächspartner, mit dem telefoniert wird, keinen Einblick in die Situation, er weiß oft nicht einmal, dass der andere gerade im Auto unterwegs ist. Er verstummt nicht, wenn der Fahrer unter einem information overload leidet und seine gesamte Aufmerksamkeit aufbringen muss, um schwierige Verkehrssituationen zu meistern.

Sowohl ein selbst geführtes Handy-Telefonat als auch das Klingeln eines fremden Handys nehmen die Aufmerksamkeit in Anspruch. Es sind verschiedene Formen von Aufmerksamkeit, im ersten Fall ist es eine willkürliche Zuwendung, indem man sich auf das eigene Telefonat konzentriert, im zweiten Fall ein unwillkürlicher Orientierungsreflex. Während Strayer und Johnston (2001) in ihren Untersuchungen mit dem Fahrsimulator die willkürliche Aufmerksamkeit untersucht haben, rückten Shelton et al. (2009) den Orientierungsreflex in den Blickpunkt, wofür sie zwei verschiedene Settings auswählten. Sie untersuchten die Auswirkung eines klingelnden Handys auf die kognitiven Leistungen einmal im psychologischen Labor und einmal in einem normalen Seminarraum. Die Aufgabe im Labor war, auf einer Tastatur so rasch wie möglich eine bestimmte Taste zu drücken, wenn ein kurzfristig auf der Leinwand erscheinendes Reizwort aus zwei Worten bestand, oder andernfalls eine andere Taste. Ein im Nebenraum klingelndes Handy bewirkte, dass häufiger die falsche Taste gedrückt wurde. Im Seminarraum bestand die Aufgabe aus einem Quiz im Anschluss an eine Vorlesung, in der in der experimentellen Gruppe mittendrin 30 Sekunden lang das Handy einer mit dem Versuchsleiter verbündeten Person klingelte, die erst einmal das Handy in ihrer Tasche suchen musste. Die Leistungen der experimentellen Gruppe waren signifikant schlechter als diejenigen der Kontrollgruppe, in der zwischendrin kein Handy geklingelt hatte. Die Ablenkung durch ein klingelndes Handy einer anderen Person erwies sich sogar in der von sonstigen Störreizen abgeschotteten Forschungsstation als Stressor. In realen Umwelten kommen noch weitere Ablenkungen dazu.

3.3.3 Technostress und Medienkompetenz

Eine Technik, die man nicht beherrscht, mit der man sich aber dennoch befassen muss, kann ein Stressor sein. Technostress entsteht, wenn man sich beim Umgang mit einem technischen Produkt unsicher und hilflos fühlt. Technostress manifestiert sich in einem niederdrückenden „feeling of being disconnected" (Clayton et al. 2015), in Beschwerden wie insbesondere Kopfschmerzen (Gaggioli 2011). Stress dieser Art tritt bei neuen Technologien auf, bei denen ein Know-how erst erworben werden muss.

Die Theorie der Diffusion von Innovationen beschreibt den Prozess der Verbreitung von Innovationen. „Theories of the diffusion of innovation help characterize this change and model its progress" (Norman 2008, S. 86). Zwei gegensätzliche Gruppen sind die Innovatoren, die sich schnell mit der neuen Technik arrangieren, und die zaudernden Nachzügler (= Laggards), die dem Neuen gegenüber misstrauisch sind und sich einfach verweigern. Dass es bei Innovationen meistens zu solchen Polarisierungen kommt, hat Norman (2008) am Beispiel einer Untersuchung aus den 1940er Jahren dargelegt. Die Innovation war eine Hybridzüchtung, die nicht bei allen Farmern Begeisterung auslöste. Zum Zeitpunkt der Untersuchung gab es, wie aus Abb. 3.3 zu entnehmen ist, nur wenige Innovatoren, aber vergleichsweise viele Laggards. Eine neuere Studie

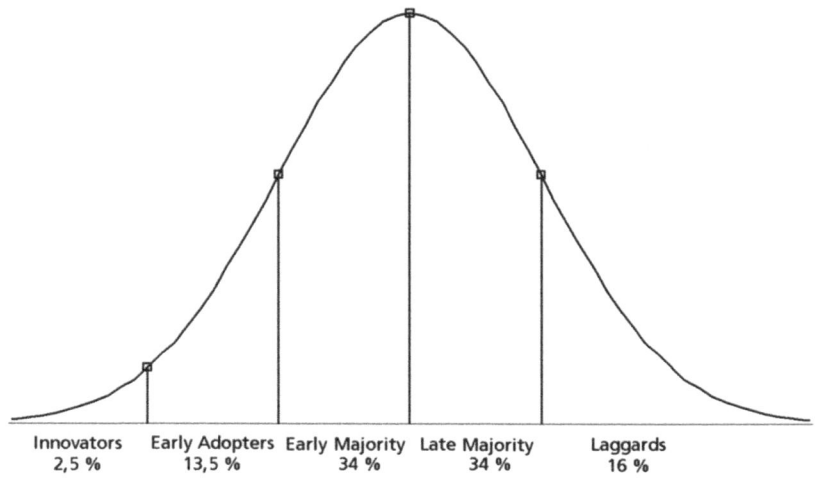

Abb. 3.3 Diffusion von Innovationen. (Norman 2008, S. 86)

stammt von McMillan und Morrison (2006), die junge Erwachsene gefragt haben, wie sich das Internet auf sie und auf ihre Familie auswirkt. Dabei trat zutage, dass Väter überwiegend als Förderer neuer Technologien, Mütter dagegen häufiger als Laggards gesehen werden.

Medienkompetenz bezeichnet die spezifischen Fähigkeiten im Umgang mit Medien, wobei Winterhoff-Spurk (2004) zwischen technischer und sozialer Kompetenz unterschieden hat. Technische Kompetenz besteht aus Kenntnissen und Fähigkeiten, die benötigt werden, um technische Geräte in Betrieb zu nehmen und zu bedienen. Soziale Kompetenz bezeichnet das Wissen über die sozialen Wirkungen von Medien, z. B. erkennen können, dass Bewertungen sowie damit verbundene Aktionen durch Medieneinfluss zustande kommen können. Six und Gimmler (2007) heben vor allem die soziale Kompetenz hervor, wenn sie in der Medienkompetenz die Fähigkeit zu einem kritischen selbstbestimmten kreativen und verantwortlichen Umgang mit den Medien sehen.

Es gibt verschiedene Typologien hinsichtlich der Medienkompetenz. Eine davon ist die Einteilung in Digital Natives und Digital Immigrants sowie den Digital Outsiders (DIVSI 2014). Digital Natives haben das Internet voll in ihren Alltag integriert, sie nutzen es souverän und selbstverständlich. Rund 44 % der Deutschen zählten sich nach der Umfrage im Jahr 2014 zu dieser Gruppe. Digital Immigrants, rund 19 %, sind selektiv im Internet unterwegs und stehen vielen Entwicklungen ratlos und in Bezug auf den Datenschutz skeptisch gegenüber. Rund 37 % sind Digital Outsiders, die das Internet verunsichert und die es deshalb lieber vermeiden. Aus einer Furcht vor Misserfolgen bemühen sie sich gar nicht erst darum, Kompetenz zu erlangen. Auch die Furcht vor unbekannten neuen Technologien tritt hier zutage (McKenna und Bargh 2000).

Eine ähnliche Typologie geht von der individuellen Informiertheit aus. Unterschieden wird zwischen den „information-haves" und den „information-have-nots". Ob jemand zu den „information-haves" oder den „information-have-nots" gehört, lässt sich oft schon am beruflichen Kontext erkennen. Wer in der IT Branche tätig ist, gehört ohne Zweifel zu den information-haves (Döring 2003). Inwieweit sich die Polarität zwischen den „information-haves" und den „information-have-nots" mit komplexer werdender Computertechnologie noch weiter vertieft, weil immer mehr fachliches Wissen erforderlich wird, lässt sich nur schwer vorhersagen, denn die technische Medienkompetenz in der Gesamtbevölkerung wird im Laufe der Zeit ebenfalls zunehmen, weil mit der heranwachsenden jungen Generation der Anteil der Digital Natives wächst. Zugleich sind es die gesellschaftlichen Anforderungen: Der Mensch muss Know-how im Umgang mit dem Computer und Internet erwerben, um an der Gesellschaft voll teilhaben zu können.

3.3.4   Selbstwirksamkeit

Das Streben nach Wirksamkeit gehört zur motivationalen Grundausstattung des Menschen. Es schließt die Kontrolle der physischen und sozialen Umwelt ein (Heckhausen und Heckhausen 2010). Die Überzeugung, dass man in der Lage ist, mit den Anforderungen aus der Umwelt zurecht zu kommen, Herausforderungen meistern und die äußeren Bedingungen beeinflussen und verändern zu können, wird als wahrgenommene Selbstwirksamkeit (perceived self efficacy) bezeichnet (Bandura 1997). Selbstwirksamkeit ist neben dem (kognitiven) Selbstbild und dem Selbstwertgefühl die handlungsbezogene Komponente des Selbst (Döring 2003). Ein Synonym ist Umweltkontrolle, von Fischer und Stephan (1996) definiert als ein dem Menschen innewohnendes Bestreben, Ereignisse und Zustände seiner Umwelt beeinflussen, vorhersagen und erklären zu können. Dementsprechend bedeutet ein Kontrollverlust, dass man sich machtlos und ausgeliefert fühlt und davon überzeugt ist, aus eigener Kraft nichts bewirken zu können. Ein ähnlicher Begriff, den Ajzen (1991) in seiner Theorie des geplanten Verhaltens verwendet hat, ist wahrgenommene Verhaltenskontrolle. Ob eine Handlungsabsicht realisiert wird, hängt nach dieser Theorie nicht nur von persönlichen Einstellungen und subjektiven Normen, sondern auch davon ab, ob der Mensch der Überzeugung ist, seine Absichten verwirklichen zu können.

Die ungeheure Überlegenheit des Computers, in Hochgeschwindigkeit Informationen zu liefern, kann in Verbindung mit der Erfahrung, der komplexen Technologie nicht gewachsen zu sein, zu Ohnmachtsgefühlen führen und damit die wahrgenommene Selbstwirksamkeit zusätzlich schmälern. Sie wird auch noch auf eine andere Weise geschmälert, nämlich dadurch, dass der Computer Aufgaben übernimmt, die zuvor der Mensch eigenständig erledigt hat.

Wer sich auf Fahrerassistenzsysteme verlässt, welche die Fehler, die Autofahrer vielleicht machen würden, präventiv korrigieren, gibt damit individuelle Kontrolle auf. So stellte Kobiela (2011) in ihrer Untersuchung mit Fahrern in einem Realfahrzeug auf einer Teststrecke fest, dass etwa die Hälfte der Versuchspersonen wünscht, das autonome Notbremssystem abschalten zu können. Es ist eine Frage der Aufgabenteilung zwischen Mensch und Maschine. Auf der einen Seite hat der Fahrer die vollständige Kontrolle, auf der anderen Seite ist es für ihn bequem und befreit ihn von einem information overload, weil er sich nicht um das Fahren kümmern muss. Das autonome Notbremssystem lässt sich als Vorstufe der Entwicklung in Richtung des selbstfahrenden (autonomen) Autos sehen. Das „autonome" Auto wird nicht mehr von einem Menschen, sondern von einem Computer gesteuert. Während das information overload spürbar reduziert wird, geht zugleich aber auch die Selbstwirksamkeit bzw. Verhaltenskontrolle verloren.

Ähnlich wie der Beifahrer, der im Unterschied zum Fahrer keine Kontrolle hat (vgl. Schönhammer 1993), verliert hier auch der Fahrer seine Selbstwirksamkeit, wenn der Computer ihn ersetzt und er in die Rolle eines Beifahrers gerät. Da das Auto stets geschätzt wurde, weil es unabhängig macht (vgl. Flade 2013), stellt sich die Frage, inwieweit das selbstfahrende Auto für den nach Kontrolle strebenden Menschen eigentlich wünschenswert ist.

Entscheidend ist indessen, ob ein Kontrollverlust eintritt oder ob die Kontrolle jederzeit wieder erlangt werden kann, indem man den Computer einfach ausschaltet. Dies gilt auch für den Internetdienst IFTTT (Kürzel für: If this then that), der dem Nutzer vielerlei abnehmen kann, wobei er jedoch nur so lange die Kontrolle behält, wie er die Dienstleistungen jederzeit auch wieder abbestellen kann. Man fühlt sich an Märchen erinnert, in denen ein Geist in ein Gefäß eingesperrt ist. Solange er darin sitzt, ist er machtlos. Wird er jedoch daraus befreit, hat er eine überwältigende Macht.

Wie ausgeprägt die wahrgenommene Selbstwirksamkeit ist, hängt von der eigenen Erfolgsgeschichte ab, von sozialen Lernerfahrungen in Form von Beobachtungen, dass andere Personen, die man als ähnlich wahrnimmt, eine Aufgabe erfolgreich meistern, und von Ermutigungen wie z. B. „du kannst das schon!" und schließlich auch von der Befindlichkeit und Ausgeruhtheit. Wenn man sich müde, gestresst und abgespannt fühlt, nimmt man sich als weniger effektiv wahr, als wenn man unbelastet und fit ist und meint, mit allen Widrigkeiten fertig werden und „Bäume ausreißen" zu können.

Ein Mensch, der davon überzeugt ist, dass er „die Sache im Griff hat", interpretiert Misserfolge anders als ein Mensch, der sich für nicht fähig hält, mit den an ihn gestellten Anforderungen fertig zu werden. Er würde einen Misserfolg auf einen zu geringen persönlichen Einsatz oder auf widrige Umstände zurückführen, während der andere darin eine Bestätigung seiner nicht ausreichenden Fähigkeiten oder mangelnden Durchsetzungskraft sieht (Bandura 1995).

Eine weitere Copingstrategie ist das automatische Befolgen von Anweisungen. Man folgt blind den Vorschlägen und Lösungen, die der Computer anbietet, ohne dass man in der Lage ist, die einzelnen Schritte in einen Sinnzusammenhang einzuordnen. Die Kontrolle wird von demjenigen ausgeübt, der die Anweisungen gibt; der sie empfängt, ist der Kontrollierte.

3.3.5 Internetsucht

Eine exzessive Nutzung des Internet kann die Folge von Stress sein, wenn nämlich die reale Welt als belastend erlebt wird und der durch diverse Stressoren ausgelöste Stress durch Eskapismus bewältigt wird. Die virtuelle Welt bietet einen Ausweg; sie ist ein willkommener Ersatz.

Eine Frage ist, wo die Sucht anfängt und bis wohin es sich lediglich um eine sehr häufige Internetnutzung handelt. Six (2007) hat zwischen drei Nutzungsmustern unterschieden: einer exzessiven, einer exzessiv-dysfunktionalen und einer pathologischen bzw. süchtigen Mediennutzung. Eine exzessive Nutzung allein reicht noch nicht, um eine Sucht zu diagnostizieren. Es muss noch etwas dazu kommen. Nach Young (1998) ist es die fehlende Affektkontrolle: „Internet addiction can be defined as an impulse-control disorder that does not involve an intoxicant" (S. 238). Es ist zumindest bereits eine dysfunktionale Mediennutzung. Typisch für die pathologische oder süchtige Mediennutzung ist ein übermäßiges Verlangen nach einem bestimmten Gefühls-, Erlebnis- und Bewusstseinszustand, der mit einer verringerten Kontrollfähigkeit einher geht und zu Entzugssymptomen führt, wenn dem Verlangen nicht entsprochen werden kann (Witt 2005; Rehbein 2014). Die Internetsucht umfasst sämtliche Online Aktivitäten, die exzessiv praktiziert werden, die mit einem Kontrollverlust einhergehen und zu Entzugserscheinungen führen, wenn die gewünschte Aktivität nicht praktiziert werden kann (Young 1998; Rehbein 2014). Die häufigste Erscheinungsform der Internetsucht ist, wie Young (1998) festgestellt hat, die Computerspielsucht.

Selbstbestimmung und Selbstwirksamkeit schwinden dahin, wenn die Beschäftigung mit dem Computer zur Sucht wird. Six (2007) hat den Prozentanteil der süchtigen Internetnutzer auf weniger als 5 % eingeschätzt. Nach den Recherchen von Rehbein (2014) sind es rund 1 % der Internetnutzer, für die das Internet zur vorherrschenden Welt wird, auf die man nicht verzichten kann. Doch sämtliche solcher Schätzungen liefern lediglich grobe Anhaltspunkte, weil die Grenze zwischen einer noch als normal zu bezeichnenden häufigen und einer pathologischen Internetnutzung trotz aller definitorischen Bemühungen nicht exakt gezogen werden kann, was daran liegt, dass sie normativ bestimmt wird. Das wird deutlich bei dem Vorgehen von Young (1998), die einen aus acht Aussagen bestehenden Fragebogen entwickelt hat, in dem die verschiedenen Erscheinungsformen der Internetsucht thematisiert werden. Mit der achten Frage wird ermittelt, inwieweit die übermäßige Internetnutzung eine Stressreaktion ist. Young (1998) bezeichnet die Person als internetsüchtig, die mindestens fünf oder mehr Aussagen zustimmt. Diese operationale Definition zeigt, dass die Grenze zwischen Sucht und Noch-Nicht-Sucht bzw. Nicht-Sucht durchaus verschiebbar ist.

Fragen zur Erfassung von Internetsucht (Diagnostic Questionaire) (Young 1998, S. 238):

1. Do you feel preoccupied with the Internet (think about previous on-line activity or anticipate next on-line session)?
2. Do you feel the need to use the Internet with increasing amounts of time in
   order to achieve satisfaction?
3. Have you repeatedly made unsuccessful efforts to control, cut back, or stop
   Internet use?
4. Do you feel restless, moody, depressed, or irritable when attempting to cut
   down or stop Internet use?
5. Do you stay online longer than originally intended?
6. Have you jeopardized or risked the loss of a significant relationship, job, edu-
   cational, or career opportunity because of the Internet?
7. Have you lied to family members, a therapist, or others to conceal the extent
   of the involvement with the Internet?
8. Do you use the Internet as a way of escaping from problems or of relieving a
   dysphoric mood (e.g., feelings of helplessness, guilt, anxiety, depression)?

Internetsucht kann eine Stressreaktion sein, mit einer belastenden Wirklichkeit
fertig zu werden, indem man sich dieser entzieht. Ceyhan und Ceyhan (2008)
stellten in einer Stichprobe türkischer Studierender einen signifikanten Zusammenhang zwischen Einsamkeitsgefühlen und einer übermäßigen Internetnutzung
fest. Was ist Ursache und was Wirkung? Sucht der einsame Mensch in der virtuellen Welt die Erfüllung seiner sozialen Bedürfnisse oder vereinsamt er, weil er zu
viel im Internet unterwegs ist? Das Ergebnis der Regressionsanalyse von Ceyhan
und Ceyhan war, dass Einsamkeitsgefühle meistens die Ursache einer exzessiven
Internetnutzung sind. Auch Milani et al. (2009) wiesen bei den in Italien untersuchten Jugendlichen im Alter zwischen 14 und 19 Jahren einen Zusammenhang
zwischen nicht befriedigten sozialen Bedürfnissen und einer übermäßigen Internetnutzung nach.

Während beim Technostress die neuen Medien die Stressoren sind, werden
sie bei der Internetsucht zum Mittel, um negativ erlebten Situationen und einer
negativen Gestimmtheit zu entgehen. Dies kommt in Nutzungsmotiven wie der
Vermeidung oder Verdrängung unangenehmer Gedanken oder einer negativen
Befindlichkeit und der Flucht vor Anforderungen bis hin zur Beseitigung von
Einsamkeit oder dem Gefühl innerer Leere und Langeweile zum Ausdruck (Six
2007). Das Internet ist ein leicht erreichbares Anderswo, es bietet ein Weitweg-
sein vom Alltag und dessen Anforderungen. Im Internet ist man in einer von der
Alltagswelt grundverschiedenen Welt.

Nach Ansicht von Young (1998) ist eine mangelnde Affektkontrolle die wesentliche Ursache einer exzessiven bis pathologischen Internetnutzung. Die Teilnehmer der Untersuchung von Young (1998) rekrutierten sich aus Zeitungs-anzeigen, Aushängen im Campus verschiedener Colleges und denjenigen, die im Internet die Suchwörter Internet und Sucht eingegeben hatten, wobei sie einem Link folgend zu dem Fragebogen gelangten. Ergänzende Befragungen wurden per Telefon durchgeführt. Wie sich herausstellte, sind Dependants (Süchtige) rund acht mal so lange online wie Nondependents, Chat Rooms und MUDs bzw. vir-tuelle Rollenspiele sind ihnen besonders wichtig. Die Nicht-Süchtigen nutzen das Internet vor allem, um sich Informationen zu verschaffen und E-Mails zu verschi-cken. Bei den Dependants traten Leistungseinbußen im Studium und im Beruf, dysfunktionale soziale Beziehungen, Schlafmangel, gesundheitliche Probleme wie Rückenschmerzen und eine Übermüdung der Augen deutlich häufiger auf.

Auch hier stellt sich wieder die Frage, inwieweit eine geringe Leistungsfä-higkeit und Beziehungsprobleme nicht die Ursachen sind, die den Prozess des Süchtig-Werdens in Gang setzen oder ob es die Folgen erfolgloser Bemühungen, Stress zu bewältigen, sind. Sehr wahrscheinlich ist, dass es sich um eine Wechsel-beziehung bzw. einen Teufelskreis handelt, bei dem Ursache und Wirkung nicht bestimmbar sind. Klar ist indessen, dass die viele Zeit, die im Internet verbracht wird, an anderer Stelle fehlt und sich damit eine weitere Quelle für Stress in Form des Zeitstress auftut. Förderliche Umweltbedingungen für die Entwicklung der Internetsucht sind die leichte Zugänglichkeit des Internet und die mit der Inter-netnutzung verbundenen unmittelbaren Gratifikationen. Die förderlichen Bedin-gungen finden sich vor allem bei den Jugendlichen als Digital Natives, denen der erfolgreiche Umgang mit dem Internet Erfolgserlebnisse verschafft.

Suchtanfällig sind generell vor allem Menschen mit einer negativen Haltung sich selbst gegenüber, die im Internet eine Möglichkeit der Kompensation ihrer wahrgenommenen Schwächen sehen. Eine habituelle negative Befindlichkeit ist nicht selten der Anfang einer Entwicklung in Richtung einer exzessiven bis pathologischen Internetnutzung (Six 2007).

Liu et al. (2016) haben ihren Ansatz zur Erklärung der Internetsucht als „com-pensatory satisfaction theory" bezeichnet. Die Annahme ähnelt derjenigen von Maslow (1981), dass unbefriedigte Bedürfnisse Menschen dazu antreiben, nach deren Erfüllung zu trachten. Wenn sie die Erfahrung machen, dass das Internet im Vergleich zur Realität dazu besser geeignet ist, werden sie sich verstärkt dem Internet zuwenden. Liu et al. untersuchten die Internetnutzung 14- bis 16-Jähriger in zwei Städten in China (Peking und Jinan). In den beiden Städten wurden über 4000 Jugendliche aus mehreren Schulen schriftlich befragt. Schätzungsweise 8 % der Jugendlichen, die das Internet nutzen, tun dies exzessiv. Ihre Motive sind das

Streben nach Autonomie, nach Identität, nach Wissen, nach positiven sozialen Beziehungen und Kommunikation, nach Leistung und Erfolg, nach Wohlbefinden und einem positiven Selbstbild. Ein Zusammenhang zwischen nicht befriedigten sozialen Bedürfnissen und exzessiver Internetnutzung zeigte sich bei denen, die erfahren mussten, dass ihnen die reale Umwelt keine Chance der Bedürfnisbefriedigung bietet. Es sind somit viele Motive, die zu einer Sucht führen können.

3.4 Identität und Selbstdarstellung

Die Identität eines Menschen bildet sich in den ständigen Wechselbeziehungen mit der Umwelt und über die Botschaften heraus, die er von anderen über sich empfängt. Es sind Interaktionen mit der physischen, der sozialen und der gesellschaftlichen Umwelt, die den Menschen zu dem machen, was er ist. Identität ist die Antwort auf die schlichte Frage von Abrams (1992): „Who am I?" Bei den persönlichen Schilderungen, wer man ist, kommen objektive und subjektive Personmerkmale wie Alter und Geschlecht, soziale Rollen, Gruppenzugehörigkeiten, berufliche und nichtberufliche Tätigkeiten, Fähigkeiten und Fertigkeiten, Einstellungen, Lebensstile, persönlich wichtige Orte und Zukunftsvorstellungen usw. zur Sprache, die insgesamt eine höchst individuelle Ganzheit ergeben, nämlich die personale Identität. Die Einzigartigkeit eines Menschen hat auch Neisser (1988) bei der Erläuterung des Selbstkonzepts betont: „Everyone could make such a list, and no two lists would be the same" (S. 400).

3.4.1 Das Selbst

Neisser (1988), Belk (2013) und Morf und Koole (2014) verwenden anstelle von Identität den Begriff des Selbst, das als Drei-Komponenten Modell konzipiert wird. Das Selbst besteht aus einer kognitiven, emotionalen und handlungsbezogenen Komponente, dem Selbstbild bzw. Selbstkonzept, dem Selbstwertgefühl und der Selbstwirksamkeit (= self efficacy). Die Selbstwirksamkeit hat Döring (2003) definiert als Erwartung, bestimmte Bereiche der Umwelt kontrollieren und Ziele erreichen zu können, z. B. dass man es schafft, in einer Prüfung gut abzuschneiden. Morf und Koole (2014) umschreiben das Selbstkonzept als „die kognitive Repräsentation unserer Selbstkenntnis, die aus der Gesamtsumme aller Überzeugungen besteht, die wir über uns selbst haben. Sie gibt unserer eigenen Erfahrung – und dazu gehören auch die Beziehungen zu anderen Menschen – Kohärenz und Bedeutung" (S. 152).

Das Selbst wird durch einen aktiven sozialen Konstruktionsprozess geformt. „Wir erschaffen unsere sozialen Realitäten, indem wir auswählen, mit wem wir interagieren, durch die Verhaltensweisen und das Benehmen, das wir an den Tag legen, durch die Kleidung, und die Aufmachung, die wir zur Schau stellen, durch das, was wir auf Facebook posten, und durch die Auswahl der Gruppen, denen wir angehören" (Morf und Koole 2014, S. 142 f.). Der Konstruktionsprozess bezieht sich auf beide Welten.

Neisser (1988) hat schon früh versucht, das komplexe Konstrukt des Selbst durch Differenzierung greifbarer zu machen. Er hat zwischen verschiedenen Erscheinungsformen des Selbst unterschieden:

- Das ökologische Selbst bezieht sich auf die unmittelbare physische Umwelt im Sinne von: Ich bin die Person hier an diesem Ort, die dies und das macht.
- Das interpersonale Selbst bezieht sich auf die soziale Umwelt, es bildet sich von frühester Kindheit an durch die emotionale Zuwendung und den Kontakt mit anderen Menschen heraus.
- Zum erweiterten Selbst (extended self) gehört das episodische Gedächtnis, d. h. die im Langzeitgedächtnis gespeicherten persönlichen Erfahrungen. Davon hängen auch die Erwartungen an die Zukunft ab.
- Das private Selbst eines Menschen tritt zutage, wenn ihm bewusst wird, dass das, was er erlebt, nicht auch die anderen erleben, z. B. ist nur er derjenige, der diesen Schmerz fühlt.
- Das konzeptuelle Selbst (= Selbstkonzept) umfasst alle diese vier Modalitäten. Es ist ein Netzwerk „of socially-based assumptions and theories about human nature in general and ourselves in particular" (Neisser 1988, S. 386).

Als Neisser sich mit der Konzeptualisierung des Selbst befasste, war die Frage, wie sich die Identität eines Menschen durch die Erweiterung seiner Welt durch den Cyberspace verändert, noch nicht aktuell. Anzunehmen ist, dass das ökologische Selbst an Bedeutung verliert, weil der Zugang zu Informationen und das soziale Leben ortsunabhängiger geworden sind, sodass es bei der Konzeption des Selbst weniger zu Buche schlägt.

3.4.2 Synchrone und diachrone Identität

Die vielen Merkmale, mit der sich eine Person beschreiben lässt und mit denen sie sich selbst darstellt, lassen sich in Merkmalscluster einteilen, z. B. familiäre Rollen, berufliche Positionen und Tätigkeiten, Einstellungen und Interessen,

Vorlieben und Freizeitaktivitäten. Hinzukommen Attribute wie strebsam, neugierig, hilfsbereit, intelligent, ungeduldig, unordentlich usw. (Deaux 1993). Ein
solches Konglomerat aus Merkmalen, Merkmalsclustern und Attributen ist die
Grundlage der synchronen Identität. Davon zu unterscheiden ist die diachrone
Identität, die zeitlich überdauernde Identität. Diese zeitüberbrückende Identität
hat Bischof (2012) definiert als Wissen, über die Zeit hinweg derselbe Mensch
geblieben zu sein. Auch Dinge können gleich bleiben: „Diachrone Identität verknüpft ein jetzt erlebtes Phänomen mit der Erinnerungsspur eines früheren und
besagt, dass es sich immer noch um dasselbe Ding handelt" (Bischof 2012,
S. 182). Eine günstige Bedingung für diachrone Identität ist, wie Bischof meinte,
ein stetiger Verlauf ohne einschneidende Brüche, die das gewohnte Leben vollkommen verändern.

Bereits Kleinkinder haben eine Vorstellung von sich selbst. Die Entdeckung
des eigenen Selbst beim Blick in den Spiegel und die Bezeichnung von sich
selbst mit „Ich" sind Entwicklungsetappen im zweiten Lebensjahr. Das Kind
lernt, dass dasselbe Ding auch bei einem Wechsel des Orts und der Zeit mit sich
identisch bleiben kann, was als Objektpermanenz bezeichnet wurde. Es begreift,
dass etwas, das zur gleichen Zeit zweimal existiert wie das reale Gesicht und das
Spiegelbild ein und dasselbe sein kann (vgl. Bischof 2012).

3.4.3 Personale und soziale Identität

Eine weitere Unterscheidung neben der synchronen und diachronen Identität ist
diejenige zwischen personaler und sozialer Identität. Die personale Identität hebt
die Einzigartigkeit eines Menschen hervor, die soziale Identität betont die Einzigartigkeit einer Gruppe, die sich von anderen Gruppen abhebt (Fuhrer 2008).
Die Ähnlichkeit bzw. Andersartigkeit kann sich auf verschiedene Merkmale
beziehen, z. B. wird in der eigenen Gruppe ein bestimmter Sprachstil gepflegt
oder man hebt sich durch ein spezielles Outfit von anderen Gruppen ab. Da die
soziale Identität immer auch ein Teil der personalen Identität ist, macht eine
explizite Trennung zwischen personaler und sozialer Identität kaum Sinn (Deaux
1993). Zum Beispiel wird auf die Frage, wer man ist, auch die Zugehörigkeit zu
bestimmten Gruppen genannt, d. h. die soziale Identität ergänzt die personale
Identität. Spears et al. (2002) haben das auf den Punkt gebracht: „The group is
not just an external entity or collection of individuals with which we interact, but
it is also internal and identity defining" (S. 94). Wenn dennoch zwischen den beiden Identitäten differenziert wird, sind es analytische Gründe, z. B. weil Grup-
penphänomene genauer untersucht werden sollen.

Ausschlaggebend für die soziale Identität sind die Merkmale der Gruppe, der man angehört, der man sich zugehörig fühlt und mit der man sich identifiziert, indem man sie als Teil von sich selbst sieht (Graumann 1997; Tajfel 1982). Man bewegt sich auf einer anderen Ebene, wenn man sich als Individuum mit anderen Individuen vergleicht (personale Identität) oder als Mitglied einer Gruppe mit anderen Gruppen (soziale Identität). Als Deindividuation wird bezeichnet, wenn die Gruppe für die Identität eines Menschen ein so starkes Gewicht bekommt, dass er sich den Normen der Gruppe und weniger seinen subjektiven Normen entsprechend verhält, die maßgeblich für ihn wären, wenn er allein handeln würde (Spears et al. 2002). Anonymität verstärkt Deindividuation, denn in anonymen Situationen fehlt die Möglichkeit, andere Menschen individualisiert wahrzunehmen (Boos und Jonas 2008). Daraus haben Spears et al. abgeleitet, dass sich der Mensch in einer anonymen Situation weniger als unabhängig denkendes und handelndes Individuum sieht, sondern vor allem als Mitglied einer Gemeinschaft. Diese Gemeinschaft stärkt die soziale Identität. Die Überzeugungen und Normen der Gemeinschaft werden übernommen, die individuellen Absichten und subjektiven Normen zurückgestellt.

Die soziale Identität ist das Band, das einen Menschen mit anderen verbindet (Deaux 1993), darüber hinaus aber auch eine Basis dafür, wie wir uns selbst in Beziehung zu anderen sehen. Die von Tajfel (1982) begründete Social Identity Theory hat den Blick dafür geschärft, dass jedes Kategorisieren – so auch die Unterteilung in eine Ingroup und eine Outgroup – zur Akzentuierung der Ähnlichkeiten innerhalb der eigenen Gruppe und zur Betonung der Verschiedenartigkeit zwischen der eigenen und der anderen Gruppe führt. Hinzukommt die Tendenz oder das bewusste Bestreben, die Merkmale der eigenen Gruppe positiv zu bewerten und diejenigen der anderen Gruppe abzuwerten (Tajfel 1982).

Was sind die Motive, die Menschen dazu veranlassen, sich Gruppen anzuschließen? Nach Ansicht von McKenna und Bargh (1998) sind es vor allem das Streben nach einem positiven Selbstbild und nach Zugehörigkeit. Die Identifikation mit einer Gruppe ist unproblematisch, solange es sich um eine gesellschaftlich positiv bewertete Gruppe handelt. Stigmatisierte Menschen wie z. B. Obdachlose, Alkoholiker oder aus dem Gefängnis Entlassene würden ihr Selbstwertgefühl drastisch vermindern, wenn sie sich diesen gesellschaftlich negativ bewerteten Gruppen zugehörig fühlen würden. Dass virtuelle Gruppen hier eine Art Anker bieten, zeigte sich in den Studien von McKenna und Bargh (1998, 1999). Randgruppen wie Stotterer, Behinderte, Homosexuelle und Menschen mit politischen Ansichten, die weit vom Mainstream abweichen, finden in virtuellen Gruppen ein Forum. Es hilft Menschen mit einer marginalisierten Identität, sich in der Gesellschaft weniger entfremdet und weniger sozial isoliert zu fühlen. Das

Internet kann eine bedeutende Rolle bei dieser „Demarginalisierung" spielen und Randgruppen über die Zugehörigkeit zu unterstützenden virtuellen Gruppen wieder in die Gesellschaft zurückholen.

Die anderen Menschen sind nicht nur geliebte und vertraute Personen, sondern auch Fremde. Diese Fremden sind sogar besonders wichtig, weil sie die eigene Besonderheit umso schärfer hervortreten lassen:

> Soweit Fremdsein Anders sein als man selbst bedeutet, definiert es buchstäblich unsere eigene Identität (Graumann 1997, S. 48).

Fremdheit ist keine Eigenschaft, die anderen Menschen anhaftet, sondern ein Verhältnis, ein in Beziehung setzen, bei dem die Unterschiede hervortreten und die eigene Besonderheit sichtbar wird. Die Outgroup sind all die anderen, von denen man sich unterscheidet, wobei man auf konkrete Unterscheidungsmerkmale verweisen kann, was das Gefühl der Zugehörigkeit zur eigenen Gruppe sowie die soziale Identität stärkt.

Das Internet hat weitreichende psychologische Auswirkungen, denn es verändert nicht nur das Verhalten, sondern auch die dem Verhalten zugrunde liegenden Einstellungen und Motive. Die psychologischen Auswirkungen sind – wie nicht anders zu erwarten – individuell unterschiedlich. Einige der jungen Erwachsenen, die McMillan und Morrison (2006) befragt haben, meinten, dass das Internet aus ihnen einen kreativen Menschen gemacht habe, andere fanden dagegen, dass sie sich durch ihre Online Aktivitäten selbst fremd geworden seien. Als ein relevantes Personmerkmal erwies sich die Introversion, wie die Untersuchung von Amichai-Hamburger et al. (2002) ergab, in der insgesamt 40 Hightech-Leute gefragt wurden, wo sie ihr „real me" verorten würden. Zusätzlich wurde von den befragten Personen der Introversions-/Extraversions-Score erfasst. Das „real me" wurde definiert als die Tendenz, sich gegenüber den Internet-Bekannten bzw. den Bekannten im realen Leben zu öffnen. Eine der Fragen lautete: „Do you think you reveal more about yourself to people you know from the Internet than to real-life (non-net) friends?" Die Extravertierten verorteten ihr „real me" signifikant häufiger in der traditionellen Face-to-Face-Kommunikation als die Introvertierten. Letzteren fällt es leichter, im Internet Kontakte zu knüpfen als in der realen Welt. Für sie bietet das Internet die Möglichkeit, die soziale Identität zu stärken.

Spears et al. (2002) haben das Phänomen der Deindividuation aufgegriffen. Sie stellten fest, dass sich der Mensch in einer anonymen Situation weniger als unabhängig denkendes und handelndes Individuum sieht, sondern in erster Linie als Mitglied einer Gruppe. Die Gruppe, der er sich zugehörig fühlt, stärkt die soziale Identität. Die individuellen Einstellungen und Normen verlieren an Bedeutung, die Überzeugungen und Absichten der Gruppe beeinflussen das Verhalten um so stärker. Der Mensch im Internet scheint so mehr Sozial- und weniger Einzelwesen zu sein, indem er sich verstärkt an den Erwartungen und Normen anderer orientiert.

Zusammenfassend ist festzuhalten, dass das Internet auf unterschiedliche Art und Weise die soziale Identität stärken kann.

3.4.4   Selbstwertgefühl und soziale Vergleiche

Der Wert, den man sich selbst beimisst, ist von elementarer Bedeutung für die Befindlichkeit und die psychische Gesundheit (Polce-Lynch et al. 2001). Um diesen Wert nicht zu gefährden, schreiben sich Menschen Erfolge gern sich selbst zu, während sie Misserfolge extern attribuieren. Misserfolge, die man sich selbst zuschreiben müsste, würden das Selbstwertgefühl schmälern. Erfolge steigern das Selbstwertgefühl eines Menschen insbesondere, wenn er Merkmale besitzt, die andere positiv bewerten und um die sie ihn beneiden. Soziale Vergleiche spielen hier eine große Rolle, um die eigenen Fähigkeiten und Eigenschaften besser einschätzen und die individuellen Ansichten und Einstellungen einordnen zu können (Morf und Koole 2014).

Nicht nur die realen anderen Menschen und Gruppen, sondern auch die Medienpersonen, die in den Massenmedien auftreten, beeinflussen das Selbstwertgefühl (Leffelsend et al. 2004). Sie liefern Vergleichsinformationen, die mitunter zugespitzter und markanter sind als diejenigen, die von realen Personen stammen, weil sie von trivialen Alltagstätigkeiten bereinigt sind. Man sieht z. B. die coole Kriminalkommissarin nicht beim Einkaufen oder den mächtigen Chef beim Frühstück. In den Medien werden nur die Szenen gezeigt, in denen die Darsteller ihren typischen Tätigkeiten nachgehen, bei denen sie besonders großartig sind.

Das Ergebnis des Vergleichs mit den Personen in den Medien kann ganz unterschiedlich ausfallen. Es hängt davon ab, worauf sich der Vergleich bezieht. Ein Merkmal ist das body image bzw. die körperliche Erscheinung. So fanden Polce-Lynch et al. (2001) in ihrer Untersuchung, in der 116 weibliche und 93 männliche Jugendliche der fünften, achten und 12ten Klassenstufe befragt worden waren, dass Medienpersonen einen bedeutenden Einfluss auf das eigene Körperbild und damit auch auf das Selbstwertgefühl haben. Der Zusammenhang war bei den weiblichen Jugendlichen sehr ausgeprägt. Aus Abb. 3.4 ist ersichtlich, dass das Selbstwertgefühl im erheblichen Maße vom Körperimage beeinflusst wird, das wiederum medialen Einflüssen unterliegt.

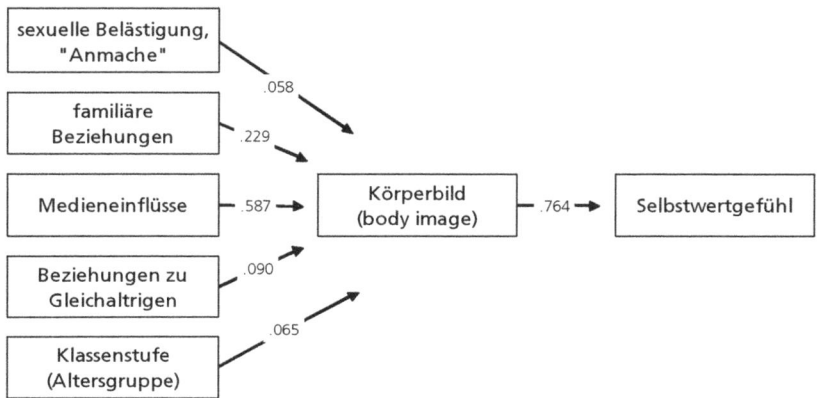

Abb. 3.4 Ergebnis der Pfadanalyse. (Polce-Lynch et al. 2001, S. 237)

Die Medienpersonen geben das ideale Erscheinungsbild vor.

> Body image continues to be associated with adolescent girls' self esteem ... the relationship between self-esteem and media may be more embedded in physical appearance for adolescent girls than for boys. This comes as no surprise since women's bodies have been used to sell everything – from automobiles to perfume – for decades. Our data suggest that girls who perceive themselves as living up to the cultural ideal tend to feel better about themselves, with the converse also being true (Polce-Lynch et al. 2001, S. 240).

Durch die Personen in den Medien haben sich die Möglichkeiten sozialer Vergleiche vervielfacht. Der Vergleich mit ihnen führt nicht selten zu Einbußen des Selbstwertgefühls und zwar vor allem dann, wenn diese ein schwer zu erreichendes gesellschaftliches Ideal verkörpern, z. B. wenn sie besonders schön sind. In den Massenmedien, in Kinofilmen, Fernsehsendungen, Zeitschriften, Magazinen und in der Werbung tauchen ideale Menschen in großer Zahl auf.

3.4.5 Selbstdarstellung

Die *Sozial*psychologie versteht den Menschen als ein sozial orientiertes Wesen, dem es wichtig ist, von anderen positiv gesehen und anerkannt zu werden. Sie sieht im Menschen weniger das unabhängige Einzelwesen, sondern ein von sozialen Einflüssen bestimmtes Sozialwesen (Hofstätter 1966). Im Hinblick auf die

Selbstdarstellung bedeutet das, dass diese nicht nur eine Widerspiegelung des eigenen Selbst, sondern immer auch eine nach außen gerichtete Botschaft ist; sie dient dem „Impression Management" (Walther 2007; Haferkamp 2010). Ziel des Impression Management ist nicht, ein möglichst genaues und getreues Abbild der eigenen Person zu liefern, sondern ein Bild mit der Intention, auf andere Menschen einen bestimmten Eindruck zu machen. Es gibt verschiedene Varianten der Selbstdarstellung. Künstler präsentieren sich z. B. mit einem Porträt von sich, das ihr Bild von sich selbst, Künstler zu sein, bekräftigt. Es ist in erster Linie das Gesicht, das dargestellt wird (vgl. Abb. 3.5).

Abb. 3.5   Schillerndes Selbstbildnis. (Aus der Sammlung Selbstbildnisse von Peter Engel, mit freundlicher Genehmigung des Sammlers)

Manchmal stellt sich der Künstler auch mit Utensilien dar, die auf sein Künstlertum hinweisen, und mitunter nutzt er auch ungewöhnliche Formen, um sich zu präsentieren (vgl. Abb. 3.6).

Eine klassische bildliche Form der Selbstdarstellung ist das Foto, dem durchaus etwas Künstlerisches anhaften kann. Des Weiteren sind es mündliche Aussagen und Texte. Bei rein textlichen Darstellungen fehlt das Gesicht, das Hinweisreize liefert, die für das Verstehen der anderen Person besonders wichtig sind (Ekman 2003). Unabhängig von der Form gilt, dass Selbstdarstellungen wie auch Wahrnehmungen keine objektiven Wiedergaben sind, sondern selbst entworfene Bilder von sich selbst. Mit der Selbstdarstellung wird die personale Identität gefestigt. Um einen bestimmten Eindruck hervorzurufen, werden die Merkmale auswählt, von denen man glaubt, dass sie ein positives Licht auf einen werfen. Es sind entsprechend ausgewählte Eigenschaften, Einstellungen und Verhaltensgewohnheiten sowie Merkmale der eigenen Lebenswelt wie z. B. die kulturellen Vorlieben und Freizeitaktivitäten, die Mediennutzung und die Wohngegend.

Die Möglichkeiten der Selbstdarstellung wurden durch das Internet enorm erweitert. Wie stark das Interesse daran ist, zeigt der Erfolg von Facebook

Abb. 3.6 Selbstskizze des Absenders auf einem Briefumschlag. (Aus der Sammlung Selbstbildnisse von Peter Engel, mit freundlicher Genehmigung des Sammlers)

(wörtlich übersetzt „Gesichtsbuch"), dem großen sozialen Netzwerk, in dem man sich mit einem Profil darstellt. Es sind unterschiedliche Motive, sich in dieser Weise zu präsentieren, wie Haferkamp (2010) in einer faktorenanalytischen Auswertung herausgefunden hat (vgl. Abb. 3.7). Man möchte mit anderen ins Gespräch kommen, sich die Zeit vertreiben, man möchte informiert sein, neue Leute kennen lernen und sich anderen bekannt machen.

Der erste Faktor Kommunikation und Austausch erwies sich als varianzstärkster Faktor. Würde man die Aussage „Weil viele meiner Freunde das auch tun" anders als Haferkamp ebenfalls dem Kommunikations-Faktor zuordnen, gewänne dieser Faktor noch weitere Bedeutung. Es lässt auf ein hohes Ausmaß an Commitment schließen, wenn man etwas macht, weil es die anderen genau so machen. Der Faktor Zeitvertreib bedeutet, dass man keine weiteren Pläne hat, denen man gerade nachgeht, und man leere Zeit ausfüllen möchte. Man ist jedoch, wie der dritte Faktor erkennen lässt, auch neugierig und möchte informiert sein. Der vierte Faktor ist wiederum ein sozialer Faktor, doch er zielt im Unterschied zum ersten Faktor auf neue Kontakte ab. Die Chancen, dass das gelingt, sind im Internet größer als in der realen Umwelt, denn über das Online Profil können sehr viele Menschen erreicht werden, während man in der realen Umwelt nur an einem Ort zurzeit sein kann und eben nur dort auf Menschen trifft. Der Radius in der virtuellen Welt reicht weiter, sodass man mit größerer Wahrscheinlichkeit Menschen findet, die zu einem passen. Das wird dadurch erleichtert, dass die anderen etliche Informationen über sich gleich mitliefern.

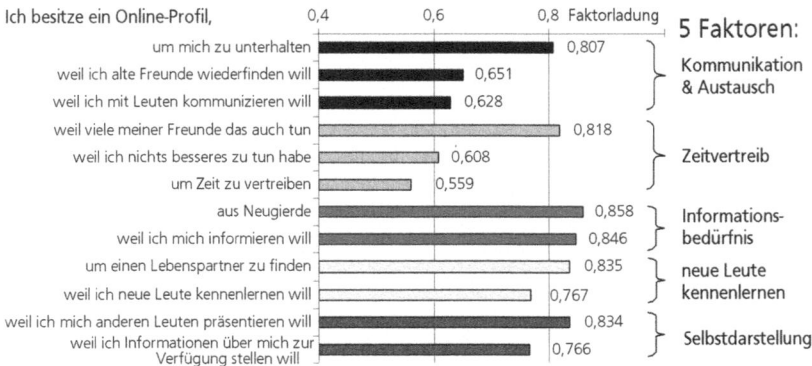

Abb. 3.7 Ergebnis der Faktorenanalyse der Skala „Motive der Profilnutzung". (Haferkamp 2010, S. 179, eigene Grafik)

Den fünften Faktor hat Haferkamp als Selbstdarstellung interpretiert. Die Aussagen dazu zeigen, dass es eine vollkommen nach außen gerichtete Darstellung ist: man will sich präsentieren. Inzwischen kann man sich professionell online beraten lassen, wie man vorgeht, damit die anderen einen positiven Eindruck von einem bekommen, was z. B. bei Bewerbungen sehr wichtig ist. Man kann sich in der virtuellen Welt eine andere Identität konstruieren (McKenna und Bargh 2000; Leffelsend et al. 2004). Bei Kontaktaufnahmen im Internet hat der Mensch es in der Hand, wie er von anderen gesehen werden will. In der Face-to-Face Situation ist die Kontrolle darüber geringer, hier bestimmt das Aussehen und Auftreten den ersten Eindruck. „Computer technology has changed many things, but the most profound has been the ability to empower individuals to redefine themselves in a social environment, to hack into their personhood, their identity, and truly become who they want to be" (Stryker 2012, S. 14).

Im Online-Profil können die positiven Eigenschaften hervorhoben werden, die negativen Eigenschaften müssen nicht erwähnt werden (Walther 2007). Die Möglichkeit, sich auf diese Weise eine positive Identität zuzulegen, wird genutzt. So haben Toma et al. (2008) nachgewiesen, dass Menschen dahin tendieren, sich auf ihrem Online Profil als attraktiver darzustellen, als sie in Wirklichkeit sind. Dies gilt insbesondere, wenn ein neuer Kontakt geknüpft werden soll. Personmerkmale wie Körpergröße, Gewicht und Alter sowie Fotos lassen sich leicht verändern. Viele stellen sich als größer, weniger gewichtig und jünger dar, wobei sich deutliche Geschlechtsunterschiede abzeichnen. Männer tendieren dazu, sich größer zu machen, Frauen verringern ihr Gewicht. Allen Befragten war bewusst, dass ihre Online-Profile nicht 100%ig zutreffen.

Bei der Konstruktion eines positiven Bildes spielen auch die Freunde eine Rolle. Die „richtigen" Freunde sind ein zentrales Element des Impression Management.

In der Face-to-Face Situation kann sich die andere Person selbst ein Bild von einer Person machen, bei einem Online-Profil ist das weniger möglich, sodass man hier, wenn sich die Gelegenheit bietet, auf weitere unabhängige Informationsquellen zurückgreift. Der Eindruck, den sich andere Menschen von einer Person machen, wird stärker von Informationen beeinflusst, über die die betreffende Person keine Kontrolle hat. So haben die Aussagen anderer Personen zur physischen Attraktivität eines Profilbesitzers einen größeren Einfluss auf die Urteilsbildung als die Aussagen des Profilbesitzers selbst, bei denen man vermutet, dass sie eher ein von der Realität abweichendes geschöntes Bild wiedergeben. Eine Korrektur erfolgt über Bekannte und Freunde entsprechend dem Prinzip des Warranting (= Gewährleistung). Es besagt: Der Eindruck, den die anderen von einem haben, wird stärker von den Informationen anderer über eine Person beeinflusst als von den Informationen, die von ihr selbst stammen, denn diese unterliegen nicht ihrer Kontrolle (Haferkamp 2010).

Es kann aber auch passieren, dass sich das Online Profil als nachteilig erweist, z. B. dann, wenn neben dem traditionell verfassten Lebenslauf eines Arbeitsplatz-Bewerbers ein Blick auch auf dessen Profil auf Facebook geworfen wird. Dabei könnte zutage treten, dass er seltsame Freunde, merkwürdige Vorlieben und Hobbys und vom Mainstream deutlich abweichende Ansichten hat, was die Chancen des Bewerbers, die gewünschte Stelle zu bekommen, vermindern kann.

Das Online-Profil wird mit Bedacht entworfen. Man kann Inhalte und Formulierungen korrigieren und verändern, bevor sie ins Netz gestellt werden (Walther 2007). Man hat mehr Zeit, an dem Bild von sich selbst zu feilen, als es in einer synchronen Face-to-Face-Situation machbar wäre. Man wird weniger abgelenkt, wenn man entspannt und gelassen am Computer sitzend ein Bild von sich selbst entwirft. Man kann entscheiden, welche Profilelemente man auswählt und welche man weglässt. In der Face-to-Face Situation kann man nichts weglassen und vieles auch nicht steuern, was zur Eindrucksbildung beiträgt, wie die nonverbalen Cues der Sprechweise, Gestik und Mimik (Walther 2007).

Das enorme Potenzial des Internet, die Selbstdarstellung zu einer Selbsterfindung zu machen, begünstigt exhibitionistische Tendenzen. So hat Lück (2013) auf die Bedeutung des Gesehenwerdens als Bestätigung der eigenen Existenz hingewiesen. Das Internet kommt dem entgegen, denn wie Lück (2013) festgestellt hat, sind im Web 2.0 der Selbstpräsentierung und Selbstinszenierung kaum Grenzen gesetzt.

Mit dem Online Profil werden viele Menschen erreicht. Dadurch ist es besonders gut geeignet für ein Zusammenfinden gesellschaftlicher Randgruppen, auf die man andernfalls in der großen Menge anderer Menschen kaum treffen würde. Im Internet kann man eine „stigmatized identity" so präsentieren, wie es in der realen, den Mainstream verkörpernden Welt kaum auf Verständnis stoßen würde. Den Begriff „stigmatized identity" verwendeten McKenna und Bargh (1999) zur Charakterisierung von Menschen, deren Identität von der Gesellschaft abgewertet wird, sodass sie bestrebt sind, ihre Identität zu verbergen, um nicht diskriminiert zu werden.

Von solchen Intentionen abgesehen werden bei der Selbstdarstellung im Internet im Allgemeinen die gesellschaftlich erwünschten Eigenschaften hervorgehoben. Es entstehen Idealbilder. Aufschlussreich ist hier eine Untersuchung von Thomas und Johansen (2012), die weibliche Versuchspersonen gebeten haben, sich als künstliche Figuren zu erschaffen. Es zeigte sich, dass die Avatare körperlich vollkommen waren. Es sind „social desirability" Selbstdarstellungen, die auf längere Sicht hin die Normen verändern. Das Normale wird dann sein, dass man intelligent, sportlich, musikalisch, gut aussehend, wohlhabend, allseitig interessiert und weltoffen ist. Ein weniger schönes Erscheinungsbild und Eigenschaften wie unsportlich und engstirnig könnten unter solchen Bedingungen immer weniger eingestanden werden. Das Anspruchsniveau steigt und damit auch der Zwang, sich ein passendes Selbstbild zu konstruieren.

Auch Anbieter von Dienstleistungen stellen sich online dar, um über das Internet Kunden zu gewinnen. Wenn der Internetauftritt mit großem Nachdruck vorangetrieben wird, ist das ein Zeichen, dass sich das Unternehmen von der Online Präsenz großen Gewinn verspricht[2]. Dienstleister aller Art, Unternehmen, Hochschulen, Krankenhäuser und Arztpraxen usw. betreiben Werbung, indem sie sich auf ihrer Homepage als professionell und kompetent darstellen. Für die Nutzer der Dienstleistungen besteht der Vorteil darin, dass sie sich rasch und unaufwendig Informationen über die Anbieter und Angebote beschaffen können, wobei sie jedoch den Social desirability Effekt nicht aus den Augen verlieren sollten.

3.5 Soziale Interaktionen

Bevor in den 1980er Jahren die Computer miteinander vernetzt wurden, war deren Nutzung eine individuelle Tätigkeit. Sie galt sogar als soziophob, denn wenn der Mensch mit dem Computer interagierte und in diese Tätigkeit versunken war, schloss er sich von seiner Umwelt und von sozialen Aktivitäten aus. Die Situation änderte sich grundlegend in den 1990er Jahren, als mit dem world wide web eine weltweite Vernetzung geschaffen wurde. Von da an war der Mensch nicht mehr allein mit seinem PC (*personal* computer); aus dem Einzelwesen am Rechner wurde ein im Internet kommunizierendes Sozialwesen. Der Cyberspace wurde, wie Norman (2008) es formuliert hat, zum Raum des „*social* computing".

„Computers became nodes in a network, and their users joined the network as social beings in a new cyber social space" (Norman 2008, S. 278).

Zugleich begann man sich zu fragen, wie die Online Kommunikation die traditionellen sozialen Kontakte und Beziehungen verändert. Die Meinungen waren geteilt. Auf der einen Seite wurde sie positiv bewertet, weil sie von den typischen räumlichen und zeitlichen Constraints der Face-to-Face-Kommunikation befreien und dabei auch noch soziale Ungleichheiten verringern würde, auf der anderen Seite meinte man, dass es zu einer Schwächung der sozialen Beziehungen käme, da diese oberflächlicher und flüchtiger werden würden.

---

[2]„Adidas rennt im Internet", FAZ, 1.12.15, S. 25.

Die Frage nach den Auswirkungen der Digitalisierung auf soziale Prozesse ist relevant, weil Gemeinschaftlichkeit, Kommunikation und Zugehörigkeit Grundbedürfnisse des Menschen sind. Die Folgen, wenn sie nicht befriedigt werden, sind Einsamkeit und das Gefühl von Verlorenheit (Haferkamp 2010). Man wird deshalb alles daran setzen, um sie zu befriedigen. Das zeigt sich daran, dass die heutigen Möglichkeiten, rasch und unaufwendig miteinander Kontakt aufnehmen zu können, auch genutzt werden. Wei und Lo (2006) haben den Nutzen der Online-Kommunikation für die Aufrechterhaltung sozialer und familiärer Beziehungen nachgewiesen.

Doch die Frage nach den Auswirkungen einer andersartigen Kommunikationsform ist damit noch nicht beantwortet. Als theoretische Basis bietet sich hier das Behavior Setting Konzept an, das Umweltmerkmale und Verhalten in einen Systemzusammenhang bringt (Kaminski 1996). Neben der Umwelt (dem Setting), und dem in diesem Setting üblichen Verhalten (dem Verhaltensprogramm) sind die Personen (die Teilnehmer) in diesem System die dritte Komponente. Das System wird instabil, wenn es zu viele oder zu wenige Teilnehmer oder nicht passende Teilnehmer sind, die das Verhaltensprogramm nicht kennen oder missachten. Ein Beispiel für ein funktionierendes Behavior Setting ist eine Cafeteria, in der nicht zu viele aber auch nicht zu wenige Menschen anwesend sind, Espresso trinken und ein Frühstück zu sich nehmen. Die drei Komponenten passen zusammen.

In der Online Kommunikation besteht kein solches System mehr; das Verhalten wird nicht mehr durch das räumliche Setting „programmiert". Es ist, weil ortsunabhängig, nicht mehr zu einem Ort passend oder unpassend, sondern sozial erwünscht oder unerwünscht. Soziale Interaktionen im Internet sind frei von verhaltensdeterminierenden Umwelten. Die Kommunikationssituation ist zusätzlich unbestimmter, weil die miteinander Kommunizierenden nicht leiblich präsent sind und ihre Botschaften nur aus textlichen Äußerungen und Bildern bestehen. In einer Face-to-Face Situation bestimmt der räumliche Kontext dagegen das Verhalten mit. Darüber hinaus sind die Botschaften sensorisch und informatorisch reichhaltiger.

Im folgenden werden die Face-to-Face und die Online Kommunikation noch etwas genauer betrachtet und reale und virtuelle Gruppen einander gegenüber gestellt. Die Bildung virtueller Gemeinschaften wurde mit der Vernetzung der Computer möglich. Doch können virtuelle Gemeinschaften das Zugehörigkeitsbedürfnis in ähnlicher Weise befriedigen wie reale Gruppen? Eine weitere Frage ist, wie sich das soziale Verhalten durch das Internet verändert.

3.5.1 Computerbasierte und Face-to-Face-Kommunikation

Die natürliche, ursprüngliche und auch vollständigste Kommunikationsform ist die Face-to-Face Interaktion. Die darin enthaltenen zusätzlichen Informationen haben einen wesentlichen Einfluss darauf, wie wir eine andere Person auf den ersten Blick einschätzen und ob wir weiterhin mit ihr in Verbindung bleiben möchten. Im Vergleich dazu erscheint die computervermittelte Kommunikation (= CvK) auf den ersten Blick deutlich reduzierter. Ein Beispiel dazu hat Döring (2003) geliefert: „Weder die imposante Gestalt, noch die laute Stimme, der Altersvorsprung oder die elegante Kleidung schaffen in CvK-Szenarien einen Kommunikationsvorteil" (S. 155). Trotz dieser Reduzierungen ist die Online-Kommunikation längst so selbstverständlich wie das persönliche Gespräch von Angesicht zu Angesicht (Grosser 2014). Dass diejenigen, die häufig online kommunizieren, diese Form der Kommunikation positiver einschätzen als diejenigen, die sich lieber Face-to-Face unterhalten, zeigt, dass die Wertschätzung einer Kommunikationsform mit deren Häufigkeit zunimmt. Wie Grosser feststellt, werden derzeit ernste und persönlich wichtige Gespräche immer noch überwiegend Face-to-Face geführt.

Welcher Kommunikationsform der Vorzug gegeben wird, hängt auch von persönlichen Eigenschaften ab. „There is no simple main effect of the Internet on the average person" (McKenna und Bargh 2000, S. 59). Personmerkmale, die hier eine Rolle spielen, sind Extraversion-Introversion und Sensation seeking (Amichai-Hamburger et al. 2002; Zuckerman 1994). Die Online Kommunikation ist vorteilhaft für introvertierte Menschen. Sie ist es nicht für Sensation Seeker, bei denen das Bedürfnis nach Stimulation und spannenden Erlebnissen sehr stark ausgeprägt ist.

Die wesentlichen Unterschiede zwischen der Face-to-Face- und der Online-Kommunikation sind

- die Abhängigkeit oder Unabhängigkeit der sozialen Interaktionen vom räumlichen Kontext und von Zeitvorgaben,
- die Synchronizität oder Asynchronizität,
- das Vorhandensein oder Fehlen nonverbaler Hinweisreize (Cues),
- unterbrochene oder ständige Konnektivität,
- emotional enge soziale Beziehungen oder Anonymität.

Ortsunabhängigkeit bedeutet vermehrte Autonomie und zugleich gesteigerte Effizienz, weil keine räumlichen Distanzen mehr überwunden werden müssen, man nicht am gleichen Ort sein und Termine nicht aufeinander abstimmen muss. Man muss sich nicht bemühen, einen Zeitpunkt für ein Zusammentreffen zu finden, der allen Beteiligten passt. Es ist eine Befreiung von Capacity und Coupling Constraints (Michelson 1987). Die Face-to-Face Kommunikation hat Winterhoff-Spurk (2004) definiert als einen Prozess, „bei dem zwei oder mehr koorientierte und wechselseitig kontingent interagierende Akteure auf der Basis ähnlicher Situations- und Zeichendefinitionen einander Informationen mithilfe systematisch kovariierender verbaler und nonverbaler Kommunikationsmodi mit dem Ziel übermitteln, der(die) Interaktionspartner möge(n) das Gemeinte verstehen und das Gewollte tun" (S. 11).

Die Online Kommunikation beschert den Menschen mehr Handlungsfreiraum und örtliche Ungebundenheit. Soziale Kontakte sind nicht mehr lokalisiert, sondern globalisiert und „entgrenzt". Es spielt keine Rolle, wo genau sich jemand aufhält, solange er sich im weltweiten Netz befindet.

Die Online Kommunikation ist deshalb im Unterschied zur Face-to-Face Kommunikation unabhängig vom Ambiente einer Umgebung. In der Face-to-Face Situationen ist es hinsichtlich des Verhaltens nicht unerheblich, ob die Umwelt als angenehm oder unangenehm erlebt wird, wie es Mehrabian und Russell (1974) theoretisch begründet und empirisch bestätigt haben. Ebenso haben Skjaeveland und Gärling (2002) festgestellt, dass die nachbarlichen Beziehungen in gestalterisch gelungenen Wohnumgebungen zufriedenstellender sind als in hässlichen Umgebungen. Menschen bleiben gern länger an einem Ort, wenn dieser ästhetisch ansprechend und für vielerlei Aktivitäten nutzbar ist – eine günstige Bedingung für die Entstehung und Festigung nachbarlicher Kontakte. Bei der Kommunikation im Cyberspace spielt das Ambiente und die kommunikative Qualität der realen Umwelt keine Rolle. Es ist auch ohne Belang, ob eine Sitzanordnung soziopetal oder soziofugal ist, wenn die Kommunikationspartner nicht real anwesend sind. In der realen Situation hat dagegen die Sitzanordnung einen wesentlichen Einfluss auf die sozialen Interaktionen und das Kommunikationsergebnis (Gifford 2007).

Soziopetale Gruppierungen fördern die Kommunikation. Ein runder Tisch, um den herum man sitzen kann, oder allein schon die Anordnung von Stühlen im Kreis ist ein Beispiel für ein soziopetales Muster (vgl. Abb. 3.8). Das Gegenteil ist eine soziofugale Anordnung, die soziale Interaktionen und Gespräche erschwert, weil man sich voneinander abwendet. Gifford (2007) hat vorgeschlagen, in öffentlichen Räumen sowohl soziopetale als auch soziofugale Sitzanordnungen einzuplanen, die es einem Menschen ermöglichen zu wählen, ob er „in

Abb. 3.8 Soziopetale Sitzanordnung. (Eigenes Foto)

Gesellschaft allein" oder „in Gesellschaft zusammen" sein möchte. Stühle, die man beliebig anordnen kann, bieten Flexibilität. In bestimmten Settings wie Hörsälen sind soziofugale Konstellationen angebracht, in Seminarräumen, in denen diskutiert und gemeinsam etwas erarbeitet wird, können soziopetale Anordnungen günstiger sein.

Im Cyberspace sind solche Überlegungen überflüssig. Bei großen virtuellen Gemeinschaften wären soziopetale Muster ohnehin kaum realisierbar.

Orts- und Zeitunabhängigkeit erweitern die Möglichkeiten der Kontaktaufnahme und der Kommunikation um ein Vielfaches. Sie ermöglichen außerdem ein häufigeres Kommunizieren, was wiederum vorhandene Beziehungen stärken kann. Alle diejenigen, die keine Möglichkeit für einen direkten Kontakt haben, können online Verbindung aufnehmen und müssen sich trotz großer Entfernungen nicht aus den Augen verlieren (Wei und Lo 2006). Ähnlich stellten McKenna und Bargh (2000) fest: „People are increasingly turning to the Internet as a quick and easy way to maintain contact with family and friends who live far away" (S. 57). Einen weiteren Gewinn an individueller Autonomie hat das Smartphone mit sich gebracht. Mit dem handlichen kleinen Computer können Menschen vollkommen orts- und zeitunabhängig miteinander kommunizieren. Das mobile Gerät befreit von jeglichen Constraints.

Es gibt jedoch nicht nur ein Pro sondern auch ein Kontra: Wenn die reale Umwelt als sozialer Treffpunkt und individueller räumlicher Bezugspunkt weniger genutzt wird, werden im episodischen Gedächtnis keine Orte mehr gespeichert, an denen man sich getroffen und gemeinsam etwas erlebt hat. Damit fehlt ein Teil der Spuren, die es erleichtern, sich an Vergangenes zu erinnern. Das hat direkt Auswirkungen auf die diachrone Identität, denn wenn es weniger Spuren gibt und man sich an Vergangenes weniger erinnern kann, verringert dies die Gewissheit, gestern die Person gewesen zu sein, die man heute immer noch ist (vgl. Abschn. 3.4).

Darüber hinaus beinhaltet Ortsunabhängigkeit eine vermehrte Unbestimmtheit, weil der reale Ort mit seinen konkreten Merkmalen als verhaltensbestimmender Faktor wegfällt. Im Cyberspace gibt es keine Behavior Settings mit Verhaltensprogrammen, die Menschen dazu veranlassen, sich an dort geltenden Verhaltensnormen zu orientieren und sich dementsprechend zu verhalten.

Eine elektronische Botschaft kann zu jedem beliebigen Zeitpunkt geschrieben und gelesen werden. Man kann sich präziser und elaborierter ausdrücken, indem man den Text, den man senden will, stilistisch verbessert und noch einmal durchsieht. Schließlich kann man sich von einer solchen Nachricht leichter lösen, denn es ist eine subjektiv abgeschlossene Sache. Die Asynchronizität führt indessen dazu, dass der soziale Austausch kein echter Dialog mit beidseitigem sofortigem Feedback mehr ist, sondern sich in Monologe verwandelt, die mehr oder weniger aufeinander Bezug nehmen. Wie Döring (2003) formuliert hat, kommt zur Ent-Sinnlichung und Ent-Räumlichung noch eine Ent-Zeitlichung hinzu, was die Entleerung der Kommunikation in Richtung einer Ent-Wirklichung noch verstärken würde.

Ein von raumzeitlichen Constraints befreiter Mensch kann zwar einen Gewinn an Unabhängigkeit bzw. Autonomie verbuchen, doch zugleich muss er beim Online-Kommunizieren einen Verlust an Hinweisreizen (Cues) hinnehmen. Diese Cues erscheinen zwar auf den ersten Blick als „Nebensächlichkeiten"; vor allem in unklaren Situationen liefern sie jedoch wichtige Informationen, die zur richtigen Deutung beitragen. Es kommt nicht nur darauf an, was gesagt wird, sondern auch, wie das geschieht. Diese paralinguistischen bzw. nonverbalen Cues wie die Mimik, Gestik, Körperhaltung, Stimme und Intonation sind besonders wichtig, wenn die gesendete Botschaft unterschiedlich verstanden werden kann, sie kann z. B. ernst gemeint oder sarkastisch sein. Um sich richtig zu verstehen, sind neben Tönen auch Zwischentöne wichtig, die einer unklaren Aussage Eindeutigkeit verleihen. Wenn diese Zwischentöne (Hinweisreize) entfallen, stimmt das, was die eine Person gemeint hat und was die andere Person daraus entnimmt, seltener überein. Es kommt so leicht zu falschen Schlüssen und Missverständnissen, die ernste Zerwürfnisse nach sich ziehen können. Sensorische Reichhaltigkeit verringert die Wahrscheinlichkeit von Missverständnissen (Kruger et al. 2005). Dazu gehört vor allem der Gesichtsausdruck des Kommunikationspartners, an dem man erkennt, wie eine Bemerkung gemeint ist. Kopräsenz verbunden mit einer wechselseitigen direkten Sichtbarkeit und Hörbarkeit ermöglicht ein unmittelbares Feedback, was die Verständigung erleichtert, sodass das Gemeinte auch wie intendiert verstanden wird.

Doch auch hier gibt es wieder Gegenargumente. So meinte Walther (2007), dass online im Allgemeinen nur das kommuniziert wird, was explizit beabsichtigt ist. Dadurch würde die Kommunikation sachlicher und damit auch weniger missverständlich. Online könne man sich leichter auf ein Thema oder eine Aufgabe konzentrieren, was dem Gespräch eine sachliche Note verleiht. Wir wissen zwar nicht, wie die Stimme der anderen Person klingt, wie sie sich bewegt, ob sie uns auf Anhieb sympathisch ist. Wir bekommen jedoch aus dem Internet etliche biografische Daten über sie geliefert, wir erhalten E-Mails und Bilder, die etwas über sie aussagen.

Hier sei auf die Psychoanalyse hingewiesen, zu deren Vorgehensweise gehört, aus nicht beachteten „Nebensächlichkeiten" auf Verborgenes zu schließen (Bredekamp 2007). In Online Beziehungen fehlen solche nonverbalen Hinweisreize, die helfen, nicht eindeutige Botschaften zu richtig zu deuten. So weisen ein lächelndes Gesicht, ein fester Händedruck und eine Umarmung bei der Begrüßung im Allgemeinen auf Herzlichkeit und nicht auf Böswilligkeit hin.

Dass man bei computervermittelten Kontakten keinen ganzheitlichen Eindruck von einer anderen Person bekommt, wurde als „Kanalreduktion" bezeichnet. Die Personen sind in den meisten Fällen auf Texte und Bilder reduziert (Hartmann 2004). Weil der andere Mensch nicht körperlich anwesend ist, kann man auch nicht erkennen, ob er sich über die Zusammenkunft freut oder nicht. Im Bewusstsein, dass die Online Kommunikation arm an Cues ist, versucht man, diese Lücke durch Emoticons und Emoji zu schließen, die Botschaften über Gefühlsregungen und Befindlichkeiten übermitteln sollen (Lück 2013). Bekannt sind vor allem die oft in kurzen Nachrichten verwendeten Smileys, stilisierte, runde lächelnde Gesichter, die „sonnig" wirken. Sie signalisieren Freude. Als nicht lächelnde Gesichtsschablonen können sie ebenfalls Ärger zum Ausdruck bringen.

Nicht nur Mimik, Gestik, Stimmführung und Körperhaltung, auch das Verhalten selbst enthält Hinweise zur Gefühlslage, den Einstellungen und Erwartungen der anderen Person. Dazu gehört insbesondere das Abstandsverhalten. Sofern ausreichend Platz vorhanden ist, positioniert man sich bezogen auf eine andere Person so, dass ein bestimmter Abstand zu ihr entsteht (Gifford 2007). Ein relativ weiter Abstand lässt auf ein unpersönliches Verhältnis und sachlich-neutrale Gesprächsthemen schließen. Gifford hat das Kontinuum der Abstände in vier Distanzzonen unterteilt (vgl. Abb. 3.9).

Abb. 3.9 Distanzzonen.
(Gifford 2007, S. 137)

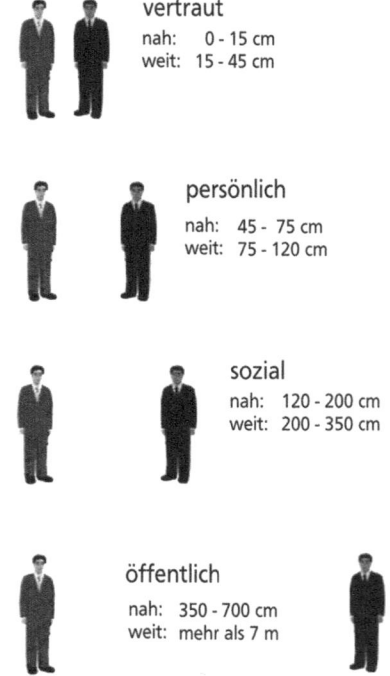

vertraut
nah: 0 - 15 cm
weit: 15 - 45 cm

persönlich
nah: 45 - 75 cm
weit: 75 - 120 cm

sozial
nah: 120 - 200 cm
weit: 200 - 350 cm

öffentlich
nah: 350 - 700 cm
weit: mehr als 7 m

Jede der einzelnen Distanzzonen erstreckt sich über mehrere Zentimeter bzw. Meter. Unterschieden werden die folgenden Kategorien:

- vertraut (bis 45 cm): intime körperliche Kontakte und kämpferische Aktivitäten,
- persönlich (45 bis 120 cm): Kontakte zwischen engen Freunden und alltägliche Interaktionen mit Bekannten,
- sozial (1,20–3,50 m): unpersönliche und geschäftsmäßige Kontakte,
- öffentlich (3,50–7,00 m): formale Kontakte, z. B. zwischen Vortragendem und Zuhörern.

In welcher Distanzzone sich die Kommunikation bewegt und inwieweit der bevorzugte Abstand innerhalb einer Kategorie eher an deren unterer oder oberer Grenze liegt, hängt von der Enge der Beziehung, dem Gesprächsthema, den räumlichen Bedingungen, der Situation und den soziokulturellen Normen ab.

Umgekehrt gilt, dass man offener miteinander redet, wenn man sich näher ist (Ben-Ze'ev 2003). Das räumliche Verhalten in Form einer Annäherung oder Distanzierung ist ein wichtiger Indikator der sozialen Situation in realen Umwelten. Wie Sommer (2002) festgestellt hat, bewirken Attraktivität, Bekanntheit, Freundschaft, Kooperation und wahrgenommene Ähnlichkeit, dass man näher aneinander rückt.

In der Online Kommunikation entfällt der Hinweisreiz des räumlichen Abstands. Zugleich gilt aber auch, dass man sich über den richtigen Abstand keine Gedanken zu machen braucht und dass man sich, wenn der Platz knapp wird, wegen eines unpassenden Abstands nicht unbehaglich fühlen muss.

Unbehagen entsteht, wenn Personen zusammentreffen, die auf unterschiedliche Art und Weise kommunizieren. Eine Person, die ein Handy Gespräch führt, konzentriert sich auf die Kommunikation mit einer nicht körperlich anwesenden Person, bei der der Abstand keine Rolle spielt. Für die anderen Anwesenden ist der Abstand jedoch relevant. Es stört, wenn die online kommunizierende Person das Abstandsverhalten als Cue ignoriert. „One can be in a public place with several other people each of whom is engaged in an independent conversation with others not present. Those nearby … feel as if their space has been invaded" (Sommer 2002, S. 654).

Ähnliches gilt für das Erleben von Enge (Crowding) in Räumen, in denen die Zahl der anwesenden Menschen das individuell akzeptierte Niveau überschreitet (Schultz-Gambard 1996). Eine hohe Dichte bedeutet, dass die anderen nahe an einen heran kommen. Es gibt Situationen, in denen das gewünscht wird. Der Abstand ist dann so gering wie zwischen Personen, die miteinander sehr vertraut sind. In bestimmten Behavior Settings gehört ein geringer Abstand zum Verhaltensprogramm. Zu einer Popkonzertveranstaltung oder einem Fußballspiel gehören viele Teilnehmer, die als Gleichgesinnte eng zusammen rücken. Dass in diesen Situationen eine hohe Dichte gewollt wird, ist Ausdruck einer angestrebten Authentizität. Man scheut keine Mühe, mit vielen anderen Menschen dabei zu sein, um das Ereignis real und mit allen Sinnen zu erleben.

Fehlende Leiblichkeit bedeutet, dass die Nahsinne nicht aktiviert werden. Man riecht nichts, fühlt nicht, dass die Hand des anderen kalt ist, man spürt keine Berührungen. Umso bedeutsamer wird, wie Lück (2013) meint, die Visibilität:

Menschen, die viel über sich im Web 2.0 preisgeben, sind vermutlich nicht von der Lust erfüllt, *gläserne* Menschen zu sein, sondern *sichtbare,* genauer *gesehene* Menschen zu sein … soziale Netzwerke und Online-Bewertungsportale scheinen dabei in besonderer Weise dafür geeignet zu sein, das Bedürfnis nach dem Gesehenwerden zu befriedigen … Während ich offline zu einem bestimmten Zeitpunkt nur an einem einzigen Ort leiblich-sichtbar präsent sein kann, bin ich mithilfe meines Profils innerhalb eines sozialen Netzwerks jederzeit präsent und kann damit auch jederzeit gesehen werden (Lück 2013, S. 153 ff.).

Die Sichtbarkeit wird auf diese Weise gesteigert. Es ist eine „Aufwertung" der visuellen Wahrnehmung. Andererseits entfallen Sinnesmodalitäten wie die Körperwahrnehmung, die taktile und haptische Wahrnehmung, das Riechen und Schmecken.

Wie man sich selbst in seiner Körperlichkeit sieht, hängt mit den menschlichen Daseinsbedingungen, der Sichtbarkeit und Leiblichkeit, zusammen. Lück (2013) führt hier aus der Paradiesgeschichte den Moment an, in dem Adam und Eva die eigene Sichtbarkeit bewusst wird. Diese Sichtbarkeit ist Voraussetzung für die Identifizierbarkeit eines Schuldigen. Unsichtbarkeit (Anonymität) ist ein Schutz vor dem Erkannt- und Zur-Rechenschaft-gezogen-Werden. Leiblichkeit ist eine grundlegende menschliche Daseinsbedingung. Man kann sich nicht von seinem eigenen Körper distanzieren. Wer sichtbar ist, kann – wie schon Adam und Eva erfahren mussten – Scham empfinden. Wer unsichtbar ist, hat keinen Grund sich zu schämen. In der Online Kommunikation kann man vom eigenen Körper absehen, was entlastend sein kann.

Die textbasierte Online Kommunikation ist meistens knapper als ein mündliches Gespräch mit einem körperlich präsenten Kommunikationspartner. Deshalb meinte man, dass Online-Kontakte oberflächlicher und flüchtiger und emotional weniger tief greifend sein müssten (Grosser 2014). Auch wenn sie knapper gehalten sind, so haben sie doch eine wichtige Funktion, indem sie dazu beitragen, dass soziale Beziehungen trotz räumlicher Trennung aufrecht erhalten werden können.

Auch wenn soziale Beziehungen nicht besonders eng sind, haben sie eine wichtige Funktion. Dies zeigt ein Blick auf die Untersuchung von Skjaeveland und Gärling (2002) über nachbarliche Beziehungen. Die Forscher identifizierten verschiedene Faktoren, von denen es abhängt, wie gut oder schlecht Nachbarschaften funktionieren, darunter auch die schwach ausgeprägte soziale Beziehungen, die sie als weak social ties bezeichneten. Um solche handelt es sich, wenn man die anderen Bewohner nur vom Sehen her kennt, wenn man hier und da auf sie trifft und wenn man weiß, dass sie irgendwo in der Nähe wohnen. Weak social ties können Gefühle von Fremdheit und Unsicherheit verringern, ohne dass man mit den anderen eng befreundet sein muss. Man weiß zwar nicht genau Bescheid, wer der andere ist, hat ihn aber schon des Öfteren gesehen. Es ist kein ganz und gar Fremder. Online-Kontakte in großen digitalen Netzwerken sind solchen weak social ties vergleichbar. Auch oberflächliche Beziehungen reichen aus,

um Gefühle von Fremdheit zu verringern. In den weitreichenden sozialen Netzwerken kennt man viele Menschen nicht persönlich, ebenso gilt, dass die meisten anderen einen nicht kennen. Weak social ties bestehen dann nur noch in der
Weise, dass man wie alle anderen auch ein Mitglied einer Gemeinschaft ist.

Ein ständiges Verbundensein mit einer anderen Person erinnert unmittelbar an
die Lebensphase des Kleinkindalters. Wie emotional verstörend die Trennung von
der Bezugsperson ist, zeigt die Angst von Kleinkindern, wenn sie allein gelassen werden. Das Phänomen des Attachment, der emotionalen Verbundenheit, die
sich in einem engen Körperkontakt mit der Bezugsperson widerspiegelt, findet
sich in allen Kulturen (Rossmann 2004). Das Smartphone ist ein Gerät, dass seinem Besitzer eine ständige Verbindung mit seiner sozialen Umwelt ermöglicht.
Er braucht sich nicht einsam und allein zu fühlen, denn er ist mit den anderen
Menschen in ständiger Verbindung. Das Smartphone ist Garant für Konnektivität.

Das Smartphone wird als Telefon und Navigationsgerät eingesetzt, es liefert
Informationen und Möglichkeiten, sich mit Computerspielen die Zeit zu vertreiben. Handlichkeit und Multifunktionalität haben die Verbreitung des Smartphone
gefördert und es von einem technischen Gerät zu einem sozialen Objekt aufstei-
gen lassen. „The mobile phone has now moved beyond being a mere technical
device to becoming a key ‚social object' present in every aspects of a user's life"
(Srivastava 2005, S. 111). Es ist nicht übertrieben, im Smartphone ein Symbol der
digitalisierten Gesellschaft zu sehen.

Das Smartphone bietet – passend zu einer individualisierten Gesellschaft –
Unabhängigkeit, denn es ist ein persönliches Gerät. Mit der Mobiltelefonnummer
wird der Kontakt zu einer ganz bestimmten Person aufgenommen, während eine
Festnetznummer weniger persönlich ist, weil über diese auch andere im Haushalt
oder der Familie lebende Personen angesprochen werden. Srivastava (2005) hat
daraus den Schluss gezogen, dass das Smartphone zu einer Fragmentierung der
Familie beiträgt, weil nicht mehr eine Gemeinschaft, sondern ausdrücklich eine
einzelne Person kontaktiert wird und die anderen Familienmitglieder nicht mehr
informiert sind (Srivastava 2005). Ähnlich hat sich auch Wellman (2001) geäußert:

Computer-supported communication will be every*where,* but because it is independent of place, it will be no*where.* The importance of a communication site as a
meaningful place will be diminish even more. The person – not the place, household
or workgroup – will become even more of an autonomous communication node …
place did not matter; the person did (Wellman 2001, S. 230 und 238).

Anzumerken ist hier, dass man z. B. mit „Telegram" oder „WhatsApp" auch
Gruppen ansprechen kann.

Das Fazit ist, dass sich Online- und Face-to-Face-Kommunikation nicht ausschließen, sondern ergänzen. Floridi (2015) hat die durch die Informations- und
Kommunikationstechnologien angestoßenen Entwicklungen wie die Entstehung
einer neuen Umwelt, der Infosphäre, in der online und offline nicht mehr getrennt
sind, sondern zu einem „Onlife" verschmelzen, ausführlich beschrieben.

Jin und Park (2010) haben in einem Experiment mit Studierenden untersucht,
ob ein häufiges Kommunizieren mit dem Smartphone bewirkt, dass Face-to-Face-
Kontakte seltener werden. Es zeichnete sich keine Substitution ab. Auch wenn
die Online-Kommunikation knapper gehalten ist und weniger Cues enthält, so
trifft nicht zu, dass sie zu einer Verflachung und Verarmung sozialer Beziehungen
führt, denn direkte Kontakte finden auch weiterhin statt. Beide Formen existieren
parallel nebeneinander und ergänzen sich. „Das Bild des sozial inkompetenten,
vereinsamten Computer-Freaks, der allenfalls im Netz noch virtuelle Kontakte
pflegt, muss heute als Klischee verworfen werden" (Döring 2003, S. 481). Auch
wenn die Empfindung persönlicher Nähe und Lebendigkeit bei der Online-Kommunikation verloren geht (Winterhoff-Spurk 2004), so schließt das nicht Lebendigkeit, Empathie, Geselligkeit und persönliche Zuwendung zu einem anderen
Zeitpunkt aus. Hinzukommt, dass sich aus anfänglichen E-Mail-Kontakten Face-
to-Face Beziehungen entwickeln können. Ebenso gilt umgekehrt, dass sich nach
einem Face-to-Face Kontakt eine rege Online Kommunikation anschließen kann
(Döring 2004).

Abschließend sei noch auf einen sozialpolitischen Aspekt hingewiesen, den
Spears et al. (2002) eingebracht haben. Sie kamen zu dem Schluss, dass Online-
Kontakte sogar „sozialer" sein können, indem sie soziale Einflüsse, die Ungleich-
heit betonen und Machtverhältnisse unterstreichen, verringern: „Social benefits
include the liberation of users from social influences and inequalities to which
people are exposed in face-to-face interaction (group pressure, power relations)
and freedom from the restrictions of our everyday identities" (S. 92).

3.5.2 Gruppen, Gemeinschaften und Zugehörigkeit

Der Mensch ist nicht nur Einzelwesen, sondern durch seine Zugehörigkeit zu
Gruppen immer auch Sozialwesen. Sein Erleben und Verhalten wird nicht allein
von seinen individuellen Motiven und Absichten, sondern immer auch von
Bezugspersonen und Bezugsgruppen bestimmt. Das Einzelwesen ist Schnittpunkt
diverser Gruppen, die Gesamtheit der sozialen Beziehungen ist das soziale Netzwerk (Hofstätter 1966). Die traditionellen Gruppen basieren auf Face-to-Face-
Kontakten, Online-Netzwerke funktionieren anders, es sind technisch basierte

Kommunikationsräume, in denen die Menschen virtuelle Gemeinschaften bilden können. Die Frage ist, was virtuelle Gemeinschaften von realen Gruppen unterscheidet, inwieweit sie ähnlich tief reichende Zugehörigkeitsgefühle bieten können, ob die Gruppendynamik eine andere ist und schließlich, inwieweit reale Gruppen für den Menschen an Bedeutung verlieren, wenn er virtuellen Gemeinschaften angehört.

Im Cyberspace werden bestimmte Persönlichkeitseigenschaften nicht übermittelt, die zur Unverwechselbarkeit und Einzigartigkeit eines Menschen beitragen. Es sind die Stimme, die Körperhaltung, die Mimik und Gestik sowie die für eine Person typischen Verhaltensweisen. Dadurch verkleinert sich die interindividuelle Varianz, die Mitglieder werden einander ähnlicher, die Gruppe in ihrer Gesamtheit ist homogener als sie es wäre, wenn die Mitglieder als einzelne Individuen in Erscheinung treten würden.

Unähnliche äußere Erscheinungsbilder schlagen nicht zu Buche, denn körperliche Merkmale, hinsichtlich derer sich Menschen in realen Gruppen deutlich unterscheiden, sind in einem körperlosen Medium irrelevant.

Der Mensch, der sich vor allem durch die Zugehörigkeit zu einer Gruppe und weniger über seine individuellen Merkmale definiert, wird sich stärker an den sozialen Normen der Gruppe als an seiner individuellen subjektiven Norm orientieren. Auch dadurch wird er den anderen ähnlicher. Die Homogenisierung wird durch Schaffung weiterer Merkmale zusätzlich verstärkt. Es wird z. B. eine spezifische Sprache, eine Insidersprache, erfunden, die das Gemeinschaftsgefühl stärkt.

Das Bedürfnis nach Zugehörigkeit (affiliation, the need to belong) zählt zu den zentralen Motiven menschlichen Verhaltens. Ohne solche Gemeinschaften könnten die Menschen nicht überleben. Neben diesen sachlichen Gründen sind es die sozialen Bedürfnisse nach Kontakt, Kommunikation und Zugehörigkeit, die ihn als Sozialwesen die Gemeinschaft suchen lassen. Das Gefühl, zu einer bestimmten Gemeinschaft zu gehören, beruht auf der Einschätzung, dass man den anderen ähnlich ist und mit ihren Weltsichten und Überzeugungen übereinstimmt. Dass bei solchen Vergleichen Informationsquellen bevorzugt werden, die bestätigende Informationen liefern (Leffelsend et al. 2004), zeigt, dass man sich auch Gruppen zugehörig fühlen kann, die anfangs weniger kompatibel schienen. Man kann sich ähnlich machen.

Reale Gruppen und computerbasierte Netzwerke existieren nebeneinander. Das Bedürfnis nach Zugehörigkeit kann so – wie es scheint – auf vielerlei Weise und reichlich erfüllt werden. Man hat Freunde im Internet, die auf dem Online Profil in einer Freundesliste aufgeführt werden. Der Freundschaftsbegriff wird dabei jedoch sehr weit gefasst, denn es können alle möglichen Personen auf solchen Listen auftauchen, die in der realen Welt keine Freunde sein würden. Die euphemistische Bezeichnung „Freunde" suggeriert, dass die Beziehungen eng und vertrauensvoll und nicht flüchtig und oberflächlich sind. Doch allein die Größe der Gemeinschaften schließt aus, dass die vielen anderen Freunde sind. „Freundschaften" vom Typ weak social ties lassen sich leicht herstellen. Nach Erstellung der Profilseite kann sich das neue Mitglied einer Gemeinschaft einen Freundeskreis zulegen, indem es über die Suchfunktion Personen mit bestimmten Eigenschaften findet, an die dann eine Freundschaftseinladung geschickt wird. Sobald die andere Person die Freundschaftseinladung bestätigt hat, ist man mit ihr „befreundet".

Durch die Ortsunabhängigkeit virtueller Gemeinschaften werden multiple Zugehörigkeiten möglich. Das ist nur machbar, weil digitale Kontakte weniger Zeit beanspruchen und weniger absorbierend und bindend sind. Man kann vielen Gemeinschaften angehören, ohne sich mit Capacity und Coupling Constraints herumschlagen zu müssen.

Die Größe der Gruppe bzw. des Netzwerks ist ein wichtiger Faktor (Döring 2003). Zu kleine Gruppen sind eher eine zu schmale Basis für Zugehörigkeitsgefühle; zu große Gemeinschaften und Netzwerke können bewirken, dass man sich als Individuum unbedeutend und in der Masse verloren fühlt. Virtuelle Gemeinschaften sind meistens erheblich größer als traditionelle Gruppen, was im Prinzip das Gefühl von Zugehörigkeit schmälern müsste. In Online-Netzwerken ist die Zahl der Mitglieder meistens sehr groß; sie reicht bis hin zu mehreren Millionen. Das derzeit größte soziale Netzwerk ist Facebook mit über einer Milliarde Nutzern. Reale Gruppen haben im Vergleich dazu eine bescheidene Größe.

Große Netzwerke erzeugen jedoch auch vermehrte Konformität und zwar über den von Cialdini (2001) beschriebenen Mechanismus der sozialen Bewährtheit, der besagt: Je mehr Menschen etwas positiv und richtig oder negativ und falsch finden, umso eher schließt sich ein Mensch der Bewertung der Mehrheit an, denn wenn so viele Menschen etwas so beurteilen, umso zutreffender muss es sein. Das Konzept der sozialen Bewährtheit kann den großen Einfluss sozialer Netzwerke im Internet leicht erklären: Große Netzwerke sind richtungsweisend, sie produzieren den Mainstream. Wer sich nicht anschließt, schließt sich automatisch aus. Er gilt als unverbesserlicher Außenseiter oder Laggard, der sich neuen Entwicklungen und Ideen gegenüber verschließt. Kleine Gruppen haben keine solche Durchschlagskraft.

Soziale Netzwerke im Internet gibt es inzwischen in einer kaum mehr überschaubaren Anzahl, wobei einige universell angelegt sind, während andere darauf gerichtet sind, Personen mit bestimmten Einstellungen und Interessen zu vernetzen, darunter auch diejenigen mit marginalisierten Identitäten.

Doch es ist nicht nur der Umfang der Online-Netzwerke, der die Anonymität in den Netzwerken begründet, sondern auch die Art und Weise, wie man dort präsent ist. In realen Gruppen tritt der Mensch in seiner körperlichen Gestalt in Erscheinung, er trägt eine bestimmte Kleidung, er putzt sich heraus; in virtuellen Gruppen stellt er sich auf seiner persönlichen Profilseite in Form von Texten und Bildern und einer Freundesliste dar (Lück 2013). Online Profile bieten die Möglichkeit, die erstrebte Zugehörigkeit zu bestimmten Gruppen zu erlangen, indem man sein Profil ganz gezielt so gestaltet, dass es zur Gruppe, der man angehören möchte, passt. Mit einem entsprechend konstruierten Selbstbild lässt sich das problemlos bewerkstelligen. In realen Gruppen kann ein Mensch zwar verschiedene Rollen verkörpern, man würde sein schauspielerisches Talent bewundern, aber man ist sich dessen bewusst, dass das, was er darstellt, nicht er selbst ist.

Wie stark ausgeprägt das Zugehörigkeitsbedürfnis ist, lässt sich an zwei Beispielen demonstrieren: der informationsreduzierten Mobilkommunikation und der sozialen Ausgrenzung.

Zur Mobilkommunikation   In Situationen, in denen man früher vielleicht nur aneinander gedacht hat, wird heute spontan Kontakt aufgenommen. Dies kann im positiven Sinne Zugehörigkeit vermitteln und das Handy als soziale Nabelschnur erscheinen lassen. Die Mitteilungen klingen banal (z. B. „Ich bin gerade in der S-Bahn"), doch sie sind in erster Linie nicht als substanzieller Informationsaustausch, sondern als sozial und emotional relevante empathische Kommunikation einzuordnen (Döring 2008). Solche Botschaften unterstützen das Gefühl der Zugehörigkeit.

Zur Ausgrenzung   Wie stark das Bedürfnis nach Zugehörigkeit ist, wird direkt sichtbar, wenn es nicht befriedigt wird, weil man ausgeschlossen wurde. Der Begriff Ostracism, der sich auf das griechische Scherbengericht in der Antike bezieht, beschreibt genau diesen Vorgang. Wer im antiken Athen nicht gelitten war, wurde sozial ausgegrenzt und verbannt. Der erlebte Ausschluss aus einer Gemeinschaft ist psychisch belastend, er verhindert die Befriedigung des Bedürfnisses nach Zugehörigkeit, er vermindert das Selbstwertgefühl, weil die anderen einen nicht wert schätzen, er verringert die wahrgenommene Selbstwirksamkeit, weil man gegenüber dem Ausschluss machtlos ist und keine Kontrolle über die Situation hat, er kann sogar zu einer Sinnkrise führen (Smith und Williams 2004; Williams und Zadro 2005). Die Ausgrenzung kann real sein, wie z. B. bei einem beabsichtigten Übersehen werden, einem time out, einer Gefängnisstrafe. Im Internet tritt sie als Cyberostracism zutage, z. B. wird eine Person bei einem virtuellen Spiel nicht mehr einbezogen oder sie bekommt keine E-Mails mehr, alle anderen jedoch weiterhin.

Smith und Williams (2004) konnten mit einer einfachen experimentellen Versuchsanordnung die destruktiven Effekte von Cyberostracism bestätigen: Eine Dreiergruppe, die aus einer Versuchsperson und zwei mit dem Versuchsleiter verbündeten Personen bestand, kommunizierte über SMS miteinander. Die Versuchsperson hielt die beiden andern Beteiligten ebenfalls für Versuchspersonen. Als Grund für das Experiment wurde die Erforschung der SMS Kommunikation angegeben. Das „treatment" bestand darin, dass die Versuchsperson nach einer bestimmten Zeit nicht mehr als Kommunikationspartner einbezogen wurde. Der Eindruck, übergangen und ausgeschlossen zu werden, hatte starke negative Gefühle zu Folge.

Dass es nicht bei Gefühlsregungen bleiben muss, zeigt das Ergebnis von Catanese und Tice (2005), die nachwiesen, dass Zurückweisung und sozialer Ausschluss Aggressivität fördern. Sie führten mehrere Experimente mit variierenden Versuchsanordnungen durch. Das aggressive Verhalten wurde zum einen durch Bewertung einer anderen Person, zum anderen durch Lärm, den man einer anderen Person über Kopfhörer zufügen konnte, um diese als vermeintlichen Verlierer zu bestrafen, erfasst. Es zeigte sich, dass die Bewertungen eines schriftlichen Beitrags einer anderen Person durch die ausgegrenzten Versuchspersonen besonders vernichtend und destruktiv und für die bewertete Person, die den Essay verfasst hatte, Karriere schädigend waren und dass die Lautstärke, mit der man einen vermeintlichen Verlierer bestrafte, ausgesprochen hoch war. Ein weiteres Ergebnis war, dass sich das aggressive Verhalten auch auf Personen erstreckte, die freundlich waren und mit der Ausgrenzung nichts zu tun hatten.

> The experience of social exclusion makes people hostile and aggressive. Rejection intensifies the typical aggressive responses following provocation. When people are alienated and excluded from the social community the results are harmful, not only to those individuals but to the community at large (Catanese und Tice 2005, S. 305).

Durch die neuen Möglichkeiten, sich virtuellen Gemeinschaften anzuschließen und auf diese Weise die Zugehörigkeitsbedürfnisse zu befriedigen, haben sich zugleich auch neue Möglichkeiten für Diskriminierung und soziales Ausschließen aufgetan. Weil im anonymen Cyberspace die Barrieren für aggressives Verhalten weniger hoch sind als in realen Umwelten, ist mit einem entsprechend hohen Ausmaß an Aggressivität und Kränkungen zu rechnen.

Sia et al. (2002) haben das Phänomen der Gruppenpolarisierung, der Tendenz, nach einer Gruppendiskussion einen extremeren Standpunkt zu beziehen als zuvor, experimentell untersucht. Sie wiesen nach, dass sich eine solche Dynamik auch in der computervermittelten Gruppendiskussion und zwar noch verstärkt findet. In Diskussionen dieser Form kommt es eher zu einer Polarisierung, indem extremere Positionen vertreten werden, als in Face-to-Face Diskussionsrunden, in denen eher ein groupthink (= die Gruppenmitglieder sind einer Meinung) zu beobachten ist. In realen Gruppen ist den Mitgliedern offensichtlich eher an einem Konsens gelegen. Das Bedürfnis nach Zugehörigkeit sowie das Bestreben, mit anderen Menschen überein zu stimmen und von ihnen akzeptiert zu werden, ist in Face-to-Face Situationen ausgeprägter (Suler 2004).

Hier sei ein kurzer Seitenblick auf die Entscheidungen in Politik und Wirtschaft geworfen, die eher selten von einzelnen Personen getroffen werden. Da die Entscheidungsträger nicht immer Face-to-Face miteinander diskutieren und beraten können, sondern stattdessen oftmals medial miteinander kommunizieren, ist eine sich verstärkende Polarisierung nicht auszuschließen, die einen Konsens in noch weitere Ferne rücken lässt und das Treffen einer einvernehmlichen Entscheidung erschwert.

Dass das Verhalten in virtuellen Gruppen weniger konform ist als in Face-to-Face Gruppen, hat Suler (2004) auf einen Effekt zurückgeführt, den er als „online disinhibition effect" bezeichnet hat. Dieser besagt, dass sich Menschen im Cyberspace „enthemmter" verhalten als in realen Umwelten. Sie nehmen z. B. einen extremeren Standpunkt ein als sie es in einer realen Situation täten. Dieser Effekt kann auch in der Kommunikation mit nur einer anderen Person auftreten. Mehrere Faktoren tragen dazu bei (Suler 2004): Anonymität und Nichtsichtbarkeit, Asynchronizität, die Trennung zwischen Realität und Fiktion, solipsistische Introjektion und dissoziative Imagination sowie verringerte Statusunterschiede.

Mit den Auswirkungen von Anonymität, einem Schlüsselfaktor des Verhaltens anderen Menschen gegenüber, haben sich viele Forscher befasst. Wer sich anonym wähnt und glaubt, unsichtbar zu sein, kann im Verborgenen agieren, er kann, ohne erkannt zu werden, rücksichtslos und unsozial handeln und sich frei äußern. Moralische Bedenken schwinden durch den Eindruck, sich in einer anonymen Situation zu befinden, dahin. „Individuals … feel dissociated from their personal identity because it is stored with hundreds of thousands of other records on thousands of servers connected to a global network" (Norman 2008, S. 287). Anonymität ist nach Ansicht von McKenna und Bargh (2000) grundlegend für self-disclosure; Anonymität sei wie ein Schutzschild, der es ermöglicht, sich frei zu äußern und seine Gefühle und Gedanken ohne Bedenken zum Ausdruck zu bringen.

Es gibt Situationen, in denen Anonymität von Vorteil ist. Man ist von einer einengenden Sozialkontrolle befreit, und man öffnet sich eher gegenüber einem Menschen, der einem weniger nahe steht (Döring 2004). Das zeigt auch die

Beobachtung, dass Menschen im öffentlichen Raum Handy-Gespräche führen, ohne sich von den unbekannten Menschen ringsum kontrolliert zu fühlen. Die Situation wäre eine vollkommen andere, wenn die Personen ringsum Bekannte wären.

Auch hier gibt es jedoch wieder ein Contra: Anonymität lässt eine psychologische Distanz entstehen, die sich in Gleichgültigkeit und Unfreundlichkeit gegenüber Fremden äußern kann. Anonymität begünstigt unsoziales Verhalten sowie Unfreundlichkeit und Schroffheit (McKenna und Bargh 2000), denn ein sich unsozial verhaltender unbekannter Mensch kann nicht zur Rechenschaft gezogen werden.

Mit dissoziativer Anonymität hat Suler (2004) den Prozess der Trennung zwischen einer online und einer offline Identität bzw. der Abspaltung einer online Psyche, die nicht der Kontrolle des Über-Ich unterliegt, bezeichnet. Man kann im Cyberspace feindlich und aggressiv sein, ohne dass sich das Gewissen regt. Die Abspaltung kann so weit gehen, dass man sein online Verhalten nicht als zu sich selbst gehörig ansieht.

Das, was dort geschieht, hat mit der Realität nichts zu tun. Man befindet sich – ähnlich wie beim Spielen – in einer „Als ob"-Welt, in der man für die Konsequenzen seines Verhaltens nicht einstehen muss, weil es ja nur ein „als-ob" und nicht real ist.

Die Asynchronizität bewirkt, dass die sozialen Interaktionen nicht mehr ineinander greifen. Aus den *Inter*aktionen werden Aktionen bzw. die Kommunikation wird „asozialer". Die unmittelbare Rückmeldung bestimmt nicht mehr den Verlauf der Kommunikation.

Die Bezeichnung „solipsistische Introjektion" entstammt der Psychoanalyse. Das Fehlen von Hinweisreizen, wie sie die Face-to-Face Situation reichlich bietet, und eine überwiegend textlich erfolgende Kommunikation verändert die Grenzziehung zwischen dem eigenen Selbst und den anderen. Suler hat auf den psychoanalytischen Begriff der Introjektion zurückgegriffen, um auszudrücken, dass die körperlich nicht präsenten anderen Personen Züge verliehen bekommen, die den eigenen Vorstellungen und Erwartungen entspringen. Es ist ein komplexer psychologischer Prozess, bei dem die nicht bekannten Merkmale der anderen wie deren Stimme oder Aussehen innerpsychisch erzeugt werden. „A person may even assign a visual image to what he or she thinks the person looks and behaves like. The online companion then becomes a character within one's intrapsychic world" (S. 323). Wegen fehlender Cues kann die andere Person leichter „einverleibt" werden. Sie wird Teil von einem selbst, sodass sich ein Abschirmen erübrigt. Die solipsistische Introjektion bewirkt, dass sich der Mensch online weniger als in der realen Situation abschirmt. Im Grunde kommuniziert man mit sich selbst. Mit „dissociative imagination" hat Suler die kognitive Trennung zwischen realer und fiktiver virtueller Welt bezeichnet. „Some people see their online life as a kind of game with rules and norms that don't apply to everyday living" (S. 323). Da Statuszeichen wie Kleidung, Körpersprache, Raum- und Ausstattungs-merkmale sowie die „Identitätsausstattung" in der online Situation entfallen, ist der gesellschaftliche Status der anderen Person weniger erkennbar. Die Folge ist, dass man sich eher in einer Gleich-zu-Gleich Beziehung wahrnimmt und sich daraufhin weniger formell verhält.

Der online disinhibition effect ist ein Beispiel dafür, dass das Verhalten des Menschen kontextabhängig ist. Im Cyberspace verhält er sich anders als in der realen Umwelt. „The self does not exist separate from the environment in which that self is expressed" (Suler 2004, S. 325). Hinzukommt, dass der Mensch in der virtuellen Welt nicht nur ein anderes Verhalten an den Tag legt, sondern auch die Gelegenheit nutzt, ein anderer sein zu können.

Das „enthemmtere" Verhalten im Cyberspace beinhaltet jedoch nicht, dass es weniger konform ist. Es hängt von der sozialen Situation ab: Wenn sich viele Menschen in einer bestimmten Art und Weise verhalten, muss es richtig bzw. „sozial bewährt" sein (Cialdini 2001). Nicht nur der einzelne Mensch „geht aus sich heraus", sondern alle in der Gruppe machen es. Dabei kann es zu einem „Shitstorm" kommen, massenhafter kritischer Äußerungen und Beleidigungen gegen eine einzelne Person oder ein Unternehmen in sozialen Netzwerken (Pfeffer et al. 2014), einem enthemmten Verhalten nicht eines Individuums, sondern vieler Menschen.

Zugehörigkeit drückt sich in einem Wir-Gefühl aus, das sich neben dem Ich-Gefühl herausbildet. Man identifiziert sich mit der Gruppe, man fühlt sich als Teil davon. Wer in der realen Welt ein solches Wir-Gefühl entbehren muss, hat jetzt die Möglichkeit, sein Bedürfnis nach Zugehörigkeit zu befriedigen, indem er sich virtuellen Gemeinschaften anschließt. Rheingold (1994) hat die Möglichkeiten des Internet, neue Kontakte anzuknüpfen und soziale Beziehungen herzustellen, geradezu euphorisch gepriesen. Menschen würden, wie er meinte, unweigerlich virtuelle Gemeinschaften bilden, sobald sie einen Zugang zu solchen Kommunikationsnetzen haben. Der Grund ist seiner Meinung nach ein unerfülltes Bedürfnis nach Gemeinschaft, denn in der wirklichen Welt könnten soziale Bedürfnisse immer weniger befriedigt werden, weil die Räume für spontane und zwanglose Kontakte rarer geworden sind. Ähnlich hat sich auch Oldenburg (1999, 2001) geäußert. Die Forscher ziehen daraus jedoch unterschiedliche Schlüsse. Rheingold sieht die Online Kontakte als vollwertigen Ersatz an, Oldenburg plädiert für die Erhaltung realer Räume, da sich andernfalls eine große Leere auftun würde (vgl. Kap. 4).

Norman (2008) urteilt ähnlich wie Rheingold: Die Effektivität der Kommunikation wird durch die größere Bandbreite und die hohe Geschwindigkeit des Internet erhöht. „Computer networks enrich the world with new channels of communication … they add new social spaces – cyberspaces – to our lives" (Norman 2008, S. 300).

Das Fazit ist, dass das Internet neue Möglichkeiten geschaffen hat, um die sozialen Bedürfnisse zu befriedigen. Es sollten jedoch auch die traditionellen Wege des Zusammenseins nicht verbaut werden.

3.5.3 Empathie

Empathie ist die Antwort auf die Frage, was Menschen dazu veranlasst, anderen Menschen zu helfen und sich ihnen gegenüber altruistisch zu verhalten. Es ist ein Konzept, das beschreibt und erklärt, was den Menschen dazu bringt, sensibel auf einen anderen Menschen zu reagieren und sich helfend oder mitfühlend für ihn einzusetzen. Empathie umfasst mehrere Dimensionen. Es schließt kognitive, emotionale und Verhaltensaspekte ein. Bei der kognitiven Interpretation wird die Übernahme der Perspektive der anderen Person hervorgehoben, bei der emotionalen Interpretation werden die Gefühle, welche die andere Person auslöst, betont (Batson 2011; Bierhoff 2002). Der Verhaltensaspekt drückt sich in der Hilfsbereitschaft und dem Unterstützen aus. Ein empathischer Mensch ist in der Lage, die Perspektive einer anderen Person zu übernehmen, sich in deren Gefühlslage zu versetzen und dementsprechend zu handeln. Empathie ist für das Zusammenleben der Menschen von größter Bedeutung. „The process whereby one person can come to know the internal state of another and can be motivated to respond with sensitive care are of enormous importance for our life together" (Batson 2011, S. 11).

Egozentrismus und Empathie sind Gegenpole, wie Kruger et al. (2005) experimentell bestätigt haben. Die Forscher gingen von der Annahme aus, dass soziale Urteile letztlich immer egozentrisch sind, weil der Mensch stets von seiner eigenen Perspektive und seinem eigenen Standort ausgeht und zwar auch dann, wenn er versucht, sich in diejenige eines anderen Menschen hinein zu versetzen. Kruger et al. fragten sich nun, wie sich dieser Egozentrismus auf die Online-Kommunikation auswirkt, in der wichtige Hinweisreize fehlen, sodass es noch schwerer als in realen Situationen sein müsste, die Denkweise und Gefühlslage der anderen Person zu verstehen. Der Egozentrismus schlägt in der Online-Kommunikation stärker zu Buche, weil zur Empathie-Entwicklung nicht genügend paralinguistische Hinweisreize vorhanden sind. Hinzukommt noch eine Überschätzung der

Empathie der anderen Person. So überschätzt der Versender einer E-Mail die kommunikativen Fähigkeiten des Empfängers, wenn er erwartet, dass dieser die Mail genauso versteht, wie er es gemeint hat.

Empathie in Form der unbewussten Nachahmung einer anderen Person gibt es im Cyberspace nicht. In realen Umwelten ahmen Menschen andere Menschen nach, indem sie deren Sprechweise, Mimik und Gestik übernehmen. Sie können sich auf diese Weise leichter in die andere Person hinein versetzen. Batson (2011) bezeichnete diese Form der Empathie als „adopting the posture of an observed other" (S. 4 f.). Sie entfällt, wenn die andere Person nicht körperlich präsent ist.

Noch aus einem weiteren Grund gibt es im Cyberspace weniger Empathie und zwar wegen der großen Zahl der vielen anderen Menschen in den zahlreichen großen Gemeinschaften. Aus der sozialpsychologischen Forschung weiß man, dass sich die Bereitschaft, anderen zu helfen, umso mehr verringert, je mehr Menschen einbezogen sind. Erklärungen für die Verringerung der Empathie angesichts vieler anwesender Menschen sind ein Dahinschwinden von Verantwortung (= diffusion of responsibility), soziale Bewährtheit und die Furcht vor Missbilligung (Bierhoff 2002; Cialdini 2001).

Norman (2008) hat ein konkretes Beispiel für eine Verantwortungsdiffusion geliefert: Um eine Antwort auf eine Frage zu bekommen, schickt eine Studentin eine entsprechende E-Mail gleichzeitig an mehrere Dozenten. Die Wahrscheinlichkeit, dass sie eine Antwort bekommt, ist eher gering, denn alle Empfänger fragen sich, warum ausgerechnet sie die Frage beantworten sollen. Sie fühlen sich weniger angesprochen, als sie es wären, wenn sie der alleinige Adressat gewesen wären.

Soziale Bewährtheit bezeichnet den folgenden Sachverhalt (Cialdini 2001): Je mehr Menschen eine Idee oder ein Verhalten für richtig halten, umso eher wird diese Idee oder dieses Verhalten als richtig anerkannt. Wenn in einer Situation mit vielen Anwesenden eine Person Hilfe benötigt, aber niemand sich rührt, scheint es auch nicht erforderlich zu sein. Der Mechanismus der sozialen Bewährtheit ist vor allem dann wirksam, wenn Unsicherheit darüber besteht, wie eine Situation zu deuten ist. Man verlässt sich dann noch mehr auf die anderen.

Diffusion der Verantwortung in Verbindung mit dem Mechanismus der sozialen Bewährtheit verringert die Hilfsbereitschaft noch zusätzlich. Niemand fühlt sich verantwortlich, niemand tut etwas, weil alle anderen auch nichts machen.

Ein Motiv, anderen Menschen zu helfen und ihnen beizustehen, ist die Furcht vor Missbilligung wegen unterlassener Hilfeleistung sowie das Bedürfnis, von anderen gemocht und geschätzt zu werden und zwar vor allem von denen, die einem persönlich wichtig sind. Ihnen zuliebe handelt man sozial erwünscht, wobei wichtig ist, dass andere Menschen das altruistische Verhalten sehen oder davon erfahren. Van Rompay et al. (2009) haben in ihrem Experiment herausgefunden, dass an Orten mit einer sichtbaren Überwachungskamera mehr Hilfe geleistet wird und dass diejenigen helfen, die als altruistisch erscheinen wollen. Die Hilfsbereitschaft war signifikant höher in der Kamera-Bedingung und zwar vor allem bei denen, die ein starkes Bedürfnis nach sozialer Anerkennung hatten. Mit ihrem Verhalten wollen sie zeigen, dass sie ein guter und hilfsbereiter Mensch sind. Die sichtbare Überwachungskamera reduziert Anonymität. Man wird selbst sichtbar.

In virtuellen Welten ist mit weniger Empathie zu rechnen, weil durch den Wegfall von Hinweisreizen Botschaften entfallen, welche die Situation eindeutiger gemacht hätten und die anderen dazu veranlasst hätte, sich sozial und hilfsbereit zu verhalten.

3.5.4 Antisoziales Verhalten

Aggressionen, gegen die man sich nicht wehren kann, weil der Aggressor anonym ist, gehören zu den Schattenseiten der Digitalisierung (Porsch und Pieschl 2014).

Es sind zwei Perspektiven, aus denen heraus Aggressivität in den Medien zu untersuchen ist. Im einen Fall ist der Mensch in der Rolle des Zuschauers, ein passiver Beobachter, der gewalthaltige Darstellungen sieht. Im anderen Fall ist er ein aktiv Handelnder.

Mit der Frage, inwieweit gewalttätiges Verhaltens, das in Filmen und Fernsehsendungen zu sehen ist, die Zuschauenden dazu anregt, sich ähnlich zu verhalten, hat sich die Forschung schon vor Jahrzehnten befasst (Früh und Brosius 2008). Wegweisende Untersuchungen haben Bandura und seine Mitarbeiter durchgeführt, die Kindern Filme mit aggressiv handelnden Modellen vorgeführt haben (Bandura et al. 1963). Die Experimente sind als „Bobo-Doll Experimente" bekannt geworden. Kindern wird ein Film gezeigt, in dem sich eine Person aggressiv gegenüber einer großen Puppe (Bobo Doll) verhält. Die Ergebnisse waren, dass die Beobachtung gewalttätiger Modellfiguren die Hemmschwelle für aggressives Verhalten senkt und dass das aggressive Verhalten vor allem dann imitiert wird, wenn das beobachtete, in dieser Weise handelnde Modell für ihr Verhalten belohnt wird. Die theoretische Grundlage der Experimente von Bandura et al. war die sozial-kognitive Lerntheorie, die besagt, dass Verhalten durch Beobachtung anderer Menschen, die als Modelle fungieren, gelernt wird (Bandura 1978, 1979). Vor allem Bezugspersonen sind Modelle. Durch deren Beobachtung werden neue Verhaltensweisen erworben.

Gewalthaltige Medien erhöhen danach die Aggressionsbereitschaft, indem die Zuschauer durch Beobachtung antisoziales Verhalten lernen, darunter auch, wie man andere angreift. Diese Verhaltensmuster werden kognitiv verankert. Doch sie haben auch einen emotionalen Aspekt. Sie steigern das Erregungsniveau der Zuschauenden.

Die Bandura-Experimente haben gezeigt, dass soziales Lernen auch dann stattfindet, wenn die Modellperson nicht wirklich, sondern nur medial präsent ist. Die Medien sind deshalb ein mächtiger Einflussfaktor sozialen Verhaltens. Sie sind es, wie die Experimente von Bandura und Mitarbeitern gezeigt haben, auch wenn nur zugeschaut wird. Ganz andere Möglichkeiten bieten sich, wenn man nicht nur Zuschauer sondern Akteur ist. Als aktiv Handelnder kann man hier unmittelbar seine Aggressionen ausleben.

Anderson und Bushman (2001) haben gewalthaltige Medien definiert als solche „that depict intentional attempts by individuals to inflict harm on others" (S. 354). Die Auswirkungen gewalthaltiger Computerspiele sind physiologische und psychische Erregungen sowie antisoziale Kognitionen (Gimmler 2007). Wiederholtes Spielen verstärkt den Eindruck, dass die anderen aggressiv sind. Damit wird der Eindruck bekräftigt, dass Gewalt weithin verbreitet und auch ein effektives Mittel ist, um sich durchzusetzen und Probleme zu lösen. Wie zu erwarten verstärken sich die aggressiven Tendenzen vor allem bei Personen mit hoher Gewaltbereitschaft, wobei man von einer Wechselwirkung ausgehen kann, bei der sich die Frage erübrigt, was Ursache und was Wirkung ist.

Dass aggressive Handlungsmuster in Computerspielen in die reale Welt übertragen werden, ist nach Ansicht Gimmlers (2007) eher unwahrscheinlich, da die Spieler klar zwischen beiden Kontexten differenzieren. Begünstigend ist indessen die Ähnlichkeit zwischen virtueller und realer Umwelt. Wenn Computerspiele so programmiert werden, dass sie realen Situationen immer mehr ähneln, wird ein Transfereffekt umso wahrscheinlicher.

Video- und Computerspiele bieten Gelegenheiten für extreme, riskante und antisoziale Verhaltensweisen, wie sie in realen Situationen kaum praktiziert werden könnten. Die Aktualität der Frage, wie sich Computerspiele auf das Verhalten in realen Situationen auswirken, rührt nicht zuletzt daher, dass zwischen Aggressivität und Gewalttaten an Schulen und der intensiven Beschäftigung mit gewalthaltigen Spielen Zusammenhänge bestehen können. So haben Anderson und Bushman (2001) festgestellt, dass Computerspiele dieser Art aggressives Verhalten bei Jugendlichen und jungen Erwachsenen fördern und zugleich prosoziales Verhalten unterdrücken. Der soziale Kontext sowie Persönlichkeitsmerkmale haben dabei eine moderierende Wirkung (Rehbein 2014).

Es gibt mehrere Möglichkeiten, um anderen Menschen Schaden zuzufügen. Man kann eine andere Person schlecht bewerten, beleidigen und verleumden. Heftig ist ein „Shitstorm", mit dem andere Personen, Gruppen, Institutionen und Unternehmen attackiert und beleidigt werden. Im Internet bedarf es keines aggressiven Vorbilds mehr, durch das die Hemmschwelle für aggressives Verhalten gesenkt wird. Man kann allein von sich aus aggressiv handeln. Man schadet anderen, indem man Image schädigende Informationen über sie verbreitet. Gefördert wird ein solches Verhalten durch Anonymität. Diese bewirkt nicht nur, dass man sich freier äußert, sondern führt auch zu vermehrtem antisozialem Verhalten bis hin zum Cybermobbing (Pieschl und Porsch 2014). Mit Cybermobbing bzw. Cyberbullying werden verschiedene Arten der Verleumdung, Belästigung, Bedrohung, Erpressung und Nötigung anderer Personen mit digitalen Mitteln bezeichnet. Charakteristisch sowohl für konventionelles Mobbing als auch Cybermobbing ist die Absicht, einer anderen Person zu schaden (Tokunaga 2010; Pieschl und Porsch 2014).

> Cybermobbing sind alle Formen von Schikane, Verunglimpfung, Identitätsklau, Verrat und Ausgrenzung mit Hilfe von Informations- und Kommunikationstechnologien, bei denen sich das Opfer hilflos oder ausgeliefert und (emotional) belastet fühlt oder bei denen es sich voraussichtlich so fühlen würde, falls es von diesen Vorfällen wüsste (Pieschl und Porsch 2014, S. 137).

Dass die Anonymität des Internet Cybermobbing fördert, hat auch Wright (2013) bestätigt.

Die Motivation, einer anderen Person bewusst zu schaden, ist bei sämtlichen Formen des Mobbing vorhanden. Das Internet potenziert jedoch die schädigende Wirkung, es wird dadurch zu einem gefährlichen Instrument (Tennant et al. 2015):

- Beim Cybermobbing gibt es keinen Schonraum. Man kann ständig und überall gemobbt werden.
- Es fehlt bei den elektronischen Medien die Möglichkeit der „Strafverfolgung". Die Mobbenden sind anonym, sie können nicht entdeckt werden.

Konventionelles Mobbing kommt häufig in Schulen vor und hört meistens außerhalb des Bereichs der Schule auf. Man ist damit nicht ständig in einer Opfersituation, der man nicht entkommen kann. Im Cyberspace lässt sich das Mobbing weder verorten noch lässt sich der Täter ausfindig machen, sodass das bösartige Verhalten nicht sanktioniert werden kann. Den Mobbenden ist bewusst, dass man sie nicht finden wird. Und weil man sie nicht findet, weiß man wenig über sie (Pieschl und Porsch 2014).

Dass Cybermobbing nicht nur einigen wenigen Menschen das Leben vergällt, sondern dass ziemlich viele darunter zu leiden haben, zeigt allein schon die große Zahl an Untersuchungen und Publikationen darüber. Tokunaga (2010) kam in einem Überblicksartikel zu dem Schluss, dass Jugendliche eine vulnerable Gruppe sind, die unter Cybermobbing besonders zu leiden haben. Ihr Selbstwertgefühl wird geschmälert, Depressionen verstärken sich. „Victims of cyberbullying have lower self-esteem, higher levels of depression … The psychosocial and physical problems that emerge with cyberbullying underscore the serious nature of the phenomenon" (S. 277). Weitere Folgen sind mangelnde Konzentrationsfähigkeit und Verschlechterungen der schulischen Leistungen. Tokunaga (2010) hält einen theoretischen Ansatz zur Erklärung von cyberbullying victimization für unbedingt erforderlich, wobei bestimmte Inputvariablen wie geringe Fähigkeiten und soziale Isolation usw. mit bestimmten Outputvariablen wie Leistungsabfall, Depressionen, mangelndes Selbstwertgefühl usw. in Beziehung gesetzt werden müssen. Das Modell müsste erklären können, warum bestimmte Individuen und Gruppen wie die Jugendlichen verletzlicher sind als andere.

Tennant et al. (2015) haben den Zusammenhang zwischen Cybervictimisierung (= cyberbullying victimization) und Depression mit einer Stichprobe von 267 Studierenden nochmals empirisch bestätigt. Sie stellten fest, dass Cybermobbing schädigender für das sozial-emotionale Wohlbefinden ist als konventionelles Mobbing. Sie begründen das damit, dass Cybermobbing eine hartnäckigere und durchdringendere Form der Aggression ist, dass es immer wieder stattfindet und dass man, obwohl man damit rechnen muss, nichts dagegen tun kann. Man ist hilflos. Es ist eine typische Stress-Situation, in der keine effektiven Coping-Strategien in Sicht sind, was das Selbstwertgefühl verringert und Depressionen Tür und Tor öffnet. Ein unerwartetes, sehr wichtiges Ergebnis war, dass die soziale Unterstützung, die die Mobbing-Opfer erhalten, keine Pufferwirkung hat. Empathie und der Zuspruch anderer ist kein wirkungsvolles Mittel gegen Cybermobbing.

Negative Online Bewertungen lassen sich als Cybermobbing kategorisieren, wenn man die drei Kernkriterien zugrunde legt: Schädigungsabsicht, Wiederholung und Machtungleichgewicht (Pieschl und Porsch 2014). Der Schädigende weiß, dass er mit seiner negativen Bewertung schadet. Die Wiederholung besteht darin, dass die Online Bewertung immer wieder abgerufen werden kann. Dass der Beurteiler mächtiger ist als der Beurteilte, weil er die Situation kontrolliert, liegt auf der Hand.

Der Begriff Mundpropaganda (word-of-mouth propagation) bezeichnet die Verbreitung von Informationen oder Empfehlungen durch mündliche Weitergabe „von Mund zu Mund". Mundpropaganda kann eingesetzt werden, um

Einstellungen zu beeinflussen oder um einen positiven oder negativen Eindruck über einen Anbieter und dessen Produkte und Dienstleistungen zu erzeugen („Kann ich dir unbedingt empfehlen!" oder „Lass die Finger davon!"). Mundpropaganda ähnelt der Verbreitung von Gerüchten (Gosling und Mason 2015). Im Internet verstärkt sich der Einfluss schon allein durch die große Zahl der Menschen, die erreicht werden. Beispiele sind Rezensionen auf Meinungsportalen oder die Bewertungen von Produkten und Dienstleistungen.

Pfeffer et al. (2014) haben sich mit den Auswirkungen einer negativen Mundpropaganda befasst, die zu einem Shitstorm werden kann, der eine große Geschwindigkeit an den Tag legt und ein ungeheueres Ausmaß haben kann. Die Autoren definierten einen online firestorm als einen plötzlichen Ausbruch einer großen Menge negativer Äußerungen. „In social media, negative opinions about products or companies are formed by and propagated via thousands or millions of people within hours … The essential feature is that the messages in a firestorm are predominantly opinion, not fact, thus having a high affective nature" (Pfeffer et al. 2014, S. 118).

Online-Bewertungsportale sind spezielle Plattformen, auf denen Internetnutzer andere Personen oder Gruppen bewerten können, ohne dass diese darüber informiert sind bzw. ihre Einwilligung gegeben haben. Von Betreibern erstellte Bewertungsportale gibt es für verschiedene Berufsgruppen wie Lehrer, Ärzte, Pfarrer und Rechtanwälte. Bewertet wird entweder mit Noten oder Sternchen oder mit freien Texten. Eines der Beispiele von Lück (2013) ist die Online-Bewertung einer Lehrerin anhand von zehn Kategorien, zu denen die bewertenden Schüler jeweils eine Schulzensur vergeben (vgl. Abb. 3.10).

Online-Bewertungsportale haben zwar im Allgemeinen einen zugangsbeschränkten Bereich für Mitglieder, die bewerten dürfen. Die Bewertungen sind jedoch in vielen Fällen auch für nicht registrierte Mitglieder sichtbar.

Zu den ethischen Aspekten von Online Bewertungen hat Lück (2013) ausführlich Stellung genommen. Sie stellt einander die Freiheitsrechte der bewertenden Personen und die Persönlichkeitsrechte, speziell des Rechts auf informationelle Selbstbestimmung der bewerteten Personen gegenüber. Der Schutz von Freiheitsrechten bzw. dem Recht auf freie Meinungsäußerung und der Schutz von Persönlichkeitsrechten – beides Grundrechte, denen kein prinzipieller Vorrang zukommt – müssen gegeneinander abgewogen werden. Die Frage ist, inwieweit eine Person es hinnehmen muss, dass sie öffentlich bewertet wird. Aus ethischer Sicht geht es um Meinungsäußerungen, die Werturteile über andere Menschen darstellen, und nicht allein um Meinungsäußerungen zu bestimmten Sachverhalten und Themen. Die Online Präsenz einer Person wirkt

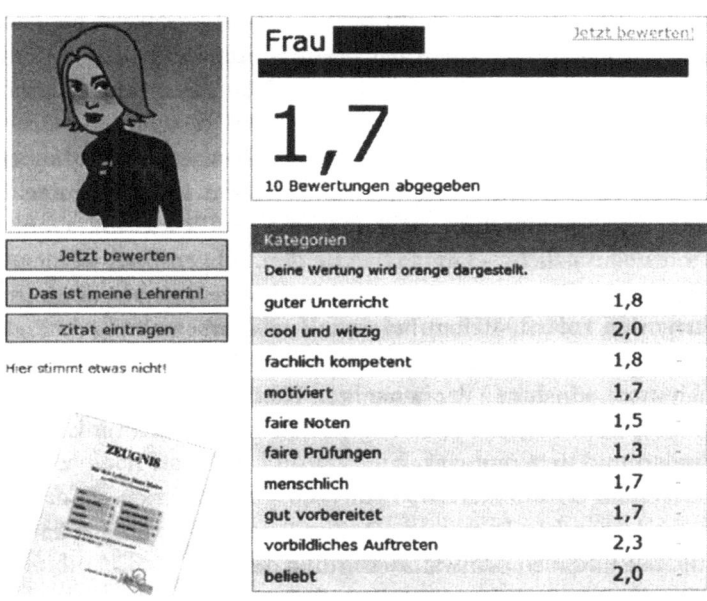

Abb. 3.10 Bewertung einer Lehrerin. (Lück 2013, S. 58)

in die reale Umwelt hinein, sie wirkt als Frame und hat dadurch einen Einfluss darauf, wie die betreffende Person in realen Situationen wahrgenommen wird.

Die Online Bewertung wirft also nicht nur juristische und ethische, sondern auch psychologische Fragen auf. Was sind die Motive der Bewerter? Was sind die Folgen einer Zerstörung der Privatheitssphäre? Die bewertende Person hat Macht, die sie missbrauchen kann, indem sie eine andere Person schlecht beurteilt, ohne dass sich diese dagegen wehren und eine Richtigstellung erreichen kann. Die bewertende Person kann ungebremst in dieser Weise agieren, weil sie anonym ist.

Im Cyberspace verschieben sich die Machtverhältnisse. Diejenigen, die in der realen Welt beurteilt werden wie Schüler und Studierende, können im Cyberspace ihre Bewerter, die Lehrer und Professoren, bewerten. Die Situation kann sich zuspitzen, wenn schlechte Noten von den Bewerteten als sozialer Ausschluss empfunden werden, was, wie Catanese und Tice (2005) in ihren Experimenten festgestellt haben, Feindseligkeit und Aggressivität erzeugt, die in Abwertungen der Bewerter zum Ausdruck kommen können. Der Cyberspace bietet als anonymer Raum geradezu ideale Möglichkeiten dazu. Lehrende sind als professi-onelle Bewerter nicht selten Opfer feindseliger Online Attacken.

Ein theoretischer Ansatz, der das größere Schädigungspotenzial des Cyber-mobbing gegenüber dem konventionellen Mobbing noch aus einer weiteren Perspektive her zu erklären vermag, ist das Modell der Moralentwicklung von Kohlberg (1996). Es sind nicht nur der fehlende Schonraum und die Fortdauer, die das Cybermobbing extrem schädigend machen, sondern auch die Anonymi-tät, die Menschen unsichtbar macht. Kohlberg hat zwischen verschiedenen Stufen des Moralbewusstseins unterschieden, wobei er darauf hingewiesen hat, dass die höheren Stufen nicht von allen Menschen erreicht werden. Charakteristisch für die unterste Stufe ist die Verhaltensbeeinflussung durch Androhung von Strafe. Charakteristisch ist hier, dass sich die Menschen „moralisch" verhalten, um Bestrafungen zu entgehen und Sanktionen zu vermeiden. Auf der nächsten Stufe werden Gesetz und Ordnung zur persönlichen Richtschnur. Der Mensch verhält sich sozial erwünscht, weil er sonst gegen Normen und Gesetze verstoßen würde. Auf den oberen Stufen orientiert sich der Mensch an Gerechtigkeitsvorstellungen und universalen ethischen Prinzipien wie der Achtung des anderen Menschen.

Vermehrte Aggressionen im Internet lassen sich mit dem Modell von Kohlberg mit den fehlenden Sanktionsmöglichkeiten einem Täter gegenüber erklären, der nicht über die unterste Stufe der Moralentwicklung hinausgekommen ist. Es gibt, wenn er keine Strafe zu befürchten hat, nichts, was ihn davon abhalten könnte, anderen Schaden zuzufügen, sei es um sich mächtig zu fühlen oder sich für Miss-achtung und Ausgrenzung zu rächen. Das Internet erscheint hier wie ein rechts-freier Raum, in dem Aggressionen, die in der realen Umwelt unterdrückt werden müssen, weil sie dort geahndet werden würden, ungehemmt ausgelebt werden können.

Das Thema „antisoziales Verhalten" abschließend, sei auf das „Unbehagen in der Kultur" von Freud (1931) hingewiesen: *„Homo homini lupus;* wer hat nach allen Erfahrungen des Lebens und der Geschichte den Mut, diesen Satz zu bestreiten? … Die Existenz dieser Aggressionsneigung … ist das Moment, das unser Verhältnis zum nächsten stört und die Kultur zu ihrem Aufwand nötigt" (S. 80 f.). Wie Freud meinte, äußert sich die Aggression spontan, wenn die Gegenkräfte wegfallen. Dies ist im Cyberspace weitaus eher der Fall als in der realen Welt.

3.6   Privatheit

Das Thema Privatheit nimmt in der Diskussion der Auswirkungen der Digitalisierung einen vorrangigen Platz ein. Die Möglichkeit, mit den verfügbaren technischen Mitteln unbegrenzt auch persönliche Daten sammeln, speichern und nutzen zu können, hat Befürchtungen geweckt, dass die Privatsphäre verloren geht und sich der Mensch in ein gläsernes Wesen verwandelt. Der Schutz der Privatsphäre ist im deutschen Grundgesetz aus dem allgemeinen Persönlichkeitsrecht abzuleiten, das dem Schutz eines abgeschirmten Bereichs persönlicher Entfaltung dient. Im Artikel 2 heißt es:

1. Jeder hat das Recht auf die freie Entfaltung seiner Persönlichkeit, soweit er nicht die Rechte anderer verletzt und nicht gegen die verfassungsmäßige Ordnung oder das Sittengesetz verstößt.
2. Jeder hat das Recht auf Leben und körperliche Unversehrtheit. Die Freiheit der Person ist unverletzlich. In diese Rechte darf nur auf Grund eines Gesetzes eingegriffen werden.

Dem Menschen soll dadurch ein Bereich verbleiben, in dem er sich frei und ungezwungen verhalten kann, ohne befürchten zu müssen, dass Dritte von seinem Verhalten Kenntnis erlangen, ihn beobachten oder abhören können. Bei dem Recht auf Privatsphäre geht es in erster Linie um den Schutz vor der Zudringlichkeit anderer Menschen. Privatsphäre ist vor allem die Wohnung. In dieser „Trutzburg" kann man die soziale Umwelt und alles, was man nicht möchte, hinter sich lassen.

Privatheit ermöglicht dem einzelnen Menschen, sich als Einzelwesen von anderen abzugrenzen, sich als Individuum zu fühlen und ein autonomes Leben zu führen. Nach Ansicht von Rössler (2001) wird Privatheit in unserer Gesellschaft vor allem deshalb so positiv bewertet, weil die damit einhergehende Autonomie wert geschätzt wird. Privatheit beinhaltet Verfolgen von Zielen, ohne dabei behindert zu werden, und Verwirklichen von Absichten, ein emotional entlastendes „being off stage", freies Agieren und Gefühle zeigen, Unbeobachtet sein und aus sozialen Rollen heraus können, geschützte Kommunikation, Schutz vor unerwünschter akustischer Stimulation, Sichtschutz und schließlich Schutz persönlicher Daten. Dementsprechend lässt sich zwischen informationeller, sozialer, psychischer und physischer Privatsphäre unterscheiden (Trepte und Dienlin 2014). Wer über Privatheit verfügt, hat Spielräume, um etwas Neues auszuprobieren und kreativ zu sein, er kann sein Bedürfnis nach Selbstentfaltung befriedigen und seine personale Identität stärken (Fuhrer 2008; Pedersen 1999). Die psychologische Bedeutung von Privatheit liegt damit auf der Hand.

3.6.1 Definition von Privatheit

Privatheit ist nicht nur Rückzug und Alleinsein und ein Vor-den-Blicken-der-Anderen-geschützt-Sein, sondern ein komplexer psychologischer Prozess, was Altman (1976) in seiner wegweisenden Definition überzeugend dargelegt hat. Die Privatsphäre ist der Bereich, dessen Zugänglichkeit man selbst kontrollieren kann. Altman (1976) hat Privatheit als boundary control process bzw. als Kontrolle der Grenze zwischen dem eigenen Selbst und den anderen definiert. Der Mensch, der Kontrolle hat, kann frei entscheiden, ob er sich den anderen gegenüber öffnet oder verschließt. Je nach Befindlichkeit und Situation strebt er ein Zusammensein mit anderen oder ein Alleinsein an. Zu viel Alleinsein bis hin zur Einsamkeit ist nach dieser Definition ebenfalls ein Privatheitsproblem; es ist die fehlende Möglichkeit, sich anderen gegenüber zu öffnen und die Grenze zwischen sich und den anderen weiter nach außen zu verschieben. Die Regulierung der Grenze ist ein individueller Optimierungsprozess nicht nur, um ein Zuviel an Zusammensein, sondern auch ein Zuviel an Alleinsein möglichst zu vermeiden. Sozialstress und Einsamkeit sind beides Anzeichen einer mangelnden Grenzkontrolle. Pederson (1999) hat die Definition von Altman aufgegriffen, indem er feststellt: „Too much interaction may be experienced as an invasion of privacy and too little as loneliness or alienation" (Pedersen 1999, S. 397). Zur individuellen Grenzziehung gehört sowohl das Sich verschließen als auch das Sich öffnen können. Diese Kontrolle kann auf unterschiedliche Weise ausgeübt werden. In der realen Umwelt sind es insbesondere bauliche und dingliche Mittel. Eine Metapher ist ein Raum, der aus zwei Teilräumen besteht, die durch eine Tür miteinander verbunden sind. Wer in einem der kleinen Räume logiert und entscheiden kann, ob die Tür zum anderen Raum geöffnet wird oder verschlossen bleibt, verfügt über Privatheit.

Auch das Verhalten ist ein mögliches Mittel, um den Zugang zum eigenen Selbst zu kontrollieren. Man schaut z. B. aneinander vorbei, setzt sich eine Sonnenbrille auf, wechselt auf die andere Straßenseite, um einer Begegnung aus dem Weg zu gehen, oder setzt sich im Café an einen kleinen Tisch, der nicht mehr als höchstens zwei Leuten Platz bietet (vgl. Abb. 3.11). Eine größere „Invasion" ist hier nicht zu befürchten.

Wer sich sichtbar in ein Buch oder eine Zeitung vertieft oder die volle Aufmerksamkeit auf seinen Laptop richtet, teilt damit den anderen mit, dass er nicht angesprochen werden will. Durch sein Verhalten und ausgestattet mit bestimmten die Aufmerksamkeit absorbierenden Objekten kann sich der Mensch vor der Zudringlichkeit anderer schützen (Sommer 2002).

Abb. 3.11 Privatheit im öffentlichen Raum. (Eigenes Foto)

Der Verlust der Privatsphäre beinhaltet einen Kontrollverlust. Dieser tritt in zweierlei Form in Erscheinung: Man kann sich gegenüber den anderen nicht ausreichend abgrenzen oder nicht ausreichend öffnen.

Was es bedeutet, ausschließlich Einzelwesen zu sein, zeigt das Schicksal von Robinson Crusoe. Das Buch, in dem Daniel Defoe dessen Geschichte schildert, hätte möglicherweise keine so große Verbreitung gefunden, wenn die Frage der totalen sozialen Abgeschiedenheit nicht so viele Fragen aufwürfe. Dieser Zustand ist nur schwer zu ertragen. Er wird verhängt, um Menschen zu bestrafen. Eine zwangsweise Isolation gilt als schwere Strafe (Lück 1993).

3.6.2 Wandel der Privatheit

Die Vorstellung, zu einem durchschaubaren „gläsernen" Menschen zu werden, löst bei den meisten Menschen tiefes Unbehagen aus. Angesprochen wird hier die informatorische Privatheit, die durch das Internet verändert wird. Wenn man alles über einen Menschen weiß, ist er „gläsern". Wenn die Privatsphäre nicht mehr gesichert ist, hat der Mensch keine Kontrolle mehr darüber, was er anderen mitteilt und was nicht. Dieses übermäßige Erhellen ist die „dunkle Seite" von

Big Data (Mayer-Schönberger und Cukier 2013, S. 190). Jedes Mal, wenn der Mensch Online-Dienste und das Internet nutzt, hinterlässt er Spuren: „Kommunikation im Internet bedeutet immer, Spuren zu hinterlassen und Informationen über sich selbst preiszugeben" (Lück 2013, S. 15). Die Metapher vom gläsernen Menschen besagt, dass er schutzlos Voyeuren ausgesetzt ist, ohne dass er etwas dagegen tun kann oder auch, ohne dass er es überhaupt merkt.

Nach Altman ist Privatheit ein dialektischer Prozess, ein Wechsel zwischen Alleinsein und Zusammensein bzw. zwischen Sich abschirmen und Sich öffnen, wobei der Mensch es in der Hand hat, ob er sich zurück ziehen oder mit anderen zusammen sein will.

Dies kann in unterschiedlicher Weise geschehen. In realen Umwelten kann man sich mit Mauern und Zäunen sowie Verhaltensweisen abschirmen. Eine extreme Form der Abschirmung ist eine exzessive Internetnutzung (Kraut et al. 1998). Im Cyberspace gibt es keine solchen dinglichen Mittel und keine Verhaltensweisen dieser Art, die anderen mitteilen, dass man nicht gestört werden will. Das Smartphone hat enorme Auswirkungen auf die Privatheit. Der Mensch ist dadurch permanent erreichbar, er verhält sich so, wie es erwartet wird. Man kann sich dem Zugriff der anderen bzw. dem Erreichbarkeitszwang nicht ohne explizite Begründung entziehen (Döring 2008).

Das Internet bietet eine unbegrenzte Konnektivität und die Möglichkeit, neue Kontakte zu knüpfen und sich anderen Menschen gegenüber zu öffnen. Dass diese Möglichkeit auch genutzt wird, zeigt das Phänomen des „self disclosure" (Selbstoffenbarung), das besagt, dass sich der Mensch weniger abschirmt, wenn die Kommunikation computerbasiert abläuft. Es ist ein freiwilliges Offenlegen: „Self-disclosure is the act of revealing personal information to others" (Joinson 2001, S. 178). Ein Grund für ein solches bereitwilliges Sich öffnen ist eine zweiseitige Anonymität: die verringerte Identifizierbarkeit der eigenen Person und die Unbekanntheit der anderen. Self disclosure ist umso wahrscheinlicher, je anonymer es zugeht. Ein Anzeichen für self disclosure ist, dass man sich in Online-Befragungen unverblümter äußert und mehr von sich preisgibt als in traditionellen mündlichen oder schriftlichen Befragungen (Joinson 2001).

Self disclosure als gewolltes Sich öffnen ist ein Wegschieben der Grenze zwischen sich selbst und den anderen. Auch der online disinhibition effect, den Suler (2004) untersucht hat, kann als Verschiebung der Grenzziehung zwischen sich und den anderen gesehen werden. Im Internet schirmt man sich weniger ab. Gründe für diese Veränderung sind nach Ansicht von Ben-Ze'ev (2003) die Anonymität des Internet und die Möglichkeit, genau zu kontrollieren, was man von sich offen legen und was man verbergen will.

3.6.3 Überwachung und Datenschutz

Die psychischen Grenzen zwischen dem eigenen Selbst und den anderen lassen sich nicht immer selbst bestimmen. Sie werden von außen diktiert, wenn die betreffende Person keine Kontrolle mehr über ihre persönlichen Daten hat. Sensoren und Überwachungskameras können sehr detailliert das Verhalten erfassen, aus denen auf persönliche Eigenschaften rückgeschlossen werden kann. Überwachung ist seit der Digitalisierung zu einem Schlüsselbegriff geworden (Whitaker 1999; Wehrheim 2012). Kameras werden zur Überwachung öffentlicher Plätze, Läden, Eingangshallen, Parkplätzen, Bahnhöfen und Haltestellen usw. eingesetzt. Wer in einem Schaufenster einen Text findet, der ihn auffordert zu lächeln, weil er in diesem Moment fotografiert wird, fühlt sich überwacht (vgl. Abb. 3.12).

Bei der Diskussion der Folgen der Digitalisierung ist die individuelle Kontrolle über persönliche Daten und deren Weitergabe ein zentraler Punkt. Dass insbesondere die informatorische Privatheit für gefährdet gehalten wird, spiegelt sich in den Ergebnissen repräsentativer Umfragen wider. So hat eine Befragung des Instituts für Demoskopie Allensbach im Frühjahr 2015 ergeben, dass als Problem sehr häufig „persönliche Daten sind nicht sicher" genannt wurde. Befürchtet wird ein Übermaß an Überwachung und ein Missbrauch persönlicher Daten. Eine verstärkte Überwachung der Bürger wird mit dem Gewinn an öffentlicher Sicherheit begründet; sie sei erforderlich, um Straftaten und vor allem terroristischen

Abb. 3.12 Überwachtes Schaufenster. (Eigenes Foto)

Aktionen zu verhindern (Wehrheim 2012; Mayer-Schönberger und Cukier 2013). Doch die Überwachung reicht auch in private Bereiche hinein. Whitaker (1999) nennt als Beispiel die „Nannycam", eine Videokamera in der Wohnung, mit der die Kinderfrau (nanny) überwacht wird. Die Kamera lässt sich über eine spezielle Software mit einem PC koppeln, der es Eltern ermöglicht, während der beruflichen Tätigkeit zu verfolgen, was zu Hause geschieht. Es ist eine neue Form, Beruf und Familie miteinander zu vereinbaren. Berufstätige können gleichzeitig virtuell ihr Kind umsorgende Eltern sein.

Die technologischen Möglichkeiten der Überwachung und die enormen Kapazitäten von Computern, große Mengen von Daten zu sammeln und zu speichern, erleichtern das Überwachen. Damit hat der Computer die Rolle des Aufsehers im Panopticum übernommen, das, von Jeremy Bentham im 18. Jahrhundert entwickelt, in Gefängnissen dazu diente, von einem einzigen Ort aus durch einen einzigen Überwacher alle Gefangenen im Blick zu haben. Von seiner Konzeption her ermöglichte das Panopticum die Überwachung vieler Menschen. Den Gefangenen blieb keine Privatheit, sie konnten sich weder zurückziehen noch Kontakt zu anderen aufnehmen (Lennox 1990). Die Strafe war so eine doppelte: Zum Verlust der Freiheit kam noch der Verlust der Privatheit hinzu.

Die massenhafte Speicherung persönlicher Daten läuft auf vollen Touren. Google und Facebook sowie die Geheimdienste sammeln und speichern diese Daten. Zugrunde liegt das Bild des Menschen als Summe seiner sozialen Beziehungen, Internetaktivitäten, seiner Produktion und seines Konsums von informatorischen Inhalten (Mayer-Schönberger und Cukier 2013). Die Befürchtung, ausgespäht zu werden, ist nicht unbegründet. Die weitreichende Überwachung gehört zu den problematischen Seiten der Informationstechnologie, weil sie Privatheit infrage stellt und den Schutz persönlicher Daten nicht gewährleistet. So können persönliche Daten auf Portalen gestohlen werden, auch wenn der Schutz der Privatsphäre zugesichert wurde. Der Besitz von Information bedeutet Macht, was Privatheit zu einem politischen Thema werden lässt. Doch auch manche der Mächtigen werden überwacht und unterliegen damit einer sozialen Kontrolle. Skandale werden aufgedeckt, die in den Medien ausführlich dargestellt werden und dabei wiederum politisch durchaus Wichtigeres in den Hintergrund abdrängen (Whitaker 1999).

Auch Rheingold (1994), der die Möglichkeiten des Internet, weltweite Gemeinschaften zu bilden, als einen der großen Pluspunkte der Digitalisierung hervorgehoben hat, verweist auf das Problem der gefährdeten Privatheit.

Das größte Problem liegt dabei darin, dass das, was gemeinhin als Privatsphäre bezeichnet wird, in vielfacher Hinsicht untergraben wird, wenn die Cyberspace-Technologien es so leicht machen, detaillierte Informationen über Individuen zusammen zu stellen und zu verbreiten (Rheingold 1994, S. 339 f.).

Ohne es zu merken, liefern der Internetnutzer persönliche Daten an die Internet-unternehmen Google, Facebook und Amazon usw., als Gegenleistung bekommt er dafür Informationen und Dienstleistungen „gratis".

3.6.4 Das Privatheitsparadox

Doch auch das Wissen, dass große Mengen an persönlichen Daten gesammelt und mit einer bestimmten Absicht genutzt werden können, führt nicht dazu, dass man alles daran setzt, um sich vor einer solchen Einsehbarkeit und übermäßiger Sozialkontrolle zu schützen und ganz bewusst zu verschließen. Die Diskrepanz zwischen dem unbekümmerten Preisgeben persönlicher Daten und zugleich der Befürchtung, ausgespäht zu werden, wurde als Privatheitsparadox bezeichnet (Barnes 2006; Trepte und Dienlin 2014; Dienlin und Trepte 2015). Das Phänomen bringt die Unentschiedenheit zwischen dem Bestreben, als Mensch sichtbar und zugleich der Angst, durchschaubar zu sein, zum Ausdruck. Lück (2013) hat das treffend formuliert als die „Lust, ein sichtbarer und die Angst, ein gläserner Mensch zu sein" (S. 152).

Die Diskrepanz ruft erstaunlicherweise keine kognitive Dissonanz hervor, die bewirken würde, dass man alles daran setzt, um sie möglichst rasch zu beseitigen (Bierhoff 2002, S. 59 f.). Ein möglicher Grund ist, dass der Mensch zwischen realer und virtueller Welt differenziert und dass er im Internet wegen dessen Anonymität ein anderes Privatheitsverhalten an den Tag legt. Man hat kein Problem sich zu öffnen, wenn die anderen einen nicht kennen und man die anderen nicht kennt.

Eine weitere Erklärung ist, dass man sich zeigen und beachtet werden möchte. Nach Ansicht von Haferkamp (2010) ist das Bedürfnis, sich zu offenbaren und Einblicke in den privaten Bereich zu erlauben, im Internet besonders stark ausgeprägt, um der in den digitalen Netzwerken herrschenden Anonymität etwas entgegen zusetzen. Man trägt sozusagen durch seine individuellen Angaben ein persönliches Element hinein.

Das Bedürfnis nach einer solchen persönlicheren Atmosphäre haben vor allem Jugendliche, die vieles über sich preisgeben, um in soziale Netzwerke aufgenommen zu werden (Reinecke und Trepte 2008; Barnes 2006).

Das Paradoxon lässt sich auflösen, wie Dienlin und Trepte (2015) meinten, indem man das Sich öffnen und Sich verschließen als zwei unabhängige Dimensionen und nicht als Polaritäten einer Dimension konzipiert. Dass die digitale Kommunikation sowohl ein stärkeres Abschirmen als auch ein stärkeres Sich Öffnen zur Folge haben kann, wie es Joinson (2001) und Suler (2004) nachgewiesen haben, spricht für diese Konzeption.

Denkbar ist folgender Mechanismus: Im realen öffentlichen Raum ist man für alle Anwesenden sichtbar, aber nicht gläsern, nur die äußere Hülle ist zu sehen. Man kann der Lust am Gesehen werden frönen, ohne sein Inneres preiszugeben. Dagegen ist man im Internet nicht körperlich sichtbar. Um dennoch beachtet zu werden, legt man seine Ansichten, Gedanken, Vorlieben und Absichten offen.

Werden mit der Verschiebung der Grenze zwischen sich und den anderen in Richtung des online disinhibition effects voyeuristische Tendenzen gestärkt? Dafür spricht das Interesse an Sendungen wie „Big-Brother". Der Name leitet sich von der Figur des Big Brother in George Orwells Science-Fiction-Roman „1984" her. Orwell hat darin eine totalitär regierte Gesellschaft beschrieben, die unter ständiger Überwachung eines mächtigen Diktators, des Big Brother, steht. Überwachungskameras zur Videoüberwachung, Fernsehempfänger mit Großbildschirmen und integrierten Mikrofonen zur Entgegennahme von Befehlen sind überall, auch in den Wohnräumen, präsent und schaffen eine allgegenwärtige, fast lückenlose Überwachung der Individuen. Eine Privatsphäre existiert nicht mehr. „Big Brother" ist eine Unterhaltungssendung, die erstmals 2000 im deutschen Fernsehen ausgestrahlt wurde. Gezeigt wird in dem Film eine Gruppe, die ein Vierteljahr in einem Wohncontainer lebt. Die Bewohner sind rund um die Uhr der Beobachtung durch die im Container installierten Videokameras ausgesetzt. Für die tägliche Fernsehsendung wird daraus ein 45-minütiger Film hergestellt (Trepte et al. 2000). Motive der Bewohner des Containers sind ein finanzieller Gewinn sowie bekannt bzw. berühmt werden. Sie kennen die Zuschauer nicht, sodass es ihnen nicht schwer fällt, auf Privatheit zu verzichten.

Die Motive der Zuschauer, die die Show entweder im Internet oder im Fernsehen anschauen, haben Trepte et al. (2000) ermittelt. Im Rahmen der Befragung wurden den Mediennutzern Motivdimensionen in Form 5-stufiger Skalen von 1 = „trifft überhaupt nicht zu" bis 5 = „trifft voll und ganz zu" vorgelegt. Am häufigsten stimmten die Befragten der Aussage zu „weil es Spaß macht". Viele meinten, dass man in der Big Brother Show viel über die Bewohner sowie amüsante Details aus ihrem Leben erfährt (vgl. Abb. 3.13). Eine geringe Zahl der Befragten bescheinigten der Sendung Authentizität, gemessen an der Zustimmung zu den Aussagen, dass man dort etwas über Menschen erfährt, die keine Schauspieler sind, und dass man dort das „echte" Leben vor sich hat. Der Fernsehsendung wird dabei mehr Authentizität zuerkannt als der Darbietung im Internet.

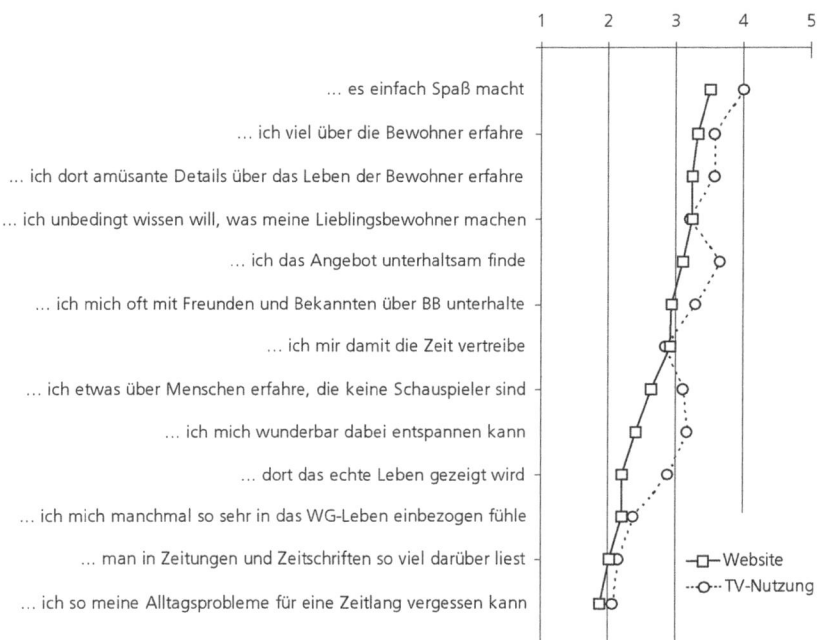

Abb. 3.13 Motivdimensionen. (Trepte et al. 2000, S. 557, eigene Grafik)

Die Zuschauer fühlen sich nur selten einbezogen. Sie bleiben in ihrer Rolle als Zuschauer, deren Privatsphäre gesichert ist. Es geht ihnen vor allem um Spaß und Unterhaltung, wobei die Identität der Zuschauenden nicht tangiert wird. Die Leute im Container sind keine Modelle, deren Verhalten man nachahmt. Sie sind eher ein in eine Karikatur verwandeltes Spiegelbild. Die Sendung ist ein Beispiel für edutainment (Mangold 2004).

3.7 Umweltbeziehungen

Verschiedene Modalitäten von Umweltbeziehungen und deren Wandel im Cyberspace sollen im Folgenden näher betrachtet werden: die Aneignung von Umwelt, die emotionale Ortsverbundenheit sowie spirituelle Beziehungen, über die sich der Mensch über seine lokale Umwelt weit hinaus gehend mit der Welt ins Verhältnis setzt.

3.7.1   Selbstwirksamkeit und Umweltaneignung

Heckhausen und Heckhausen (2010) sind davon ausgegangen, dass das Verhalten des Menschen auf Wirkungen in der Außenwelt gerichtet ist. Sein motiviertes Handeln wird vom Streben nach Wirksamkeit bestimmt. Der Mensch verändert seine Umwelt, er baut Häuser, Straßen, Staudämme, Maschinen und Computer usw. und liefert damit vielfältige Nachweise seiner Wirksamkeit. Für das aktive auf die Umwelt bezogene Verhalten sind verschiedene Begriffe in Gebrauch. So wird die Überzeugung eines Menschen, aufgrund seiner eigenen Fähigkeiten gewollte Handlungen ausführen und aus eigener Kraft etwas bewirken zu können, als wahrgenommene Selbstwirksamkeit (perceived self-efficacy) bezeichnet. Handeln meint dabei organisiertes Verhalten und nicht nur lediglich ein Reagieren auf etwas (Heckhausen und Heckhausen 2010). Dieses organisierte bzw. geplante Verhalten ist auch gemeint, wenn Ajzen (1991) von subjektiver Verhaltenskontrolle spricht. Wahrgenommene Selbstwirksamkeit bzw. Verhaltenskontrolle beinhaltet Handlungsfähigkeit (Döring 2003).

Perceived self-efficacy refers to beliefs in one's capabilities to organize and execute the courses of action required to manage prospective situations. Efficacy beliefs influence how people think, feel, motivate themselves, and act (Bandura 1995, S. 2).

Radfahren und Autofahren sind Beispiele für eine gesteigerte Selbstwirksamkeit. Mit technischen Mitteln schafft es der Mensch, sich rascher fortzubewegen als es beim Gehen möglich wäre.

Das Konzept der wahrgenommenen Selbstwirksamkeit ähnelt demjenigen der Umweltaneignung, es ist jedoch stärker auf das Individuum und weniger explizit auf die physische Umwelt bezogen. Mit Umweltaneignung werden alle Handlungen bezeichnet, bei denen sich Menschen aktiv mit ihrer Umwelt befassen, was sowohl sichtbare reale als auch äußerlich nicht sichtbare mentale Spuren, d.h. im Gedächtnis gespeicherte Eindrücke, hinterlässt. Über diese Spuren fühlt sich der Mensch mit der Umwelt verbunden, sie wird zu einem Teil von ihm selbst.

Graumann (1996) hat zwei Kategorien von Aneignung unterschieden: die überindividuellen und die psychologischen Formen der Umweltaneignung. Beispiele für Umweltaneignung auf der überindividuellen Ebene sind die Ausbeutung der Natur als Rohstoffspender, die Domestikation von Tieren und die Eroberung und Unterwerfung anderer Länder und Völker. Die individuelle Aneignung bezieht sich auf die Handlungsweisen eines Individuums. Die Aneignung von Umwelt im Kindesalter wird durch Spielzeug gefördert. Das Kind, das Bauklötzchen aneinander reiht und übereinander schichtet oder aus kleine Legoteilen etwas konstruiert, eignet sich Umwelt an (vgl. Abb. 3.14).

Abb. 3.14 Umweltaneignung mit Spielsachen. (Eigenes Foto)

Auch Erwachsene hören nicht auf, sich die Umwelt anzueignen. Sie stellen z. B. Blumentöpfe auf den Balkon oder eine Bank vor die Haustür und personalisieren damit ihr persönliches Territorium (vgl. Abb. 3.15).

Doch nicht alle Spielsachen und nicht alle Umwelten laden zur Umweltaneignung ein, wie sich daran zeigt, dass der Mensch Präferenzen hat. Welche Dinge und Umwelten bevorzugt angeeignet werden, sagt die Evolutionstheorie von Kaplan und Kaplan (1989) voraus, deren Annahme ist, dass Menschen Umwelten bevorzugen, die ein Überleben am ehesten garantieren. Es sind Umwelten, die als kohärent und lesbar wahrgenommen werden. Kohärenz ist gegeben, wenn die einzelnen Objekte und Teile einer Umgebung als miteinander zusammenhängend wahrgenommen werden und einen stimmigen Gesamteindruck ergeben, sodass ein Blick genügt, um die gesamte Umgebung zu überblicken und zu erfassen. Lesbarkeit meint, dass die räumlichen Strukturen so beschaffen sind, dass es leicht fällt, sich zu orientieren, den Weg zu finden, Wegenetze zu erkennen und eine kognitive Karte aufzubauen. Kohärente und lesbare Umwelten lassen sich leichter aneignen.

Aneignung ist Handeln, es beinhaltet außer dem äußerlich sichtbaren Tun wie dem Hantieren mit Spielsachen oder dem Aufstellen einer Bank vor der Haustür innerpsychische Vorgänge wie Lern- und Gedächtnisprozesse sowie Wertvorstellungen und subjektive Normen. Deshalb lässt die sichtbare angeeignete Umwelt auch Rückschlüsse auf Persönlichkeitsmerkmale zu. Hinzukommt, dass eine Umwelt, die

Abb. 3.15 Personalisierung der Wohnumwelt. (Foto Gundlach, Hannover)

man sich selbstbestimmt zu eigen gemacht hat, einen persönlichen Wert bekommt, sie gehört zu einem, man identifiziert sich mit ihr. Ein solches aktives und organisiertes Verhalten gegenüber der Umwelt ist indessen nur möglich, wenn es Handlungsspielräume gibt und wenn selbstbestimmt entschieden und gehandelt werden kann.

Die Modalitäten der individuellen Umweltaneignung sind so vielfältig, dass der Begriff vieles bedeuten kann. Lernen und Spielen, bei denen Erfahrungen mit der Umwelt gemacht werden, können darunter subsumiert werden. Die Auflistung verschiedener individueller Aneignungsformen von Graumann (1996) führt das weite Spektrum an Modalitäten vor Augen:

- die Erforschung der Umwelt mithilfe der Sinne: sehen, hören, riechen, schmecken, berühren, kinästhetische Empfindungen
- manipulieren, machen, kategorisieren, produzieren, formen, entwickeln, planen
- kognitiv-sprachliches Beherrschen der Umwelt: kartieren, vermessen, abbilden, benennen von Orten und Räumen
- nonverbales Kommunizieren: Gebrauch der Umwelt und räumlicher Objekte als Kommunikationsmittel

- in Besitz nehmen, besetzen, mieten, kaufen, verfügen, verwalten, verwüsten, markieren, einfrieden, einzäunen, ummauern, verteidigen von Objekten, Räumen, Gebäuden und Umwelten
- personalisieren von Räumen: möblieren von Zimmern, dekorieren, mit Pflanzen schmücken, einrichten, verändern, umformen und umbauen.

Sämtliche der aufgelisteten Aneignungsmodalitäten sind auf reale Umwelten gerichtet. So ist die Erforschung der Umwelt mithilfe sämtlicher Sinne nur in realen Umwelten möglich. Die kognitiven Formen der Umweltaneignung hinterlassen keine sichtbaren äußeren Spuren. Der Mensch macht vielfältige Erfahrungen, wenn er seine Umwelt erkundet. Deren räumliche Strukturen schlagen sich in kognitiven Karten nieder.

Kognitive Karten sind das im Gedächtnis gespeicherte Abbild räumlicher Strukturen. Sie sind das Ergebnis der Aufnahme, Codierung und Speicherung von Informationen über die räumliche Umwelt (Kitchin 1994). Die mentale Abbildung der räumlichen Struktur macht unabhängig von Karten, Plänen oder technischen Mitteln. Man kann sie sichtbar machen, indem man sie zeichnen lässt (Bell et al. 1996; Gifford 2007), oder auf ihr Vorhandensein schließen, wenn sich der betreffende Mensch ohne Stadtplan oder technische Mittel räumlich orientieren kann.

Umweltaneignung setzt Handlungsspielräume und Handlungsmöglichkeiten voraus. Diese Voraussetzungen sind gegeben, wenn der Mensch entscheiden kann, welches Fernsehprogramm er sehen, welche Sendung er hören, welche Zeitung er lesen und mit welchem Computerspiel er seine Zeit füllen will. Er ist dann nicht mehr nur passiver Empfänger medialer Botschaften (Leffelsend et al. 2004). Indem er über seine Mediennutzung entscheidet, eignet er sich einen bestimmten, selbst gewählten Umweltausschnitt an. Ein vielfältiges Medienangebot lässt viele Spielräume und bedeutet Autonomie. Bereits das Wählen können zwischen verschiedenen Medienangeboten versetzt den Menschen in eine aktive Rolle. Der wirklich große Schritt wurde mit dem Social Web bzw. Web 2.0 getan (Haferkamp 2010). Aus dem Nutzer sozialer Netzwerke wurde ein Produzent von Informationen und Inhalten. Von da an konnte auch der Cyberspace angeeignet werden.

Insgesamt zeichnen sich jedoch Verschiebungen ab, indem die reale Umwelt durch Nutzung des Computers weniger als zuvor angeeignet wird. Das Smartphone übernimmt zum Beispiel die Zielfindung, es nimmt dem Menschen Arbeit ab, was sich jedoch dahin gehend auswirkt, das er sich nicht mehr die Mühe macht, raumstrukturelles Wissen zu erwerben. Eine kognitive Umweltaneignung findet nicht mehr statt.

Aufschlussreich dazu ist ein Experiment von Münzer et al. (2006), in dem als Zielort der Zoo in Saarbrücken ausgewählt wurde. Der bis dorthin zurück zu legende Fußweg bestand aus mehreren Wegabschnitten und 16 Entscheidungspunkten. Den 64 Versuchspersonen wurde gesagt, dass mit dem Versuch die Brauchbarkeit von Navigationssystemen getestet werden sollte. Sie wurden in vier Gruppen eingeteilt. Eine Gruppe wurde mit einem Stadtplan ausgestattet, die anderen drei mit einem Navigationssystem, das bei jedem Entscheidungspunkt auf dem Display unterschiedliche Informationen lieferte und zwar der jeweilige Ort

- mit einem Ausschnitt des Kontexts,
- mit einem Ausschnitt des Kontexts und akustischer Anweisung wie z. B. rechts abbiegen,
- ohne Kontext mit akustischer Anweisung.

Die akustischen Anweisungen erfolgten über Kopfhörer. Im Anschluss wurden zwei Tests durchgeführt, ein Wegerkennungstest (route memory) und ein Test, der das räumliche Strukturwissen (survey knowledge) erfasst. In ersten Test sollten die Versuchspersonen den Weg mit allen seinen Abbiegungen wiedergeben, in dem zweiten Test sollten sie Miniaturbildchen von den Entscheidungspunkten an die richtige Stelle setzen. In beiden Tests war das Ergebnis eindeutig: Es machten diejenigen signifikant weniger Fehler, die mit einem Stadtplan ausgestattet gewesen waren, ebenso waren sie mit ihrem räumlichen Strukturwissen deutlich überlegen. Die Orientierungsleistungen im Anschluss an die Nutzung von Navigationssystemen waren allesamt deutlich schlechter, wobei die jeweilige Variante (visuell, akustisch; mit und ohne Kontext) kaum einen Unterschied machte. In Abb. 3.16 ist das Ergebnis veranschaulicht. Man erkennt zwei Cluster: im einen die mittleren Orientierungsleistungen nach der Nutzung eines Stadtplans, im anderen die Leistungen im Anschluss an den Einsatz von Navigationssystemen.

Münzer et al. (2006) haben das Ergebnis folgendermaßen erklärt: „We thus consider the active encoding explanation as the most likely reason for the superior spatial knowledge of the map users" (S. 306). Ergänzend hieß es: „Map users would acquire both route and survey knowledge as a side effect of their way finding effort" (S. 306). Beim Zurücklegen des Weges, ausgestattet mit einem klassischen Stadtplan, wird *beiläufig* noch mehr gelernt als nur die Wegeroute. In diesem Ergebnis deuten sich die Folgen einer vorrangigen Nutzung von Navigationssystemen an, die räumliches Lernen entbehrlich machen. Wenn eine aktive Encodierung räumlicher Informationen bzw. eine kognitive Umweltaneignung nicht mehr stattfindet, werden räumliche Strukturen und Wege nicht mehr im

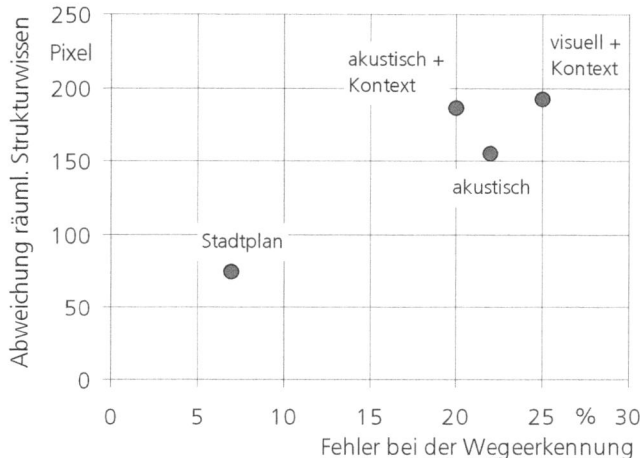

Abb. 3.16 Mittlere Orientierungsleistungen nach der Nutzung von Navigationssystemen und Stadtplan. (Münzer et al. 2006, S. 305, eigene Grafik)

Gedächtnis gespeichert. Wenn eine kognitive Aneignung der Umwelt nicht mehr stattfindet, entfällt damit eine der wichtigen Mensch-Umwelt-Beziehungen, bei denen der Mensch eine aktive Rolle einnimmt.

3.7.2 Spielen

Spielen ist eine besondere Form der Umweltaneignung, es ist die vorrangige Tätigkeit im Kindesalter, in der die Umwelt zum großen Teil noch eine terra incognita ist. Indem Kinder spielen, „begreifen" sie die Dinge ringsum und lernen, was das ist und was man damit machen kann. Anders als beim intentionalen Lernen ist Spielen frei von der Absicht, Wissen, Fähigkeiten und Fertigkeiten zu erwerben. Beim Spielen wird beiläufig gelernt. Gespielt wird um des Spielens willen.

Entwicklungspsychologen haben sich schon früh mit dem Spielen von Kindern befasst (Heckhausen 1964), denn Spielen als aktiver Umgang mit realen Dingen und Umwelten ist eine Tätigkeit, die die kognitive, emotionale, soziale und motorische Entwicklung fördert (Moore 1999). Kinder machen beim Spielen vielerlei Erfahrungen, sie erwerben Fertigkeiten, indem sie etwas ausprobieren. Dazu gehören auch körperliche Bewegungsspiele wie insbesondere das „rough

and tumble play", bei dem sie körperlich voll involviert sind. Es ist ein spiele-
risches Kämpfen und Verfolgen, an dem mehrere Kinder – meistens Jungen –
beteiligt sind (Bierhoff 1996). Es findet statt, wenn eine ausreichend große Fläche
vorhanden ist und mehrere Jungen zusammen kommen.

Heckhausen (1964) hat in seinem Entwurf einer Psychologie des Spielens die
Motive dargestellt. Im Spiel schafft sich das Kind eine Quasi-Realität, es kann
etwas probieren, ohne negative Folgen befürchten zu müssen. Es kann im Rollen-
und Fantasiespiel jemand anderes sein, z. B. ein mächtiger König oder Polizei-
kommissar, ein Stock kann ein Laserschwert sein. Es kann eine andere Identität
annehmen und sich in eine fiktive Welt begeben, in der alle seine Wünsche erfüllt
werden. Spielen macht Spaß, vorherrschend ist das Lustprinzip, weitaus weniger
das Realitätsprinzip.

Bei Kleinkindern werden sensorisch-motorische Aktivitäten als Spielen bezeichnet. Ab dem Schulalter werden Regelspiele immer wichtiger, in denen mehr oder
weniger beiläufig gelernt wird, zu kooperieren und mit Konkurrenz umzugehen
(Norman 2008). Spiele haben einen festen Ablauf und häufig Ritualcharakter.
Durch die Wiederholung gewinnen die Spielenden Sicherheit und Selbstwirksamkeit, sie beherrschen die Situation und haben sie unter Kontrolle.

Die Kategorie „Spielen" umfasst unterschiedliche Formen, es ist sowohl eine
spezifische Exploration, ein Sich Befassen mit bestimmten Dingen und ein Ausprobieren, was man mit einem Gegenstand machen kann, als auch diversives
Erkunden der Umwelt (Bierhoff 1996). Schon allein dieser Vielfalt an Modalitäten wegen gibt es etliche Gründe, warum Menschen – gleich welchen Alters –
spielen. Zu nennen sind (Oerter 1977):

- Funktionslust, das Spiel als Selbstzweck, eine Tätigkeit, die um ihres eigenen
  Anregungspotenzials wegen ausgeführt wird,
- Neugier, die Suche nach Neuem, Abwechslung durch Umdeuten von
  Objekten,
- Wechsel von Spannung und Entspannung,
- Nachahmung, Illusions- und Rollenspiele, Probehandeln,
- stellvertretende Wunscherfüllung und Abreagieren von unerlaubten Triebregungen,
- Leistungsmotivation, Freude über die Leistungsverbesserung etwa bei
  Konstruktionsspielen.

Heckhausen (1964) hat die Quasi-Realität angeführt, die sich das Kind schafft, in
der es etwas probieren kann, ohne negative Folgen befürchten zu müssen. In der
Liste von Oerter (1977) ist diese simulierte Realität in den Illusions- und Rollen-
spielen und dem „Als-Ob" bzw. Probehandeln enthalten.

Es sind nicht nur Kinder, die spielen. Wenn Erwachsene sich in dieser Weise betätigen, ist es meistens eine Freizeittätigkeit, bei der es vor allem um Anregungen, Spaß und Unterhaltung geht, d. h. seltener um Edutainment, sondern in erster Linie um Entertainment. Darüber kann das Spielen Symbolcharakter haben. Wer Schach spielt, ist ein kluger Kopf. Für die Symbolik reicht ein fiktives Schachspiel von Politikern mit falsch angeordnetem Schachbrett (vgl. Abb. 3.17).

Computerspiele sind zwar vor allem bei Jugendlichen, aber ansonsten in allen Altersgruppen beliebt. Sie weisen inzwischen eine solche Vielfalt auf, dass es schwierig ist, sie auf einen Nenner zu bringen. Es sind nicht nur Spiele im engeren Sinne, sondern auch Erzählungen; die Spiele sind nicht nur bildlich, sondern auch auditiv, sie sind inhaltlich und spieltechnisch unterschiedlich. Wie im computerfreien Spiel sind auch hier Immersion und Interaktivität charakteristisch, d. h. eine völlige Absorption und eine ständige wechselseitige Bezugnahme von Spiel und Spieler (Hagner et al. 2012). Die Spielenden können andere Rollen übernehmen. Im klassischen Rollenspiel geschieht dies in der selbst geschaffenen Welt der Fantasie, im Computerspiel in einer vom Computer generierten virtuellen Welt.

Computerspiele sind interaktive Medienangebote, von denen erwartet wird, dass sie unterhaltend sind: „Computerspiele sind Softwareprodukte, die zu

Abb. 3.17 Zug um Zug. (Quelle: http://www.hoffmann-und-campe.de/uploads/julius/ 9783455850130.jpg)

Unterhaltungszwecken für den Einsatz auf Computern entwickelt werden" (Klimmt 2004, S. 696). Bei Spielen mit mehreren Beteiligten ist der Computer die Plattform für die Interaktionen zwischen den Spielern (Gimmler 2007). Um spielen zu können, ist wie in jeder Computeranwendung eine sensomotorische Rückkopplung bei der Hand-Auge-Koordination erforderlich. Nur wenn die Auge-Hand Koordination beherrscht wird, kann das Spiel stattfinden. Diejenigen, die es können, zeigen damit ihre Geschicklichkeit, was der Funktionslust entgegenkommt und das Selbstwertgefühl steigert. Die Hauptgründe für die Beliebtheit von Computerspielen bei Jugendlichen sind somit (Six 2008; Gimmler 2007; Rehbein 2014):

- die aktivierende Wirkung und das Erzeugen einer lustvollen Spannung,
- die Steigerung der wahrgenommenen Selbstwirksamkeit,
- der Eindruck, eine komplexe Technik zu beherrschen.

Der letztgenannte Punkt knüpft an das oben Gesagte an: Computerspiele setzen sensomotorische Fertigkeiten und Kompetenz im Umgang mit dem Computer voraus. Selbstwirksamkeit ist ein starkes Motiv, ebenso die Stärkung des Selbstwertgefühls. Weitere Gründe für die Attraktivität von Computerspielen sind Spannungsabbau und Kontrollerleben (Six 2008; Gimmler 2007).

Es sind drei Komponenten, anhand derer sich Computerspiele charakterisieren lassen (vgl. Klimmt 2004): der narrative Kontext, die Art der Aufgabe und die Darstellungsform. Der narrative Kontext gibt dem Spiel einen Sinn und dem Spieler eine Rolle. Er wird dadurch in ein durch den Kontext abgestecktes überschaubares interaktives Geschehen eingebunden. Diese Interaktivität ist das Merkmal, das Computerspiele von herkömmlichen unidirektionalen Unterhaltungsangeboten des Fernsehens, Radios und der Printmedien unterscheidet und das wesentlich zum Erleben von Selbstwirksamkeit beiträgt. Ein weiterer wichtiger Aspekt sind Erfolgserlebnisse, die zu einer positiven Stimmung führen und das Selbstwertgefühl stärken. Auf diese Effekte wird bei der Gestaltung interaktiver Lernspiele gesetzt.

Mit dem Aufkommen der Computerspiele haben sich die Gelegenheiten zu spielen enorm erweitert und zwar nicht nur wegen der Fülle an Spielangeboten, sondern auch, weil mit dem handlichen Smartphone überall und jederzeit gespielt werden kann. Leere Zeiten und Wartezeiten werden nicht mehr als langweilige oder verlorene Zeit erlebt, wenn man sie mit Spielen füllen kann.

Eine grundsätzliche Frage ist, inwieweit der Charakter des Spielens bei computerfreien und computerbasierten Spielen ein anderer ist, von der

Ortsabhängigkeit oder Ortsunabhängigkeit einmal abgesehen. Griffiths und Parke (2002) gelangten bei ihrem Vergleich zu folgenden Ergebnissen:

- Computerspiele sind weniger sozial.
- Sie verringern die Außenraumorientierung und verstärken „Verhäuslichung".
- Sie verändern das individuelle und das familiäre Freizeitverhalten.
- Sie sind weniger auf eine lustvolle Entspannung ausgerichtet.

Schwer wiegt die Aussage, dass Computerspielformen weniger sozial sind. „One of the major influences of technology appears to be the shift from social to asocial forms of gambling" (Griffiths und Parke 2002, S. 317).

Den Begriff „Verhäuslichung" verwendete Zinnecker (2001), um die veränderte Kindheit zu beschreiben. Verhäuslichung wird nicht nur durch Push-Faktoren wie insbesondere dem Autoverkehr im Wohngebiet verursacht, sondern auch durch Pull-Faktoren wie den Medienangeboten, die man ins Haus geliefert bekommt. Ein Ausgehen erübrigt sich so. „Rather than going out, the entertainment comes to them directly via digital television and Internet services" (Griffiths und Parke 2002, S. 312). Die Verhäuslichung infolge des reichhaltigen Angebots an unterhaltenden Medien wirkt sich auf das öffentliche Leben aus: Die Menschen sind weniger draußen anzutreffen, spontane Begegnungen, die der Anfang einer soziale Beziehung sein könnten, finden seltener statt.

Computerspiele sind individualistisch. Gemeinsame Unternehmungen mit der Familie werden seltener, wenn sich die Familienmitglieder vermehrt mit „asozialen" Computerspielen befassen. Man muss sich nicht die Mühe machen, einen bestimmten Spielort aufzusuchen, wenn man ohne Aufwand in den Cyberspace gelangen kann.

Statt durch das Spielen Entspannung zu finden, wird Spannung gewünscht. Bei Computerspielen ist der Spielende nicht aktiv, um sich die Welt zu eigen zu machen, sondern er spielt, um sich zu unterhalten und Spannung zu erleben.

Spielen ist ein Verhalten, das mit dem Erleben von Selbstwirksamkeit einher geht (Happ et al. 2014). Es kann zur Sucht werden, wenn die damit verbundenen positiven Gefühle so überwältigend sind, dass man sie keinesfalls mehr missen möchte. Typische Symptome der Spielsucht sind – wie bei er Sucht allgemein – Kontrollverlust und Entzugserscheinungen, wenn das angestrebte Verhalten nicht möglich ist (Young 1998; Six 2007).

Bei Computerspielen ist die Suchtgefahr im Vergleich zu traditionellen Spielformen schon wegen der äußeren Umständen größer: Es gibt mehr Gelegenheiten zu spielen, man kann überall und jederzeit spielen und braucht keine realen Spielpartner, und es gibt weniger Barrieren, die einen am Spielen hindern könnten.

Hinzukommt, dass es von einer exzessiven Internetnutzung bis hin zur Computer-spielsucht nur ein kleiner Schritt ist (Griffiths und Parke 2002).

Die Dauer und Häufigkeit des Spielens sind wie auch bei der Internetnutzung oder allgemein der Mediennutzung keine ausreichenden Kriterien, um eine Sucht zu diagnostizieren (Rehbein 2014). Für die Diagnose eines „Internet Gaming Disorder" bedarf es weiterer Kriterien. Rehbein hat auf die neun Kriterien der American Psychiatric Association verwiesen, auf deren Grundlage eine fundierte Diagnose erstellt werden kann. Auf Spielsucht wird geschlossen, wenn fünf oder mehr Kriterien von den insgesamt neun Kriterien erfüllt sind.

Kriterien des Internet Gaming Disorder in Anlehnung an die American Psychi-atric Association sind (Rehbein 2014, S. 225):

1. Gedankliche Vereinnahmung. Die spielende Person ist mit ihren Gedanken ständig mit dem Spiel beschäftigt.
2. Entzugserscheinungen. Sie leidet unter Entzugssymptomen wie Gereiztheit, Unruhe, Traurigkeit usw., wenn sie nicht spielen kann.
3. Veränderte Zeitstrukturen. Die Zeit, die mit Spielen verbracht wird, wird immer länger.
4. Kontrollverlust. Der spielenden Person gelingt es nicht, die Häufigkeit und Dauer des Spiels zu begrenzen.
5. Verhaltensbezogene Vereinnahmung. Sie interessiert sich nur noch für das Computerspielen.
6. Fortsetzung trotz negativer Begleiterscheinungen. Sie setzt ihr Spielverhalten fort, obwohl sie weiß, dass es negative Folgen hat.
7. Dissimulation. Sie belügt andere Personen über das tatsächliche Ausmaß ihres Computerspielens.
8. Dysfunktionale Stressbewältigung. Sie setzt das Computerspielen ein, um Pro-blemen aus dem Weg zu gehen und einer negative Befindlichkeit zu entgehen.
9. Gefährdungen und Verluste. Es droht der Verlust sozialer Beziehungen, die Karrierechancen schwinden, der Arbeitsplatz geht verloren.

Das achte Kriterium nimmt Bezug auf erlebten Stress in der realen Welt, auf den mit Suchtverhalten reagiert wird (vgl. Abschn. 3.3.5 „Internetsucht").

Rehbein (2014) hat betont, dass eine Diagnose nur anhand einer solchen Kri-terienliste erfolgen sollte, denn nicht alle Exzessivspieler haben psychische Prob-leme oder leiden an irgendwelchen negativen Folgen ihres Spielverhaltens.

Computerspielsucht findet sich am häufigsten bei männlichen Jugendli-chen. Die spielsüchtigen Jugendlichen haben öfter schulische und psychische

Probleme, sind häufiger depressiv, impulsiver, weniger empathisch und sozial auffälliger. So hat eine Schülerbefragung von 9. Klässlern ergeben, dass 16 % der männlichen Schüler täglich mehr als 4,5 h mit Video- und Computerspielen beschäftigt sind, die Mädchen zu 4 %. Eine Computerspielsucht wurde bei 3 % der Jungen und 0,3 % der Mädchen diagnostiziert (Rehbein 2014). Dass Jungen häufiger süchtig sind als Mädchen, haben auch Wölfling et al. (2008) herausgefunden. Von ihnen stammt ebenfalls eine Kriterienliste zur Diagnose psychopathologischen Computerspielverhaltens, die sechs Kriterien enthält. In beiden Kriterienlisten finden sich die Symptome der gedanklichen und verhaltensbezogenen Vereinnahmung, der Entzugserscheinung, des Zeitverbrauchs und des Kontrollverlusts, des Stimmungsmanagement und der wahrgenommenen negativen Folgen.

Fragen zur Diagnose von Computerspielsucht bei Jugendlichen sind (Wölfling et al. 2008, S. 228):

1. Wie stark ist dein durchschnittliches Verlangen nach Computerspielen?
2. Hast du häufiger länger gespielt als du beabsichtigt hattest?
3. Sind aufgrund deines Computerspielverhaltens negative Folgen in folgenden Bereichen aufgetreten (Schulprobleme, familiäre Probleme, Geldprobleme, Vernachlässigung anderer Freizeitaktivitäten, Vernachlässigung von Freunden, gesundheitliche Probleme)?
4. Hast du Wichtiges (z. B. Hausaufgaben) vergessen, weil du die ganze Zeit Computerspiele gespielt hast?
5. Hast du bemerkt, dass du immer häufiger oder immer länger spielen musst, um dich wieder gut und entspannt zu fühlen?
6. Fühlst du dich schlecht, wenn du nicht spielen kannst?

Von den von Wölfling et al. (2008) befragten 221 Schülern im Alter zwischen 13 und 16 Jahren aus mehreren 8. Klassen aus verschiedenen Berliner Schulen wurden 14 (6 %) als computerspielsüchtig eingestuft, darunter 10 Jungen und 4 Mädchen. Elf der Süchtigen waren Hauptschüler, zwei Realschüler, ein Schüler besuchte das Gymnasium. Insgesamt 144 Befragte (65 %) waren regelmäßige Nutzer von Computerspielen, bei 77 Schülern (35 %) war das nicht der Fall. Festzuhalten ist, dass das Spielen mit dem Computer nur in wenigen Fällen in eine Sucht ausartet. Für die spielsüchtigen Jugendlichen sind Computerspiele unverzichtbar, um sich wieder gut und entspannt zu fühlen. Es ist ein Beispiel für das ansonsten seltene Zutreffen der Substitutionshypothese, indem die Sucht eine so starke absorbierende Wirkung hat, dass die reale Welt aus dem Blick gerät.

3.7.3 Ortsverbundenheit

Wahrnehmungs-, Lern- und Denkprozesse finden in realen Umwelten an bestimmten Orten zu bestimmten Zeiten statt. Der wahrnehmende, lernende und denkende Mensch hat einen bestimmten Standort, von dem aus er sich die Welt erschließt. Kruse (1996) sprach vom „orientierten Raum", in dem sich der Mensch bewegt und seinen Aktivitäten nachgeht. Der Begriff „situated cognition" spiegelt ebenfalls wider, dass Kognitionen Kontext gebunden sind. Menschen speichern in ihrem Gedächtnis nicht nur Erfahrungen als solche, sondern dazu auch den örtlichen und zeitlichen Kontext, in dem sie gemacht wurden. Schon aus diesem Grunde ist der örtliche Kontext nicht nur ein neutraler Hintergrund, sondern Teil der gespeicherten Erfahrungen. Dieser Teil tritt in Gestalt des Phänomens der Ortsverbundenheit in den Blickpunkt.

Emotionale Ortsverbundenheit bezeichnet das Phänomen der Anhänglichkeit (attachment) von Menschen an einen Ort, wobei dieser Ort von unterschiedlicher Größenordnung sein kann. Es kann ein Zimmer, ein Haus, ein Stadtteil oder eine Stadt sein. Man hängt dem Ort an, weil man dort Schönes erlebt hat, weil er einen an die Kindheit erinnert, weil man ihn nach eigenen Vorstellungen gestaltet hat (Flade 2006).

Bei einem von realen räumlichen Kontexten losgelösten Leben, einer „placelessness", fehlt jegliche Basis für die Entstehung einer solchen engen Bindung. Der Mensch kann sich nicht mehr „verorten", er hat keinen Bezugsort, von dem aus er seinen Alltag strukturieren könnte. Damit geht auch die zeitliche Strukturierung verloren, was die Organisation des Alltags zusätzlich erschwert und zu weiterem Zeitstress führen kann.

Der Ort, mit dem die meisten Menschen emotional verbunden sind, ist ihre Wohnumwelt. Dovey (1985) hat die Bedeutung des Zuhause (= home) als Bezugspunkt beschrieben, von dem aus Menschen ihren Alltag organisieren und strukturieren. Es fällt ihnen damit leichter, eine räumliche und zeitliche Ordnung herzustellen und aufrecht zu erhalten, Verbindungen mit anderen Menschen aufzunehmen und zu festigen und sich mit einer Adresse in die Gesellschaft einzufügen. Der Nichtsesshafte, dem das nicht gelingt, wird marginalisiert. „Homelessness" bedeutet indessen mehr als ein physisches „kein Dach über dem Kopf zu haben". Das von Dovey beschriebene home als räumlicher Bezugspunkt ist ein konkretes Beispiel dafür, dass der Lebensraum des Menschen im Unterschied zum physikalischen Raum inhomogen, diskontinuierlich und anisotrop ist. Er enthält qualitativ unterschiedliche Stellen, Leerstellen und Richtungen (Bollnow 1971).

Im Erleben von Heimweh tritt die emotionale Bindung an die Wohnumwelt deutlich hervor (Fuhrer 2008). Heimweh ist ein depressionsähnlicher Zustand, der die Lebensfreude und Leistungsfähigkeit verringert, wie Eurelings-Bontekoe et al. (2000) in ihrer Untersuchung bestätigt haben. Angestellte aus anderen europäischen Ländern, die in einer multinationalen Hightech-Gesellschaft mit Sitz in den Niederlanden arbeiteten, wurden befragt. Insgesamt 19 % hatten starkes Heimweh, weitere 30 % litten ebenfalls daran, jedoch weniger extrem. Ein Anteil von rund 50 % stark und weniger stark Heimweh-Kranken ist so hoch, dass nach Ansicht der Forscher eine therapeutische Intervention erforderlich ist, um zweierlei zu gewährleisten: den Erhalt der Arbeits- und Lebenszufriedenheit der Angestellten und die Vermeidung der für die Firma bedenklichen Leistungsabfälle. Im Heimweh kommt zum Ausdruck, dass die Bindung an Orte verletzbar macht und psychischen Schmerz verursacht, wenn man sie verlassen muss.

Die emotionale Ortsverbundenheit ist eine Komponente der Ortsidentität. Wenn sich der Mensch mit Orten identifiziert, werden diese zu subjektiv bedeutsamen Orten und zu einem Teil seiner Identität (Deaux 1993). Die Identifizierung wird gefördert durch vier Mechanismen, die Twigger-Ross und Uzzell (1996) beschrieben haben:

- Besonderheit: Man unterscheidet sich von den anderen durch die Zugehörigkeit zu dem betreffenden Ort.
- Kontinuität: Der betreffende Ort verkörpert die individuelle diachrone Identität.
- Selbstwertgefühl: Der betreffende Ort erfüllt einen mit Stolz.
- Umweltaneignung und Selbstwirksamkeit: Der betreffende Ort kann nach eigenen Vorstellungen genutzt und gestaltet werden.

Mit einem solchen Ort kann man sich identifizieren. Er trägt dazu bei, sich als unverwechselbares Individuum zu fühlen; er stärkt das Selbstwertgefühl und befriedigt damit ein zentrales Ich-Bedürfnis. Orte, an denen man lebt und gelebt hat, verbinden den Menschen mit der Vergangenheit und lassen ihn in die Zukunft blicken im Sinne von „ich möchte immer hier wohnen bleiben". Sie befriedigen das Bedürfnis nach Sicherheit, Geborgenheit und Zugehörigkeit. Sie bekräftigen die wahrgenommene Selbstwirksamkeit. Und es sind Treffpunkte. Und schließlich hängen davon die Erfahrungs- und Handlungsmöglichkeiten ab (Gustafson 2001).

Die subjektiv wichtigen Orte können von unterschiedlicher Größenordnung sein. Es kann eine Mikroumwelt wie das eigene Zimmer aber auch eine Makroumwelt wie die Stadt oder das Land sein. In der von Lalli (1992) konzipierten

Urban-Identity Scale ist die räumliche Einheit die Stadt. Die einzelnen Skalen, mit denen Lalli die auf eine bestimmte Stadt bezogene Ortsidentität erfasst, sind:

- Bewertung, z. B. verglichen mit anderen Städten hat diese Stadt viele Vorteile.
- Gefühlsmäßige Bindung, z. B. ich fühle mich in dieser Stadt richtig zu Hause.
- Örtliche Kontinuität, z. B. vieles in dieser Stadt erinnert mich an meine Kindheit.
- Vertrautheit, z. B. diese Stadt ist mir sehr vertraut.
- Zukunftsperspektive, z. B. ich möchte immer hier leben.

Die Stadt, mit der man sich identifiziert, wird meistens besser bewertet als andere Städte, man ist mit ihr emotional verbunden, d. h. man würde sich dorthin zurück sehnen, wenn man sich fern davon aufhält. Die Stadt, mit der man sich identifiziert (z. B. „ich bin Münchner" oder „ich bin Mannheimer") festigt auch die diachrone Identität, sie weist in die Zukunft.

Wie wirkt sich die Digitalisierung auf die Ortsverbundenheit aus? Ein nicht ganz unwahrscheinliches, etwas zugespitztes Szenario ist das folgende: Die emotionale Ortsverbundenheit als verbindendes Mittel verliert an Bedeutung. Infolge der dadurch entstehenden „placelessness" verändert sich die Identität. Es gibt keinen Ort mehr, auf den man stolz ist, der einen mit der Welt verbindet, der die persönliche Vergangenheit anhand der erinnerten Orte klarer hervortreten lässt und der das Gefühl einer stabilen vertrauten Umwelt vermittelt, die auch in Zukunft fortbestehen wird. Dovey (1985) hat dies auf der Grundlage seiner Konzeption des Zuhause (home) anschaulich erläutert.

3.7.4 Spiritualität und Transzendenz

Spiritualität wird definiert als „an individual's inner experience., that gives meaning to existence, and subsequently allows one to transcend beyond the present context" (Kamitsis und Francis 2013, S. 137). Spiritualität als innere Erfahrung ist synonym mit Transzendenz. Es ist ein psychologischer Prozess, der dem Leben Sinn verleiht und es ermöglicht, über den gegenwärtigen Kontext hinaus zu denken. Transzendenz bezieht sich im Unterschied zur emotionalen Ortsverbundenheit nicht auf konkrete lokale Umwelten wie das Wohngebiet oder die Stadt, in der man lebt, sondern auf Orte jenseits des Alltags wie den Meeresstrand, die Bergwelt, den gestirnten Himmel, sakrale Stätten sowie die Welt als das unbegrenzte Umgebende.

Transzendenzerfahrungen sind in vielen Kulturen mit Natur assoziiert, was vor allem für den Wald gilt, einem Ort der Mythen, religiösen Riten und Märchen. Dies war der Ansatzpunkt für Williams und Harvey (2001), in einer empirischen Untersuchung den Erfahrungen von Transzendenz nachzugehen. Menschen im waldreichen Südosten Australiens, die Wälder aufsuchen, um sich zu erholen, die dort leben und die dort beruflich tätig sind, wurden gebeten, ihre Erfahrungen zu beschreiben, die sie in Waldgebieten machen oder gemacht haben. Insgesamt 131 Personen beantworteten den schriftlichen Fragebogen, der sich aus offenen Fragen und verschiedenen Skalen zusammensetzte. Die Schilderungen ließen sich verschiedenen Themenbereichen zuordnen. Es zeigte sich, dass das Erleben von Waldgegenden mehrere Dimensionen einschließt. Vier Faktoren kristallisierten sich heraus:

- Ehrfurcht vor der Natur,
- Gefühl, mit der Welt ringsum zu verschmelzen,
- ästhetisches Erleben,
- Erholung.

Schöne Ausblicke und Erholung, wie sie natürliche Landschaften bieten, können also transzendenten Charakter haben. Ästhetik und Erholung sind darüber hinaus eigene Kategorien des Naturerlebens (vgl. die Fourth Places in Abschn. 4.4).

Ehrfurcht und Demut gegenüber der überwältigenden Natur und das Gefühl, in einem größeren Umgebenden aufzugehen, sind auf den ersten Blick gegensätzliche Transzendenzerfahrungen. Ehrfurcht vor der Natur beinhaltet, dass sich der Mensch als außenstehend empfindet, wohingegen die Grenze bei dem Eindruck, mit der Welt zu verschmelzen, aufgehoben ist. Man ist Teil eines Großen und Ganzen. Die beiden Formen des spirituellen Erlebens machen den weiten Bedeutungshorizont des Transzendenzbegriffs sichtbar: Im einen Fall ist der Mensch von der Umwelt getrennt, im anderen Fall mit ihr zu einer Einheit verschmolzen. Der Mensch empfindet Ehrfurcht vor der Natur, wenn er sich angesichts der Höhe und des Alters der Bäume in seinem Blickfeld klein und vergänglich fühlt (vgl. Abb. 3.18).

Bei den Transzendenzerfahrungen vom Typ Ehrfurcht und Demut wurden in der Untersuchung von Williams und Harvey (2001) vor allem die hohen und alten Bäumen genannt, in denen die Kraft der Natur zutage tritt. „The feeling was caused by the enormous size of the trees, the fact, that they were so many of hundreds of years old" (S. 255). Der Mensch erfährt die Natur aber auch als etwas, was ihn umgibt und einschließt, sodass er Teil davon ist. Wenn von Transzendenz und spirituellem Erleben die Rede ist, wird vor allem das Gefühl des

Abb. 3.18 Ehrfurcht vor
der Natur. (Flade 2010,
S. 18)

Einsseins mit der Welt thematisiert. Der Mensch, der „a sense of union with the
universe or some other power or entity" (Williams und Harvey 2001, S. 249)
erlebt, empfindet sich einer umfassenderen Einheit zugehörig, sodass er sich darin
geborgen fühlt, statt die Welt ringsum als übermächtig und etwas außerhalb von
ihm Gelegenes zu erleben. „I had the feeling that I was part of the nature... I felt
truly content. I felt I could stand there for ever. I relaxed..." (S. 255). Die Äuße-
rung „I relaxed" verweist auf die Dimension der Erholung.

Der Eindruck, mit der Welt eng verbunden zu sein, ist ein starkes positives
Gefühl, das mit dem Empfinden von Zeitlosigkeit und völligem Absorbiert sein
einhergeht. Man ist außerhalb der Zeit, man ist nicht abgelenkt durch konkurrie-
rende Eindrücke und information overload, man fühlt sich leicht statt überwältigt.

Ein solches Erleben macht frei von Egozentrismus. Es kommt zu einer Ich-
Umwelt-Verschmelzung, zu einem ozeanischen Gefühl (Bucher 2007). In der
Schrift „Das Unbehagen in der Kultur" beschreibt Freud (1931) Religiosität

als ein Empfinden von Ewigkeit, als ein Gefühl von etwas Unbegrenztem, Schrankenlosem, Ozeanischem. Diesem Verlangen nach dem Grenzenlosen und Unendlichen sind die Menschen auf der Spur, wenn sie nach Transzendenz streben. Ähnlich hat Bischof (1996) diese Form der Transzendenz als ozeanisches Gefühl beschrieben, als Ahnung von Ewigkeit, als ein Aufgehen im Grenzenlosen und Unendlichen, bei dem die Grenzen zwischen dem eigenen Ich und der Welt aufgehoben sind.

Wie Williams und Harvey (2001) ebenfalls feststellten, bietet nicht jeder Wald Transzendenzerfahrungen. Waldgebiete mit dicht an dicht stehenden Bäumen, die eher an Fortwirtschaft denken lassen, sind kaum Auslöser spirituellen Erlebens.

Davis et al. (2009) haben eine grafische Methode ersonnen, um die Identifizierung des Menschen mit der Natur und die Enge seiner gefühlten Verbundenheit mit der Umwelt zu ermitteln. Bei der von ihnen entwickelten „Inclusion of the nature in the self"-Skala (INS-Skala) werden Diagramme vorgegeben, die aus zwei sich mehr oder weniger überlappenden Kreisen bestehen, wobei der eine Kreis die Person, der andere die Natur darstellt (vgl. Abb. 3.19). Es ist eine Skala, bei der anstelle der Skalenwerte von 1 bis 7 mehr oder weniger überlappende Diagramme vorgegeben werden.

Die befragten Personen sollen das Diagramm kennzeichnen, das ihr Verhältnis zur Natur am treffendsten wiedergibt. Die Kennzeichnung des Diagramms mit der maximalen Überlappung (Skalenwert 7) drückt den höchsten Grad an Verbundenheit mit der Natur aus.

Bei der Stichprobe der studentischen Versuchspersonen, die Davis und Mitarbeiter befragt haben, lag der Mittelwert bei 4,30, wobei niemand das Diagramm, das den Skalenwert 1 repräsentiert, markiert hatte, d. h. keine der befragten

Please circle the picture below that best describes your relationship
with the environment (nature) (self = you; nature = the environment):

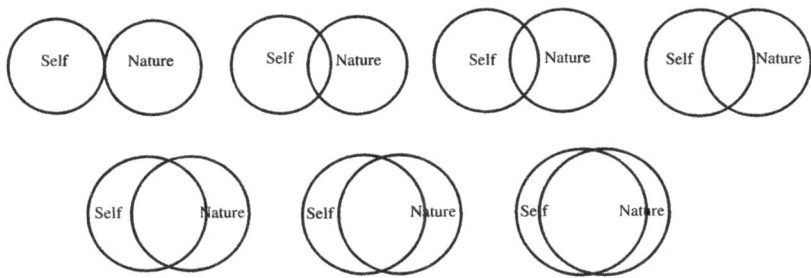

Abb. 3.19 INS-Skala (Inclusion of nature in the self). (Davis et al. 2009, S. 176)

Personen hat sich als autonomes, vollkommen von der Natur getrenntes Individuum gesehen. Ein wichtiges Ergebnis war, dass der INS-Wert signifikant mit einer positiven Einstellung zur natürlichen Umwelt sowie insbesondere mit Umwelt schonendem Verhalten korreliert. Man schont das, was zu einem gehört. Das Transzendenzerleben vom Typ Verschmelzung ähnelt dem Flow-Erleben, dem gänzlichen Aufgehen in einer Tätigkeit. Das Flow-Erleben ist nicht rein kontemplativ, sondern ist Begleiterscheinung einer Tätigkeit, die den Menschen voll in Anspruch nimmt. Rheinberg (2010) nennt als Beispiele das Tanzen, das Singen, das schnelle Autofahren, das Spielen. „Man erlebt sich selbst nicht mehr abgehoben von der Tätigkeit, man geht vielmehr gänzlich in der eigenen Aktivität auf" (Rheinberg 2010, S. 380). Das in Abb. 3.20 dargestellte Vierfelder-Schema zeigt, unter welchen Voraussetzungen Flow erlebt wird: Die Anforderungen müssen hoch und der Mensch fähig sein, diese Anforderungen zu erfüllen.

Die Tätigkeiten, die Flow-Erleben erzeugen, können im Prinzip auch in einer virtuellen Welt oder einer Augmented Reality stattfinden, wenn nämlich die Anforderungen hoch sind und die Fähigkeiten vorhanden sind, um diesen zu genügen. So kann z. B. Spielen mit Flow-Erleben einhergehen, Computerspiele eingeschlossen.

Transzendenzerfahrungen sind sinnstiftend, sie können existenzielle Leere beseitigen (Bucher 2007). Es ist eine spirituelle Erfahrung, wenn sich der Mensch über sein individuelles Leben hinaus mit den nachfolgenden Generationen verbunden fühlt: „Spirituelle Selbstverwirklichung ist nicht solipsistisch, nicht Fixierung auf das Ego, sondern generatives, schöpferisches Verhalten" (Bucher 2007, S. 123).

Sinnstiftend ist indessen nicht allein die Einordnung in eine Generationenfolge, einer Verbundenheit zwischen dem eigenen Leben und dem Leben der Nachkommen. Bei Boesch (1998), der das Streben nach Sinn als eine Grunddimension menschlicher Sehnsucht ansieht, geht es um die Verbindung zwischen

Abb. 3.20 Flow-Modell.
(Rheinberg 2010, S. 383)

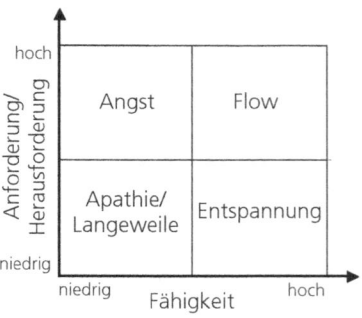

der realen Welt und dem eigenen Selbst, die sinnstiftend sein kann. Der Mensch ist bestrebt, die äußere Welt zu ordnen, um sich darin zu orientieren, zugleich versucht er, das eigene Selbst, die Innenerfahrung, zu strukturieren und zu festigen. „In dem Maße, als es uns gelingt, diese beiden übergeordneten Zielsetzungen in Einklang zu bringen, meinen wir, dass unser Handeln und Leben sinnvoll sei" (Boesch 1998, S. 218).

Wenn auch auf den ersten Blick eine spirituelle Verbundenheit mit dem Cyberspace wenig wahrscheinlich ist, so kann sich dies angesichts einer sich rasch weiter entwickelnden Technologie über kurz oder lang verändern. Mit Geräten und Vorrichtungen wie den Oculus Rift Brillen kann sich der Mensch bereits heute eine erweiterte Realität verschaffen. Die „full immersion VR environments" vermitteln das Gefühl, in die virtuelle Welt hineingezogen zu werden, darin einzutauchen und mit ihr zu verschmelzen. Es weist darauf hin, dass Transzendenzerfahrungen auch jenseits realer Umwelten möglich sind.

Problematische Formen der Befriedigung der spirituellen Bedürfnisse sind esoterische Seminare, Veranstaltungen, Riten und Praktiken, die eine Bewältigung des Alltagslebens eher erschweren und dadurch letztlich noch mehr Stress erzeugen, die Egozentrismus statt Verbundenheit hervorbringen, auf Selbst- statt Welterkenntnis setzen, religiös motivierte und legitimierte Gewalt fördern, die zerstört statt verbindet (Bucher und Oser 2008). Im Vergleich zu solchen realen Praktiken erscheinen subjektive Transzendenzerfahrungen in virtuellen Umwelten eher sinnstiftend als problematisch.

3.7.5 Das Virtuality Kontinuum

Fügt man realen Umwelten virtuelle Elemente hinzu, entsteht eine Augmented Reality (AR). Wie Oleksy und Wnuk (2016) in ihren Experimenten nachgewiesen haben, kann damit die kognitive Umweltaneignung intensiviert werden. Das Ziel der Forscher war, ambivalente oder negative Einstellungen zu Orten zu verändern, indem durch Hinzufügen virtueller Elemente die Historie sichtbar gemacht wird, was zu einem vertieften Eindruck und vermehrtem Wissen über den Ort führt. Dass die Überlegung stichhaltig ist, dass Wissen über die einstige Funktion und Bedeutung von Orten negative Bewertungen verändern kann, zeigt sich daran, dass geschichtsträchtige Orte wie die Altstadt oder alte Klosteranlagen wegen ihrer Geschichte wertgeschätzt werden. Es sind Orte, die „Geschichte lebendig werden lassen". In der Untersuchung von Oleksy und Wnuk durchwanderten Versuchspersonen einen Stadtteil in Warschau, der nach dem zweiten Weltkrieg abgerissen worden war. An dieser Stelle wurde ein Stadtteil im sozialistischen

Stil errichtet. Die Versuchspersonen in der experimentellen Gruppe wurden mit einem Smartphone mit einer Augmented Reality application ausgestattet, das an 16 Orten Szenen aus früheren Zeiten zeigte. Die Versuchspersonen der Kontrollgruppe wanderten nicht durch den Stadtteil, sie bekamen die Szenen auf einem Computerbildschirm gezeigt. Anschließend füllten alle Beteiligten einen Fragebogen aus. Das Ergebnis war, dass das Einblenden virtueller Szenen aus vergangenen Zeiten beim Durchwandern des Stadtteils einen vertieften Eindruck hinterließ. Bei den Versuchspersonen in der Kontrollgruppe, die lediglich alte Fotos angeschaut hatten, war das nicht der Fall. Kommentare waren, dass die AR Technologie sehr beeindruckend sei; man würde auf diese Weise die früheren Orte wieder entdecken. „It was really great to search for these sites during the walk" (Oleksy und Wnuk 2016, S. 14). Für die Prognose der Forscher, dass die Augmented Reality Technologie eine große Zukunft hat, spricht, dass diese eine erweiterte Umweltwahrnehmung und damit auch einer intensivierte Umweltaneignung ermöglicht.

Die Augmented Reality lässt sich als Stufe auf einem Virtuality Kontinuum einordnen, das Milgram und Kishino (1994) konzipiert haben. Es erstreckt sich zwischen vollkommen realen und gänzlich virtuellen Umwelten (vgl. Abb. 3.21). Zwischen den beiden Polen liegt der Bereich der Mixed Reality mit den Stufen Augmented Reality und Augmented Virtuality. Floridi (2015) hat diese Mischung aus realen und virtuellen Elementen als Infosphäre bezeichnet.

Die Augmented Reality ist eine Stufe auf diesem Kontinuum, sie bezeichnet reale Umwelten, die mithilfe virtueller Elemente erweitert wurden. Azuma et al. (2001), die sich auf das Kontinuum von Milgram und Kishino bezogen haben, definierten die Augmented Reality als „the real world with virtual (computer-generated) objects that appear to coexist in the same space as the real world" (S. 34). Virtuelle Umwelten am anderen Ende der Skala sind komplett künstliche Umwelten, in die der Mensch eintaucht. „Such a world may mimic the properties of some real-world environments … however, it can also exceed the bounds of physical reality by creating a world in which the physical laws ordinarily governing space, time, mechanics, material properties, etc. no longer hold"

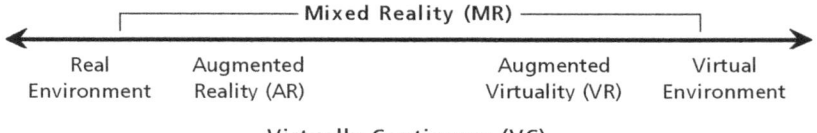

Abb. 3.21 Virtuality Kontinuum. (Milgram und Kishino 1994)

(Milgram und Kishino 1994). Virtuelle Umwelten können folglich sowohl völlig andersartige als auch künstliche, auf Ähnlichkeit bedachte Nachbildungen realer Umwelten sein. Es sind verschiedene Varianten von visuellen Mixed Realities, die Milgram und Kishino beschrieben haben. Es sind allesamt Beispiele für eine Komplementarität von realer und virtueller Welt.

Tamura et al. (2001) haben in ihren Mixed-Reality Experimenten ebenfalls das Augenmerk auf mit realen Objekten erweiterte virtuelle Umwelten gerichtet. Ein Beispiel ist eine computergenerierte Hochhausszenerie, in die Fotos von realen Bäumen hinein projiziert werden. Tamura et al. sind wie Milgram und Kishino davon überzeugt, dass die Mixed-Reality Technologien in vielen Bereichen von großem Nutzen sein können, darunter der Architektur und Stadtplanung sowie der Freizeit- und Unterhaltungsindustrie. Der Mensch kann sich verschiedene Entwürfe anschauen; es ist ein Probehandeln vergleichbar demjenigen im Spiel, ein Erforschen des Raums allerdings nur mit den Augen und ohne körperliche Fortbewegung. Durch Variieren der realen oder virtuellen Objekte in einer virtuellen oder realen Umwelt lassen sich verschiedene Entwürfe ausprobieren und vergleichen und der – gemessen an den jeweils zugrunde liegenden Kriterien – beste bestimmen.

3.8 Verändert sich der Mensch?

Wenn sich die Umwelt wandelt, verändern sich die Interaktionen zwischen Mensch und Umwelt und damit auch der Mensch. Obwohl systematische empirische Untersuchungen zu den genauen Auswirkungen der Digitalisierung auf den Menschen zu großen Teilen noch Forschungsdesiderat sind, so ist doch längst unstrittig, dass Computer und Internet die Lebenswelt des Menschen verändert haben. Dass sämtliche Lebensbereiche davon betroffen sind, wurde im zweiten Kapitel dargelegt. Veränderungen ergeben sich vor allem durch die Arbeitsteilung zwischen Mensch und Computer, durch Big Data, durch die Anonymität des Internet, die Online-Kommunikation und die Unabhängigkeit von Kontakten und Aktionen von realen Orten.

In welcher Weise verändert sich die Informationsaufnahme und -verarbeitung?
Die Veränderungen beginnen bei den Sinneskanälen, über die der Mensch Informationen aus der Umwelt erhält. Der Cyberspace ist weit überwiegend eine visuelle Welt mitunter auch mit akustischem Zubehör. Riechen, Schmecken, Berührtwerden, Anfassen und Greifen sowie Körperwahrnehmungen kommen darin nicht vor. Weil diese Sinnesempfindungen eng mit dem emotionalen

Erleben zusammenhängen, ist der Cyberspace nicht nur sensorisch, sondern auch emotional ärmer und deshalb auch weniger authentisch. Er ist weitaus weniger ein gestimmter Raum (Kruse 1996). Er besitzt nicht die tief reichende Gestimmtheit, wie man sie in realen Umwelten findet.

Der Mensch kann die Menge an Information aus der Umwelt nur zu einem Bruchteil aufnehmen und verarbeiten. Wenn diese Selektion nicht von ihm selbst vorgenommen wird, sondern der Computer die Auswahl trifft, verliert er seine Autonomie. Wenn er mit zu ihm passenden Informationen beliefert wird und scheinbar unpassende vom Computer ausgeblendet werden, die jedoch neue Horizonte eröffnen und Kreativität wecken könnten, verringern sich die Chancen, Neues zu entdecken, etwas hinzu zu lernen und so das vorhandene Wissen zu vermehren. Wegen mangelnder Anreize, die das Neue bietet, geht auch die Motivation, die Umwelt zu erkunden und zu erforschen, verloren. Eine aktive selbstbestimmte Umwelterkundung findet nicht mehr statt, wenn man die Ziel- und Wegfindung dem Computer überlassen hat. Doch dadurch wird der Mensch immer abhängiger z. B. von Navigationsgeräten, weil er selbst keine räumlichen Strukturen mehr speichert. Der Computer übernimmt die Arbeit, der Mensch gewinnt an Komfort, verliert aber seine Autonomie.

Welche neuen Stressoren und Möglichkeiten der Stressbewältigung tauchen im Zuge der Digitalisierung auf?

Technische Innovationen stellen Anforderungen an den Menschen. Die Digital Immigrants müssen lernen, damit umzugehen, während die Digital Natives den Vorteil haben, dass die digitalisierte Gesellschaft für sie von Anfang an ein selbstverständlicher Kontext ist. Es tauchen neue Stressoren wie Technostress auf, zugleich aber auch neue Modalitäten der Stressbewältigung. Der Mensch kann jetzt der realen Umwelt den Rücken kehren und sich eskapistisch verhalten. Er setzt seine technische Kompetenz ein, um dem Stress, den er in der realen Umwelt erlebt, zu entgehen. Internetsucht und Computerspielsucht sind nicht selten auch das Ergebnis einer, an den langfristigen Folgen gemessen, nicht gelungenen Stressbewältigung. Auch hier geht wiederum die Autonomie verloren, wenn die Internetnutzung pathologische Ausmaße annimmt. Die primäre Prävention besteht in einer Verminderung von Belastungen in realen Umwelten sowie der Förderung des Erwerbs erfolgreicherer Coping-Strategien.

Verändert das Internet die Identität?

In der realen Umwelt sind die körperlich anwesenden Menschen unverwechselbar, jeder Mensch sieht anders aus und bewegt sich in einer charakteristischen Weise. Im anonymen Raum des Internet, in dem sich die Menschen überwiegend textlich und nicht leiblich präsentieren, sind sie weniger leicht unterscheidbar. In der virtuellen Welt kommt es zu einer Deindividuation. Die personale Identität verliert im Cyberspace noch aus einem weiteren Grund an Konturen, weil nämlich das Internet weitreichende Möglichkeiten der Selbstdarstellung und Selbstinszenierung bietet. Der Mensch möchte von anderen positiv gesehen und anerkannt werden, sodass er sich im Internet im Allgemeinen so darstellt, dass die anderen von ihm den gewünschten Eindruck bekommen.

Häufige Online Kontakte und soziale Netzwerke sowie die Orientierung an den Denkweisen und Normen der Gemeinschaften, denen man sich zugehörig fühlt, bekräftigen die soziale Identität. Man definiert sich verstärkt als Mitglied einer Gruppe, die sich von anderen Gruppen unterscheidet und allein schon durch diese Differenzierung davon abgrenzt. Die Normen der Gruppe werden übernommen und beeinflussen das Verhalten gegenüber anderen Gruppen. Man ist weniger einzigartiges Individuum, sondern vor allem Mitglied einer Gruppe.

Was ändert sich, wenn seltener Face-to-Face und stattdessen häufiger online kommuniziert wird? Wird der Mensch im anonymen Cyberspace asozialer?
Wenn Online Kontakte und virtuelle Gemeinschaften an die Stelle von Face-to-Face-Kontakten und realen Gruppen treten, ändern sich die zwischenmenschlichen Beziehungen und sozialen Interaktionen. Bezogen auf die gesamten kommunikativen Aktivitäten ändert sich nur ein Teil, denn Face-to-Face und Online Kontakte existieren im Allgemeinen parallel. Die computerbasierte Kommunikation hat neue Möglichkeiten der Kontaktaufnahme und des sozialen Austauschs geschaffen, die weniger aufwendig sind. Online-Kontakte sind insgesamt weniger persönlich, sie sind versachlicht und technisiert, wenn z. B. Tickets, Eintrittskarten, Bücher, Geld und sonstige Güter über das Internet beschafft werden. Bei solchen Transaktionen entfällt jeder persönliche Kontakt.

Ein Gewinn an Autonomie brachte die Möglichkeit, ortsunabhängig und asynchron zu kommunizieren. Man kann über weite Entfernungen hinweg miteinander Verbindung aufnehmen, sodass Kontakte, auch wenn man räumlich weit voneinander entfernt ist, nicht abreißen müssen. Eine asynchrone Kommunikation kann entlastend und konfliktmindernd sein, weil man sich die Äußerungen und Erwiderungen genau überlegen und noch einmal durch den Kopf gehen lassen kann. Auf der anderen Seite sind Online-Kontakte im Vergleich zu Face-to-Face Begegnungen arm an nonverbalen Hinweisreizen, was bei unklaren Botschaften leicht zu Missverständnissen führen kann. Weil über den Computer problemlos wiederholt kommuniziert werden kann, können diese im Prinzip aber auch leichter wieder ausgeräumt werden.

Die Frage, ob der Mensch durch die vielfältigeren Kommunikationsmöglichkeiten sozialer oder durch die vermehrte Online Kommunikation unsozialer wird, lässt sich nicht pauschal beantworten. Es wäre ein Abwägen zwischen vielen Online-Kurznachrichten und wenigen auf traditionelle Weise übermittelten längeren Botschaften. Die Orts- und Zeitunabhängigkeit von Online Kontakten ermöglicht jedoch weitreichende Verbindungen und bietet ein hohes Maß an Zeitsouveränität.

Wird der Mensch im anonymen Cyberspace asozialer? In realen Umwelten lässt sich Mobbing verorten. Die Attacken sind meistens örtlich und zeitlich begrenzt, sodass es Mobbing-freie Räume gibt. Die Täter lassen sich ausfindig machen, sodass man sie zur Rechenschaft ziehen kann. Im Cyberspace gibt es keinen solchen Schonraum, man kann den Angriffen nirgendwo entkommen. Ein großes Problem ist die Anonymität der Angreifer. Wohl wissend, dass man sie nicht oder nur sehr schwer finden kann, hindert sie nichts daran, sich sozial schädigend zu verhalten, wenn ihr moralisches Verhalten allein auf der Furcht vor Bestrafung beruht. Auch intendierte negative Bewertungen von Personen auf Bewertungsportalen lassen sich dem Cybermobbing zu rechnen. Ursache kann eine reale schlechte Beurteilung sein, die bei den „Verurteilten" Aggressionen hervorruft. Die Anonymität des Internet bietet ihnen die Gelegenheit, den Beurteiler zu verleumden. Weil Anonymität die Möglichkeiten von Sanktionen vereitelt, die jedoch manche Täter davon abhalten würden, sich antisozial zu verhalten, ist in der digitalisierten Gesellschaft mit vermehrter Bösartigkeit zu rechnen.

Hat Privatheit im Cyberspace überhaupt noch eine nennenswerte Bedeutung? Ist man eher bereit sich zu öffnen, weil der Cyberspace anonym ist?
Die ungeheure Leistungsfähigkeit von Computern, über eine Vielzahl von Sensoren persönliche Daten aller Art zu sammeln und zu speichern, gefährdet die Privatheitssphäre. In realen Umwelten gibt es dingliche Mittel, um sich von anderen abzuschirmen oder sich ihnen gegenüber zu öffnen. Man kann eine Mauer errichten, ein Fenster einbauen, eine Tür öffnen oder schließen. Im Cyberspace gibt es solche dinglichen und räumlichen Mittel nicht. Zugleich ist aber auch zu beobachten, dass Menschen im Internet eher dazu tendieren, sich zu öffnen, was mit der Anonymität des Cyberspace erklärt wurde. Offensichtlich funktioniert Privatheit in der virtuellen Welt anders als in realen Umwelten, wofür auch das Privatheitsparadox spricht: Man gibt unbekümmert persönliche Daten preis und befürchtet zugleich, ausgespäht zu werden. Man möchte sichtbar, aber doch nicht gläsern sein. Wenn ein selbstbestimmtes Alleinsein oder Zusammensein mit anderen nicht realisiert werden kann, ist das ein Verlust an Privatheit und individueller Autonomie, entsprechend der Feststellung von Rößler (2001), dass wir Privatheit schätzen, weil sie uns Autonomie beschert.

Macht sich der Mensch seine Umwelt weniger zu eigen, wenn der Computer Aufgaben übernimmt?
Wenn der Computer die Routenplanung und andere raumbezogene Aufgaben übernimmt, entfällt das Erfordernis, die Umwelt zu verstehen und sich darin auszukennen. Der Mensch erwirbt weniger Umweltwissen und verliert damit an Autonomie. Die Beschaffenheit der Umwelt wie insbesondere ihre Überschaubarkeit und Lesbarkeit spielen keine Rolle mehr, wenn der Computer alles richtet. Dadurch lockern sich die Beziehungen des Menschen zur realen Umwelt.

Fazit

Auch in einer digitalisierten Gesellschaft bleibt die reale Umwelt ohne Zweifel die Basis, ohne die Menschen nicht existieren könnten. Die Computerisierung ist keine Frage der Substitution, sondern der Koexistenz, jedoch verbunden mit der Frage, inwieweit und in welcher Weise sich dadurch der Erfahrungs- und Handlungsraum des Menschen so verändert, dass das Ergebnis – aus heutiger Sicht – negativ zu bewerten ist.

Eine Einschränkung des Handlungsraums bedeutet eine Verringerung an Selbstbestimmtheit und Autonomie. Dies ist der Fall, wenn der Computer bestimmte Aufgaben übernimmt, und die Fähigkeiten, die andernfalls dafür erforderlich wären, nicht mehr gebraucht werden. Man muss z. B. nicht mehr rechnen können, wenn der Computer es tut; man braucht nicht mehr richtig zu schreiben, wenn der Computer falsch Geschriebenes automatisch korrigiert; man muss weniger lernen, wenn man Suchmaschinen bedienen kann, die das Wissen liefern. Man muss keinen Führerschein mehr erwerben, wenn der Computer das Auto steuert. Dank der digitalen Technik besteht auch keine Notwendigkeit mehr, Raumstrukturen im Langzeitgedächtnis zu speichern. Der Mensch gibt Autonomie auf und bekommt dafür Komfort geboten.

Die Beispiele zeigen, dass manches Know-how sowie bestimmte Fähigkeiten und Fertigkeiten verzichtbar werden, was sowohl als Entlastung als auch als Verlust an Selbstbestimmtheit gesehen werden kann.

Der Erfahrungsraum schrumpft zusammen, wenn man nicht mehr in der realen Umwelt unterwegs ist, in der man hier und da auch auf Neues und Überraschendes trifft. Der Handlungsraum verkleinert sich, wenn der Computer Aufgaben übernimmt, die mit persönlichen Entscheidungen verbunden sind, z. B. wenn der Computer die Informationsselektion übernimmt und damit das Problem des information overload löst. In jedem Fall ist es ein Verlust an Kontrolle über das, was man über die Umwelt erfährt.

Tief greifend verändert hat sich das Sozialleben, indem die sozialen Interaktionen zu einem wesentlichen Teil nicht mehr direkt Face-to-Face stattfinden, sondern orts- und zeitunabhängig sowie asynchron. Es sind keine Interaktionen mehr, in denen die unmittelbare Rückmeldung den Verlauf des kommunikativen Prozesses steuert. Andererseits bilden sich vielerlei virtuelle Gemeinschaften, die dem Bedürfnis nach Zugehörigkeit entgegen kommen und das soziale Umfeld bereichern. Reale Treffpunkte und deren Ambiente spielen bei Online Kontakten indessen keine Rolle. Hier wird wieder deutlich, dass die Digitalisierung weder nur vorteilhaft noch nur nachteilig ist.

Es kommt vielmehr darauf an, wie der Mensch sich in der technischen Kultur einrichtet, wie er das Internet nutzt, wie er mit den neuen Technologien umgeht, wie er deren Möglichkeiten ausschöpft, um sein Alltagserleben zu erleichtern, zu strukturieren und zu bereichern, um seine sozialen Bedürfnisse zu befriedigen, um sein Wissen zu vermehren und sich weiter zu entwickeln.

Der Mensch würde ein anderer werden, wenn seine Erlebnismöglichkeiten eingeschränkt werden und die soziale Umwelt anonymer wird. Er würde weniger Erfahrungswissen im Gedächtnis speichern, er würde weniger sozial handeln, zugleich jedoch vermehrt danach streben, seine sozialen Bedürfnisse nach Kontakt und Zugehörigkeit zu befriedigen. Deshalb wäre ihm noch mehr daran gelegen, Gemeinschaften anzugehören und ein Sozialwesen statt ein einsames Einzelwesen zu sein. Damit die negativen Effekte weniger durchschlagen, sollten die Beziehungen zwischen Mensch und realer Umwelt gepflegt werden.

Literatur

Abrams, D. (1992). Processes of social identification. In G. Breakwell (Hrsg.), *Social psychology of identity and the self-concept* (S. 57–99). London: Academic Press.

Ajzen, I. (1991). The theory of planned behavior. *Organizational Behavior and Human Decision Processes, 50,* 179–211.

Altman, I. (1976). Privacy. A conceptual analysis. *Environment and Behavior, 8,* 7–29.

Amichai-Hamburger, Y. (2002). Internet and personality. *Computers in Human Behavior, 18,* 1–10.

Anderson, M. L. (2003). Embodied cognition: A field guide. *Artificial Intelligence, 149,* 91–130.

Anderson, C. A., & Bushman, B. J. (2001). Effects of violent video games on aggressive behavior, aggressive cognition, aggressive affect, physiological arousal, and prosocial behavior: A meta-analytical review of the scientific literature. *Psychological Science, 12,* 353–359.

Anderson, L. M., Mulligan, B. E., Goodman, L. S., & Regen, H. Z. (1983). Effects of sounds on preferences for outdoor settings. *Environment and Behavior, 15,* 539–566.

Azuma, R., Baillot, Y., Behringer, R., Feiner, S., Julier, S., & MacIntyre, B. (2001). Recent advances in augmented reality. *Computer Graphics and Applications, IEEE, 21*(6), 34–47.

Bandura, A. (1978). A social learning theory of aggression. *Journal of Communication, 28*(3), 12–29.

Bandura, A. (1979). *Sozial-kognitive Lerntheorie.* Stuttgart: Klett-Cotta.

Bandura, A. (1995). Exercise of personal and collective efficacy in changing societies. In A. Bandura (Hrsg.), *Self-efficacy in changing societies* (S. 1–45). Cambridge: Cambridge University Press.

Bandura, A. (1997). *Self-efficacy: The exercise of control.* New York: Freeman.

Bandura, A., Ross, D., & Ross, S. A. (1963). Imitation of film-mediated aggressive models. *Journal of Abnormal and Social Psychology, 66,* 3–11.

Barnes, S. (2006). A privacy paradox: Social networking in the United States. *First Monday, 11*(9). http://firstmonday.org/issues/issue11_9/Barnes/index.html-4.

Batson, C. D. (2011). These things called empathy: Eight related but distinct phenomena. In J. Decety & W. Ickes (Hrsg.), *The social neuroscience of empathy* (S. 3–15). Cambridge: MIT Press.

Belk, R. W. (2013). Extended self in a digital world. *Journal of Consumer Research, 40,* 477–500.

Bell, P. A., Greene, T. C., Fisher, J. D., & Baum, A. (1996). *Environmental psychology* (4. Aufl.). Fort Worth: Harcourt College.

Ben-Ze'ev, A. (2003). Privacy, emotional closeness, and openness in cyberspace. *Computers in Human Behavior, 19,* 451–467.

Bierhoff, H. W. (1996). Spielumwelt. In L. Kruse, C. F. Graumann, & E. D. Lantermann (Hrsg.), *Ökologische Psychologie. Ein Handbuch in Schlüsselbegriffen* (S. 365–370). Weinheim: Psychologie Verlags Union.

Bierhoff, H. W. (2002). *Einführung in die Sozialpsychologie.* Weinheim: Beltz.

Bischof, N. (1996). *Das Kraftfeld der Mythen.* München: Piper.

Bischof, N. (2012). *Moral. Ihre Natur, ihre Dynamik und ihr Schatten.* Köln: Böhlau.

Bishop, I. D., Ye, W.-S., & Karadaglis, C. (2001). Experiential approaches to perception response in virtual worlds. *Landscape and Urban Planning, 54,* 115–123.

Boesch, E. E. (1998). *Sehnsucht. Von der Suche nach Glück und Sinn.* Bern: Huber.

Bollnow, O. F. (1971). *Mensch und Raum* (2. Aufl.). Stuttgart: Kohlhammer.

Boos, M., & Jonas, K. J. (2008). Medienvermittelte Kommunikation. In B. Batinic & M. Appel (Hrsg.), *Medienpsychologie* (S. 195–217). Heidelberg: Springer Medizin.

Bredekamp, H. (2007). *Bilder bewegen.* Berlin: Wagenbach.

Bucher, A. A. (2007). *Psychologie der Spiritualität.* Weinheim: Beltz/PVU.

Bucher, A. A., & Oser, F. (2008). Entwicklung von Religiosität und Spiritualität. In R. Oerter & L. Montada (Hrsg.), *Entwicklungspsychologie.* (6. Aufl., S. 607–624). Weinheim: Beltz/PVU.

Carles, J. L., Barrio, I. L., & de Lucio, J. V. (1999). Sound influence on landscape values. *Landscape and Urban Planning, 43*(4), 191–200.

Catanese, K. R., & Tice, D. M. (2005). The effect of rejection on anti-social behaviors. Social exclusion produces aggressive behaviors. In K. D. Williams, J. P. Forgas, & W.

von Hippel (Hrsg.), *The social outcast. Ostracism, social exclusion, rejection, and bullying* (S. 297–306). New York: Psychology.

Ceyhan, A. A., & Ceyhan, E. (2008). Loneliness, depression, and computer self-efficacy as predictors of problematic Internet use. *CyberPsychology and Behavior, 11*, 699–701.

Cialdini, R. B. (2001). *Die Psychologie des Überzeugens* (3. Aufl.). Bern: Huber.

Clayton, R. B., Leshner, G., & Almond, A. (2015). The extended iSelf: The impact of iPhone separation on cognition, emotion, and physiology. *Journal of Computer-Mediated Communication, 20*, 119–135. doi:10.1111/jcc4.12109.

Davis, J. L., Green, J. D., & Reed, A. (2009). Interdependence with the environment: Commitment, interconnectedness, and environmental behavior. *Journal of Environmental Psychology, 29*, 173–180.

Deaux, K. (1993). Reconstructing social identity. *Personality and Social Psychology Bulletin, 19*, 4–12.

Dienlin, T., & Trepte, S. (2015). Ist the privacy paradox a relic of the past? An in-depth analysis of privacy attitudes and privacy behaviors. *European Journal of Social Psychology, 45*, 285–297.

DIVSI. (2014). *U25-Studie. Kinder, Jugendliche und junge Erwachsene in der digitalen Welt.* Hamburg: DIVSI.

Döring, N. (2003). *Sozialpsychologie des Internet* (2. Aufl.). Göttingen: Hogrefe.

Döring, N. (2004). Sozio-emotionale Dimensionen des Internet. In R. Mangold, P. Vorderer, & G. Bente (Hrsg.), *Lehrbuch der Medienpsychologie* (S. 769–791). Göttingen: Hogrefe.

Döring, N. (2008). Mobilkommunikation: Psychologische Nutzungs- und Wirkungsdimensionen. In B. Batinic & M. Appel (Hrsg.), *Medienpsychologie* (S. 219–239). Heidelberg: Springer Medizin.

Dovey, K. (1985). Home and homelessness. In I. Altman & C. M. Werner (Hrsg.), *Home environments* (S. 33–64). New York: Plenum.

Ekman, P. (2003). *Emotions revealed: Recognizing faces and feelings to improve communication and emotional life.* New York: Times Books.

Entman, R. M. (1993). Framing: Toward clarification of a fractured paradigm. *Journal of Communication, 43*, 51–58.

Eurelings-Bontekoe, E. H. M., Brouwers, E. P. M., & Verschuur, M. J. (2000). Homesickness among foreign employees of a multinational high-tech company in the Netherlands. *Environment and Behavior, 32*, 443–456.

Evans, G. W., & Cohen, S. (1987). Environmental stress. In D. Stokols & I. Altman (Hrsg.), *Handbook of environmental psychology* (Bd. 1, S. 571–610). New York: Wiley.

Feierabend, S., Karg, U., & Rathgeb, T. (2014). Mediennutzung von Jugendlichen: Zentrale Ergebnisse der JIM-Studie 2012. In T. Porsch & S. Pieschl (Hrsg.), *Neue Medien und deren Schatten. Mediennutzung, Medienwirkung und Medienkompetenz* (S. 29–51). Göttingen: Hogrefe.

Fischer, M., & Stephan, E. (1996). Kontrolle und Kontrollverlust. In L. Kruse, C. F. Graumann, & E.-D. Lantermann (Hrsg.), *Ökologische Psychologie. Ein Handbuch in Schlüsselbegriffen* (S. 166–175). Weinheim: Psychologie Verlags Union.

Flade, A. (2006). *Wohnen psychologisch betrachtet* (2. Aufl.). Bern: Huber.

Flade, A. (2010). *Natur psychologisch betrachtet.* Bern: Huber.

Flade, A. (2013). *Der rastlose Mensch. Konzepte und Erkenntnisse der Mobilitätspsychologie.* Wiesbaden: Springer VS.

Floridi, L. (2015). *Die 4. Revolution. Wie die Infosphäre unser Leben verändert.* Berlin: Suhrkamp.

Freud, S. (1931). *Das Unbehagen in der Kultur* (2. Aufl.). Wien: Internationaler Psychoanalytischer Verlag.

Früh, H., & Brosius, H.-B. (2008). Gewalt in den Medien. In B. Batinic & M. Appel (Hrsg.), *Medienpsychologie* (S. 177–193). Heidelberg: Springer Medizin.

Fuhrer, U. (2008). Ortsidentität, Selbst und Umwelt. In E.-D. Lantermann & V. Linneweber (Hrsg.), *Grundlagen, Paradigmen und Methoden der Umweltpsychologie* (S. 415–442). Göttingen: Hogrefe.

Gaggioli, A. (2011). CyberSightings. *Cyberpsychology, Behavior, and Social Networking, 14*(12), 771–772. doi:10.1089/cyber.2011.1532.

Giard, F., & Guitton, J. (2016). Spiritus ex machina: Augmented reality, cyberghosts and externalised conciousness. *Computers in Human Behavior, 55,* 614–615.

Gifford, R. (2007). *Environmental psychology: Principles and practice* (4. Aufl.). Colville: Optimal Books.

Gimmler, R. (2007). Computer- und Videospiele. In U. Six, U. Gleich, & R. Gimmler (Hrsg.), *Kommunikationspsychologie – Medienpsychologie. Ein Lehrbuch* (S. 460–473). Weinheim: Beltz/PVU.

Gosling, S. D., & Mason, W. (2015). Internet research in psychology. *Annual Review of Psychology, 66,* 877–902.

Graumann, C. F. (1996). Aneignung. In L. Kruse, C. F. Graumann, & E. D. Lantermann (Hrsg.), *Ökologische Psychologie. Ein Handbuch in Schlüsselbegriffen* (S. 124–130). Weinheim: Psychologie Verlags Union.

Graumann, C. F. (1997). Die Erfahrung des Fremden. Lockung und Bedrohung. In A. Mummendey & B. Simon (Hrsg.), *Identität und Verschiedenheit* (S. 39–62). Bern: Huber.

Griffiths, M. D., & Parke, J. (2002). The social impact of Internet gambling. *Social Science Computer Review, 20,* 312–320.

Grosser, E. (2014). Umfrageergebnisse zur Online-Kommunikation. *Zeitpolitisches Magazin, 25,* 9–14.

Gustafson, P. (2001). Meanings of place: Everyday experience and theoretical conceptualizations. *Journal of Environmental Psychology, 21,* 5–16.

Haferkamp, N. (2010). *Sozialpsychologische Aspekte im Web 2.0.* Stuttgart: Verlag W. Kohlhammer.

Hagner, M., & GamesCoop, (2012). *Theorien des Computerspiels. Zur Einführung.* Hamburg: Junius.

Happ, Ch., Melzer, A., & Steffgen, G. (2014). Gewalthaltige Videospiele. In T. Porsch & S. Pieschl (Hrsg.), *Neue Medien und deren Schatten. Mediennutzung, Medienwirkung und Medienkompetenz* (S. 191–218). Göttingen: Hogrefe.

Hartmann, T. (2004). Computervermittelte Kommunikation. In R. Mangold, P. Vorderer, & G. Bente (Hrsg.), *Lehrbuch der Medienpsychologie* (S. 673–693). Göttingen: Hogrefe.

Heckhausen, H. (1964). Entwurf einer Psychologie des Spielens. *Psychologische Forschung, 27,* 225–243.

Heckhausen, H. (2010). Entwicklungslinien der Motivationsforschung. In J. Heckhausen & H. Heckhausen (Hrsg.), *Motivation und Handeln* (4. Aufl., S. 11–42). Berlin: Springer.

Heckhausen, J., & Heckhausen, H. (2010). Motivation und Handeln: Einführung und Überblick. In J. Heckhausen & H. Heckhausen (Hrsg.), *Motivation und Handeln* (4. Aufl., S. 1–9). Berlin: Springer.

Hellpach, W. (1950). *Geopsyche* (6. Aufl.). Stuttgart: Ferdinand Enke.

Heßler, M. (2012). *Kulturgeschichte der Technik.* Frankfurt: Campus.

Hofstätter, P. R. (1966). *Einführung in die Sozialpsychologie* (4. Aufl.). Stuttgart: Kröner.

Jin, B., & Park, N. (2010). In-person contact begets calling and texting: Interpersonal motives für cell phone use, Face-to-Face Interaction, and loneliness. *Cyberpsychology, Behavior and Social Networking, 13*(6), 611–618. doi:10.1089/cyber.2009.0314.

Joinson, A. N. (2001). Self-disclosure in computer-mediated communications: The role of self-awareness and visual anonymity. *European Journal of Social Psychology, 31,* 177–192.

Kaminski, G. (1996). Behavior-Setting-Analyse. In L. Kruse, C. F. Graumann, & E. D. Lantermann (Hrsg.), *Ökologische Psychologie. Ein Handbuch in Schlüsselbegriffen* (S. 154–159). Weinheim: Psychologie Verlags Union.

Kamitsis, I., & Francis, A. J. P. (2013). Spirituality mediates the relationship between engagement with nature and psychologiocal wellbeing. *Journal of Environmental Psychology, 36,* 136–143.

Kaplan, R., & Kaplan, S. (1989). *The experience of nature. A psychological perspective.* Cambridge: Cambridge University Press.

Keil, A., & Grau, O. (2005). Mediale Emotionen: Auf dem Weg zu einer historischen Emotionsforschung. In O. Grau & A. Keil (Hrsg.), *Mediale Emotionen. Zur Lenkung von Gefühlen durch Bild und Sound* (S. 7–19). Frankfurt: Fischer Taschenbuch.

Kitchin, R. M. (1994). Cognitive maps: What are they and why study them? *Journal of Environmental Psychology, 14,* 1–19.

Klimmt, C. (2004). Computer- und Videospiele. In R. Mangold, P. Vorderer, & G. Bente (Hrsg.), *Lehrbuch der Medienpsychologie* (S. 695–716). Göttingen: Hogrefe.

Kobiela, F. (2011). *Fahrerintentionserkennung für autonome Notbremssysteme.* Wiesbaden: Springer VS.

Kohlberg, L. (1996). *Die Psychologie der Moralentwicklung.* Frankfurt a. M.: Suhrkamp.

Kraut, R., Patterson, M., Lundmark, V., Kiesler, S., Mukopadhyay, T., & Scherlis, W. (1998). Internet paradox. A social technology that reduces social involvement and psychological well-being? *American Psychologist, 53,* 1017–1031.

Kruger, J., Epley, N., Parker, J., & Ng, Z.-W. (2005). Egocentrism over E-Mail: Can we communicate as well as we think? *Journal of Personality and Social Psychology, 89,* 925–936.

Kruse, L. (1996). Raum und Bewegung. In L. Kruse, C. F. Graumann, & E. D. Lantermann (Hrsg.), *Ökologische Psychologie. Ein Handbuch in Schlüsselbegriffen* (S. 313–324). Weinheim: Psychologie Verlags Union.

Lalli, M. (1992). Urban-related identity: Theory, measurement, and empirical findings. *Journal of Environmental Psychology, 12,* 285–303.

Leffelsend, S., Mauch, M., & Hannover, B. (2004). Mediennutzung und Medienwirkung. In R. Mangold, P. Vorderer, & G. Bente (Hrsg.), *Lehrbuch der Medienpsychologie* (S. 51–71). Göttingen: Hogrefe.

Lennox, A. (1990). De-coding the imagery of prisons: What role for environmental psychology? Review article. *Journal of Environmental Psychology, 10,* 273–284.

Liu, Q.-X., Fang, X.-Y., Wan, J.-J., & Zhou, Z.-K. (2016). Need satisfaction and adolescent pathological Internet use: Comparison of satisfaction perceived online and offline. *Computers in Human Behavior, 55*, 695–700.

Lück, A.-K. (2013). *Der gläserne Mensch im Internet*. Stuttgart: Kohlhammer.

Lück, H. E. (1993). *Psychologie sozialer Prozesse*. Wiesbaden: Springer VS.

Lück, H. E. (1996). *Geschichte der Psychologie* (2. Aufl.). Stuttgart: Kohlhammer.

Mangold, R. (2004). Infotainment und Edutainment. In R. Mangold, P. Vorderer, & G. Bente (Hrsg.), *Lehrbuch der Medienpsychologie* (S. 527–542). Göttingen: Hogrefe.

Mangold, R. (2007). *Informationspsychologie. Wahrnehmen und Gestalten in der Medienwelt*. München: Elsevier & Spektrum.

Maslow, A. H. (1981). *Motivation und Persönlichkeit*. Reinbek: Rowohlt. (Englische Ausgabe: Maslow, A. H. (1973). *Motivation and personality*. New York: Harper & Row).

Matthes, J. (2014). *Framing*. Baden-Baden: Nomos.

Mayer-Schönberger, V., & Cukier, K. (2013). *Big Data. Die Revolution, die unser Leben verändern wird*. München: Redline.

McKenna, K. Y. A., & Bargh, J. A. (1998). Coming out in the age of the Internet: Identity „de-marginalization" through virtual group participation. *Journal of Personality and Social Psychology, 75*, 681–694.

McKenna, K. Y. A., & Bargh, J. A. (1999). Causes and consequences of social interaction on the Internet. A conceptual framework. *Media Psychology, 1*, 249–269.

McKenna, K. Y. A., & Bargh, J. A. (2000). Plan 9 from cyberspace: The implication of the Internet for personality and social psychology. *Personality and Social Psychology Review, 4*, 57–75.

McMillan, S. J., & Morrison, M. (2006). Coming of age with the Internet: A qualitative exploration of how the Internet has become an integral part of young people's lives. *New Media & Society, 8*, 73–95.

Mehrabian, A., & Russell, J. A. (1974). *An approach to environmental psychology*. Cambridge: MIT Press.

Michelson, W. (1987). Measuring macroenvironment and behavior. The time budget and time geography. In R. B. Bechtel, R. W. Marans, & W. Michelson (Hrsg.), *Methods in environmental and behavioral research* (S. 216–245). New York: van Nostrand Reinhold.

Milani, L., Osualdella, D., & Di Blasio, P. (2009). Quality of interpersonal relationships and problematic Internet use in adolescence. *CyberPsychology and Behavior, 12*, 681–684.

Milgram, P., & Kishino, F. (1994). A taxonomy of mixed reality visual displays. IEICE *Transactions on Information Systems, E77-D*(12). http://vered.rose.utoronto.ca/people/paul%20dir/IEICE/ieice.html. Zugegriffen: 10. Okt. 2003.

Misra, S., & Stokols, D. (2012). Psychological and health outcomes of perceived information overload. *Environment and Behavior, 44*, 737–759.

Moore, R. C. (1999). Healing gardens for children. In C. Cooper Marcus & M. Barnes (Hrsg.), *Healing gardens: Therapeutic benefits and design recommendations* (S. 323–384). New York: Wiley.

Morf, C. C., & Koole, S. L. (2014). Das Selbst und soziale Identität. In K. Jonas, W. Stroebe, & M. Hewstone (Hrsg.), *Sozialpsychologie. Eine Einführung* (6. Aufl., S. 141–195). Heidelberg: Springer.

Mueller, P. A., & Oppenheimer, D. M. (2014). The pen is mightier than the keyboard: Advantages of longhand over laptop note taking. *Psychological Science, 25,* 1159–1168.

Münzer, S., Zimmer, H. D., Schwalm, M., Baus, J., & Aslan, I. (2006). Computer-assisted navigation and the acquisition of route and survey knowledge. *Journal of Environmental Psychology, 26,* 300–308.

Nasar, J. L. (1997). New developments in aesthetics for urban design. In G. T. Moore & R. W. Marans (Hrsg.), *Advances in environment, behavior, and design* (S. 151–193). New York: Plenum.

Neisser, E. (1988). Five kinds of self-knowledge. *Philosophical Psychology, 1,* 35–59.

Norman, K. L. (2008). *CyberPsychology: Introduction to the psychology of human/computer interaction.* Cambridge: Cambridge University Press.

Oerter, R. (1977). *Moderne Entwicklungspsychologie* (17. Aufl.). Donauwörth: Auer.

Oldenburg, R. (1999). *The great good place: Cafes, coffee shops, bookstores, bars, hair salons, and other hangouts at the heart of a community.* Cambridge: Da Capo.

Oldenburg, R. (2001). *Celebrating the third place. Inspiring stories about the „Great Good Places" at the heart of our communities.* New York: Marlowe.

Oleksy, T., & Wnuk, A. (2016). Augmented places: An impact of embodied historical experience on attitudes towards places. *Computers in Human Behavior, 57,* 11–16.

Pariser, E. (2012). *Filter Bubble. Wie wir im Internet entmündigt werden.* München: Hanser.

Pedersen, D. M. (1999). Model for types of privacy by privacy functions. *Journal of Environmental Psychology, 19,* 397–405.

Pfeffer, J., Zorbach, T., & Carley, K. M. (2014). Understanding online firestorms: Negative word-of-mouth dynamics in social media networks. *Journal of Marketing Communications, 20,* 117–128.

Pieschl, S., & Porsch, T. (2014). Cybermobbing – mehr als „Ärgern im Internet". In T. Porsch & S. Pieschl (Hrsg.), *Neue Medien und deren Schatten. Mediennutzung, Medienwirkung und Medienkompetenz* (S. 133–158). Göttingen: Hogrefe.

Pinel, J. P. J., & Pauli, P. (2012). *Biopsychologie, Kapitel 17.* London: Pearson.

Polce-Lynch, M., Myers, B. J., Kliewer, W., & Kilmartin, C. (2001). Adolescent self esteem and gender: Exploring relations to sexual harassment, body image, media influence, and emotional expression. *Journal of Youth and Adolescence, 30,* 225–244.

Porsch, T., & Pieschl, S. (Hrsg.). (2014). *Neue Medien und deren Schatten. Mediennutzung, Medienwirkung und Medienkompetenz.* Göttingen: Hogrefe.

Rehbein, F. (2014). Computerspiel- und Internetabhängigkeit. In T. Porsch & S. Pieschl (Hrsg.), *Neue Medien und deren Schatten. Mediennutzung, Medienwirkung und Medienkompetenz* (S. 219–243). Göttingen: Hogrefe.

Reinecke, L., & Trepte, S. (2008). Privatsphäre 2.0: Konzepte von Privatheit, Intimsphäre und Werten im Umgang mit „user-generated-content". In A. Zerfaß, M. Welker, & J. Schmidt (Hrsg.), *Kommunikation, Partizipation und Wirkungen im Social Web. Band 1: Grundlagen und Methoden: Von der Gesellschaft zum Individuum* (S. 205–228). Köln: Halem.

Rheinberg, F. (2010). Intrinsische Motivation und Flow-Erleben. In J. Heckhausen & H. Heckhausen (Hrsg.), *Motivation und Handeln* (4. Aufl., S. 365–387). Berlin: Springer.

Rheingold, H. (1994). Virtuelle Gemeinschaft. Soziale Beziehungen im Zeitalter des Computers. Bonn: Addison-Wesley (englische Ausgabe 1993).

Rompay, T. J. L. van, Vonk, D. J., & Fransen, M. L. (2009). The eye of the camera. Effects of security cameras on prosocial behavior. *Environment and Behavior, 41,* 60–74.

Rössler, B. (2001). *Der Wert des Privaten.* Frankfurt a. M.: Suhrkamp.

Rossmann, P. (2004). *Einführung in die Entwicklungspsychologie des Kindes- und Jugendalters.* Bern: Huber.

Russell, J. A., & Snodgrass, J. (1987). Emotion and the environment. In D. Stokols & I. Altman (Hrsg.), *Handbook of environmental psychology* (Bd. 1, S. 245–280). New York: Wiley.

Schönhammer, R. (1993). Zur Psychologie der Beifahrersituation. *Zeitschrift für Verkehrssicherheit, 39,* 166–169.

Schönhammer, R. (2009). *Einführung in die Wahrnehmungspsychologie. Sinne, Körper, Bewegung.* Wien: facultas.wuv.

Schönpflug, W. (1996). Umweltstress. In L. Kruse, C. F. Graumann, & E. D. Lantermann (Hrsg.), *Ökologische Psychologie. Ein Handbuch in Schlüsselbegriffen* (S. 176–180). Weinheim: Psychologie Verlags Union.

Schultz-Gambard, J. (1996). Persönlicher Raum. In L. Kruse, C. F. Graumann, & E. D. Lantermann (Hrsg.), *Ökologische Psychologie* (S. 325–332). Weinheim: Psychologie Verlags Union.

Shelton, J. T., Elliott, E. M., Eaves, S. D., & Exner, A. L. (2009). The distracting effects of a ringing cell phone: An investigation of the laboratory and the classroom setting. *Journal of Environmental Psychology, 29,* 513–521.

Sia, C.-L., Tan, B. C. Y., & Wei, K.-K. (2002). Group polarization and computer-mediated communication: Effects of communication cues, social presence, and anonymity. *Information Systems Research, 13,* 70–90.

Six, U. (2007). Exzessive und pathologische Mediennutzung. In U. Six, U. Gleich, & R. Gimmler (Hrsg.), *Kommunikationspsychologie – Medienpsychologie* (S. 356–371). Weinheim: Beltz/PVU.

Six, U. (2008). Medien und Entwicklung. In R. Oerter & L. Montada (Hrsg.), *Entwicklungspsychologie* (6. vollst. überarb. Aufl.,S. 885–926). Weinheim: Beltz/PVU.

Six, U., Gleich, U., & Gimmler, R. (Hrsg.). (2007). *Kommunikationspsychologie – Medienpsychologie.* Weinheim: Beltz/PVU.

Skjaeveland, O., & Gärling, T. (2002). Spatial -physical neighborhood attributes affecting social interactions among neighbors. In J. I. Aragones, G. Francescato, & T. Gärling (Hrsg.), *Residential environments* (S. 183–203). London: Bergin & Garvey.

Smith, A., & Williams, K. (2004). R u there? Ostracism by cell phone text messages. *Group Dynamics: Theory, Research and Practice, 8,* 291–301.

Sommer, R. (2002). Personal space in a digital age. In R. B. Bechtel & A. Churchman (Hrsg.), *Handbook of environmental psychology* (S. 647–660). New York: Wiley.

Spears, R., Postmes, T., Lea, M., & Wolbert, A. (2002). When are net effects gross products? The power of influence and the influenec of power in computer-mediated communication. *Journal of Social Issues, 58,* 91–107.

Srivastava, L. (2005). Mobile phones and the evolution of social behaviour. *Behaviour & Information Technology, 24,* 111–129.

Strayer, D. L., & Johnston, W. A. (2001). Driven to distraction: Dual-task studies of simulated driving and conversing on a cellular telefone. *Psychological Science, 12,* 462–466.

Stryker, C. (2012). *Hacking the future. Privacy, identity, and anonymity in the web.* New York: Overlook Duckworth.

Suler, J. (2004). The online disinhibition effect. *CyberPsychology and Behavior, 7,* 321–326.

Tajfel, H. (1982). Social psychology of intergroup relations. *Annual Review of Psychology, 33,* 1–39.

Tamura, H., Yamamto, H., & Katayama, A. (2001). Mixed reality. Future dreams seen at the border between real and virtual worlds. *Computer Graphics and Applications, IEEE, 21*(6), 64–70.

Tennant, J., Demaray, M. K., Coyle, S., & Malecki, C. K. (2015). The dangers of the web: Cybervictimization, depression, and social support in college students. *Computers in Human Behavior, 50,* 348–357.

Thomas, A. G., & Johansen, M. K. (2012). Inside out: Avatars as an indirect measure of ideal body self-presentation in females. Cyberpsychology. *Journal of Psychosocial Research on Cyberspace, 6*(3), 771–772. doi:10.5817/CP2012-3-3.

Tokunaga, R. S. (2010). Following you home from school: A critical review and synthesis of research on cyberbullying victimization. *Computers in Human Behavior, 26,* 277–287.

Toma, C. L., Hancock, J. T., & Ellison, N. B. (2008). Separating fact from fiction: An examination of deceptive self-presentation in online dating profiles. *Personality and Social Psychology Bulletin, 34,* 1023–1036.

Trepte, S., & Dienlin, T. (2014). Privatsphäre im Internet. In T. Porsch & S. Pieschl (Hrsg.), *Neue Medien und deren Schatten. Mediennutzung, Medienwirkung und Medienkompetenz* (S. 53–79). Göttingen: Hogrefe.

Trepte, S., Baumann, E., & Borges, K. (2000). „Big Brother": Unterschiedliche Nutzungsmotive des Fernseh- und Webangebots? *Media Perspektiven, 12,* 550–561.

Twigger-Ross, C.-L., & Uzzell, D. L. (1996). Place and identity processes. *Journal of Environmental Psychology, 16,* 205–220.

Walther, J. B. (2007). Selective self-presentation in computer-mediated communication: Hyperpersonal dimensions of technology, language, and cognition. *Computers in Human Behavior, 23,* 2538–2557.

Wehrheim, J. (2012). *Die überwachte Stadt. Sicherheit, Segregation und Ausgrenzung* (3. Aufl.). Opladen: Budrich.

Wei, R., & Lo, V. H. (2006). Staying connected while on the move: Cell phone use and social connectedness. *New Media & Society, 8,* 53–72.

Wellman, B. (2001). Physical place and cyberspace: The rise of personalized networking. *International Journal of Urban and Regional Research, 25,* 227–252.

Whitaker, R. (1999). *Das Ende der Privatheit. Überwachung, Macht und soziale Kontrolle im Informationszeitalter.* München: Kunstmann.

Williams, K., & Harvey, D. (2001). Transcendent experience in forest environments. *Journal of Environmental Psychology, 21,* 249–260.

Williams, K. D., & Zadro, L. (2005). Ostracism: The indiscriminate early detection system. In K. D. Williams, J. P. Forgas, & W. von Hippel (Hrsg.), *The social outcast. Ostracism, social exclusion, rejection, and bullying* (S. 19–34). New York: Psychology.

Winterhoff-Spurk, P. (2004). *Medienpsychologie. Eine Einführung* (2. Aufl.). Stuttgart: Kohlhammer.

Witt, R. (2005). Sucht. In D. Frey & C. Graf Hoyos (Hrsg.), *Psychologie in Gesellschaft, Kultur und Umwelt* (S. 172–180). Weinheim: Beltz/PVU.

Wölfling, K., Thalemann, R., & Grüsser, S. M. (2008). Computerspielsucht: Ein psychopathologischer Symptomkomplex im Jugendalter. *Psychiatrische Praxis, 35,* 226–232.

Wright, M. F. (2013). The relationship between young adults' beliefs about anonymity and subsequent cyber aggression. *Cyberpsychology, Behavior and Social Networking, 16*(12), 858–862. doi:10.1089/cyber.2013.0009.

Young, K. S. (1998). Internet addicition: The emergence of a new clinical disorder. *Cyber-Psychology & Behavior, 1,* 237–244.

Zillmann, D. (2004). Emotionspsychologische Grundlagen. In R. Mangold, P. Vorderer, & G. Bente (Hrsg.), *Lehrbuch der Medienpsychologie* (S. 101–128). Göttingen: Hogrefe.

Zimbardo, P. G., & Ruch, F. L. (1975). *Psychology and life* (9. Aufl.). Glenview: Scott, Foreman

Zinnecker, J. (2001). *Stadtkids. Kinderleben zwischen Straße und Schule.* Weinheim: Juventa.

Zuckerman, M. (1994). *Behavioral expressions and biosocial bases of sensation seeking.* Cambridge: Cambridge University Press.

Zur Bedeutung realer Umwelten

4.1 Standpunkte und Argumente

Bewirkt die Digitalisierung, dass die reale Umwelt unwichtiger wird und man auf manche Orte sogar verzichten kann, weil niemand mehr dort hingeht? Braucht man noch Treffpunkte, wenn immer mehr online kommuniziert wird? Dazu gibt es unterschiedliche Standpunkte:

- „More and more of personal experience and social relations become mediated by information and communication technologies, and thus disembedded from their local context ... modernity and internationalization produce ‚placelessness‘, lacking sense of place and inauthentic physical environments" (Gustafson 2001, S. 59).
- „Public places are an important part of cities. They may enhance people's quality of life, sense of attachment, collective and social culture, mental and physical health, and sociability" (Abdulkarim und Nasar 2014, S. 805 f.).
- „Wenn man die Welt als Information betrachtet, als einen Datenozean, den man in immer größerer Breite und Tiefe erforschen kann, dann eröffnet uns das eine bisher unbekannte Sicht auf die Wirklichkeit" (Mayer-Schönberger und Cukier 2013, S. 123 f.).

Dem „pessimistischen" Standpunkt, in dem sich die Substitutionshypothese widerspiegelt, der im Begriff „placelessness" zum Ausdruck kommt, stehen eine Gegenthese und eine „optimistische" Aussage gegenüber: der Standpunkt, dass öffentliche Plätze die Lebensqualität des Menschen und die Qualität seiner Lebensumwelt erhöhen, und die Aussage, die in Richtung der Komplementaritätshypothese zielt, dass die Digitalisierung erweiterte Möglichkeiten der Welterkenntnis mit sich bringt.

© Springer Fachmedien Wiesbaden 2017
A. Flade, *Third Places – reale Inseln in der virtuellen Welt*,
DOI 10.1007/978-3-658-09688-5_4

4.1.1 „Placelessness"

Was die sozialen Beziehungen und die Kommunikation betrifft, spielt die
Beschaffenheit und das Ambiente eines Ortes, an dem man online miteinander
kommuniziert, nur eine untergeordnete Rolle. Es kann jeder beliebige Ort sein, an
dem man sich gerade aufhält. Man braucht dazu keinen „place"; ein Smartphone
reicht aus. Leseräume in Bibliotheken müssen nicht mehr besonders groß sein,
weil man Bücher und Schriften aus deren Bestand nicht mehr dort lesen muss,
sondern die Texte der elektronischen Ausgaben auf den eigenen Computer her-
unterladen und an jedem beliebigen Ort durcharbeiten kann. Placelessness impli-
ziert so, dass Ressourcen eingespart werden können, um all diese jetzt weniger
gebrauchten Orte zu planen, herzustellen und zu erhalten. Dass man allerdings
zumindest gegenwärtig nicht zu rigoros einsparen sollte, zeigen die immer noch
gut besuchten Bibliotheken und gefüllten Lesesäle. Einsparmöglichkeiten lassen
sich an vielen weiteren Stellen ausmachen: Man könnte auf Bänke auf öffentlichen Plätzen, auf Bäume und Pflanzen und Grünanlagen verzichten und die für
die Stadtplanung zuständigen Ämter verkleinern, wenn sich das öffentliche Leben
zu wesentlichen Teilen im Cyberspace abspielt. Man könnte Büromieten einsparen, wenn der Anteil an Mobile Workers ohne festen Büroarbeitsplatz weiter
zunimmt. Man könnte die traditionellen Universitäten und Hochschulen in virtuelle Universitäten umwandeln, sodass man keine Hörsäle mehr benötigen würde.
Und man bräuchte auch keine Gemeinschaftsräume in Wohnsiedlungen mehr, die
Flächen in Anspruch nehmen, die man auch für den Bau weiterer Wohnungen gut
gebrauchen könnte, wenn nachbarliche Treffen ohnehin niemanden mehr interessieren. Es könnte auf Investitionen verzichtet werden, wenn weniger draußen
gespielt wird, weil das Angebot an Computerspielen so vielfältig geworden ist,
dass man Spielorte und Spielplätze für andere Nutzungen zur Verfügung stellen
könnte. Und man kann das Geld für kostspielige Museumsbauten sparen, wenn
virtuelle Museen ausreichen, in denen man am Bildschirm in Ruhe und nicht im
Gedränge die Exponate von allen Seiten betrachten kann. Und man muss auch
nicht mehr beklagen, dass archäologische Stätten zerstört werden, wenn es davon
perfekte Online Dokumentationen gibt. Warum sollte man sich also noch Gedanken über eine funktionale und bedürfnisgerechte Umweltgestaltung oder Erhaltung des kulturellen Erbes machen?

Wenn mediale Darstellungen und Internet all das ersetzen könnten, bräuchte
man konsequenterweise weniger in die Umweltgestaltung zu investieren. Der

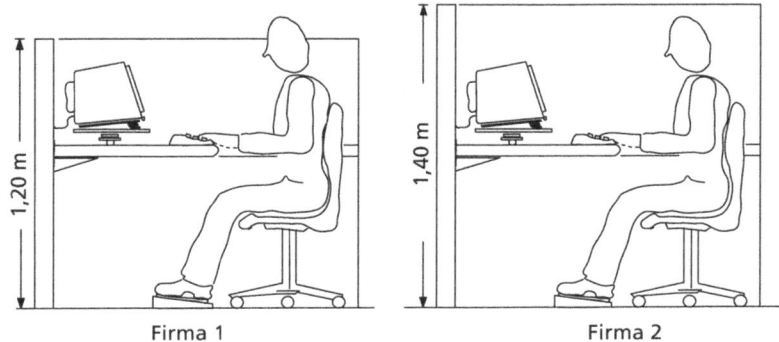

Abb. 4.1 Höhe von Trennwänden und visuelle Privatheit. (Yilderim et al. 2007, S. 158)

IT-Experte könnte an die Stelle des Architekten und Stadtplaners rücken. Auch manche Forschungsfragen würden sich erübrigen. Man bräuchte sich zum Beispiel keine Gedanken mehr darüber zu machen, wie hoch die Trennwände zwischen den individuellen Arbeitsplätzen in Großraumbüros sein sollten. Yilderim et al. (2007) haben darüber nachgedacht und eine Untersuchung dazu durchgeführt. Das Ergebnis war, dass eine Höhe von 1,20 m nicht ausreicht, eine Höhe von 1,40 m indessen genügt, um visuelle Privatheit am Arbeitsplatz zu gewährleisten. Bei den Mitarbeitern, die alltäglich ihren Büroarbeitsplatz aufsuchen, hängen Wohlbefinden und die Arbeitszufriedenheit wesentlich von der visuellen Privatheit ab (vgl. Abb. 4.1).

Die Frage der Höhe der Trennwände zwischen den Arbeitsplätzen im Großraumbüro bräuchte die psychologische Forschung nicht mehr zu beschäftigen, wenn feste Büroarbeitsplätze zur Ausnahme werden. Für Mobile Workers ist die Frage der Höhe der Trennwände irrelevant.

4.1.2 Gleichbleibende Bedeutung der realen Umwelt

Weil der Mensch einen Körper hat, ist er automatisch ein Element seiner physisch-materiellen Umwelt, die er zur Befriedigung der mit seiner Körperlichkeit einhergehenden Bedürfnisse benötigt. Schon aus diesem Grunde kann ihm die reale Umwelt niemals gleichgültig sein.

Gegen einen Bedeutungsverlust realer Orte spricht die Beobachtung, dass öffentliche Räume immer noch von vielen Menschen aufgesucht und intensiv genutzt werden. Menschen sind im öffentlichen Raum nicht nur unterwegs, um Zielorte zu erreichen, sondern auch, um dort zu verweilen, zu flanieren, zu schauen und sich zu treffen. Diese Orte – reale Inseln in der virtuellen Welt – sind den Verweilenden wichtig, sie gehen dort freiwillig hin, was sie nicht täten, wenn sie es nicht wollten. Nicht alle Orte sind als Inseln geeignet. Es hängt von der Performanz eines Ortes oder einer Umwelt ab, ob Menschen dort hinstreben. Die Performanz sagt etwas darüber aus, wie gut eine Umwelt, ein Platz, ein Gebäude oder Räume allgemein den vorgesehenen Zwecken dienlich sind, d. h. inwieweit Raum- und Funktionsprogramm zusammenpassen (Preisser et al. 1988). Kinder spielen z. B. auf Spielplätzen mit Bäumen und Vegetation kreativer als auf Spielplätzen ohne jegliches Grün (Faber Taylor et al. 1998). Ein Spielplatz mit Bäumen und Sträuchern dient seinem Zweck besser als ein Spielplatz ohne Vegetation.

Die fortbestehende Bedeutung der realen Umwelt veranschaulicht eine Aussage von Hellpach, der als einer der Begründer der Umweltpsychologie gilt (Kruse et al. 1996). Dort heißt es: „Wir halten es sozusagen für ‚kein Leben mehr‘, wenn Menschen mit der Landschaft alle Berührung verlieren, aber in jedem Gärtchen, in jeder Allee ist sie ja selbst mitten in der Weltstadt noch und wieder da, und Boden, Wetter, Klima bleiben unweigerlich, wo immer wir hausen mögen" (Hellpach 1950, S. 3).

4.1.3   Komplementarität und erweiterte Realität

Das wahrscheinlichste Szenario ist Komplementarität. „The Internet is not, as often believed, a replacement for the real world, but rather a part of it" (Amichai-Hamburger et al. 2002, S. 1). Für Komplementarität sowie eine fort bestehende Relevanz realer Orte spricht, dass traditionelle Techniken nicht verschwinden, wenn neue Techniken auftauchen (Heßler 2012). Es wird immer noch telefoniert und immer noch ein gedrucktes Buch oder eine Print-Zeitung gelesen, auch wenn es den E-Mail Versand und E-Book Ausgaben gibt. Trotz der Zuwendung zum Internet werden Fernsehen und Radio nicht seltener genutzt (Feierabend et al. 2014). Des Weiteren werden elektronische Mails in realen Räumen gelesen, die angenehmer oder unangenehmer sein können. Und Menschen, die Online kommunizieren, kommen hier und da auch zu Face-to-Face Gesprächen zusammen, was wiederum auf die Online-Kommunikation zurück wirkt, die dadurch

möglicherweise vertieft wird (Sommer 2002). Bei den Mixed-Reality Technologien wird die Komplementarität noch weiter voran getrieben. Da diese Technologien von enormer wirtschaftlicher Bedeutung sind (Tamura et al. 2001), haben
sie auch eine große Zukunft. So werden mit technischen Innovationen vertiefende
Einblicke in die reale Welt möglich. Der visuelle Erfahrungsraum wird weit über
das, was das Auge zu leisten vermag, erweitert. Darüber hinaus wird – ähnlich
wie im Spiel – ein Probehandeln ermöglicht. Der Mensch kann sich verschiedene
Entwürfe anschauen, er kann verwerfen und auswählen und auf diese Weise zu
einem optimalen Ergebnis kommen. In diesem Sinne könnte die AR (Augmented Reality) als Leitvorstellung gelten, die das Verankertsein in der realen Umwelt
betont, wobei diese mit virtuellen Elementen angereichert wird, die den individuellen Erfahrungs- und Handlungsraum entsprechend erweitern.

4.2   Qualitäten und Funktionen realer Umwelten

Reale Umwelten bleiben auch in technischen Kulturen Lebensraum des Menschen, sie werden jedoch durch technische Installationen und Systeme überformt
und umgewandelt. Welche Qualitäten sollten indessen die so verwandelten Lebens-
räume auch weiterhin aufweisen? Einer Antwort kann man sich dadurch annähern,
indem man die Funktionen und Wirkungen von Umwelten betrachtet:

- Reale Umwelten aktivieren sämtliche Sinneskanäle. Eine mangelnde Aktivie-
  rung wie ein reduzierter Reizzufluss von den Sinnesorganen zum Gehirn bis
  hin zur sensorischen Deprivation ist kaum zu befürchten.
- Reale Umwelten bieten Neues und Überraschendes, was das Interesse an der
  Umwelt weckt und fördert und den Menschen dazu motiviert, sich näher mit
  der Welt ringsum zu befassen und offen für neue Erfahrungen zu sein. Reale
  Umwelten sind Inspirationsquellen.
- Reale Umwelten fördern die Intelligenzentwicklung. Sie bieten vielfältige
  Gelegenheiten für inzidentelles Lernen.
- Sofern sie als angenehm und anregend erlebt werden, unterstützen reale
  Umwelten Begegnungen und Face-to-Face Kontakte, die ein interaktives
  Kommunizieren mit spontanen Äußerungen und unmittelbarem Feedback
  beinhalten, was sie von den asynchronen Online Monologen unterscheidet.
- Reale Umwelten sind spürbar und „begreifbar". Sie lassen sich aneignen und
  personalisieren, eine günstige Konstellation, um sich damit zu identifizieren.
  Die Identität wird durch eine Ortsidentität erweitert.

- Reale Umwelten stellen Anforderungen, mit denen sich der Mensch auseinandersetzen muss. Er lernt mit Stress umzugehen und Probleme zu lösen.
- Erinnerungen sind mit realen Orten verknüpft. Man kann sich leichter an ein Geschehen oder Erlebnis erinnern, wenn man sich den dazugehörigen Ort vergegenwärtigt. Die diachrone Identität wird gestärkt.
- In realen Umwelten ist der Mensch körperlich präsent. Er kann sich zeigen, ohne gläsern zu sein und seine Privatsphäre preiszugeben. Bereits sein äußeres Erscheinungsbild macht ihn erkennbar und unverwechselbar.
- Reale Orte dienen als Bezugspunkte, sie verwandeln den objektiven isotropen Raum in einen subjektiven anisotropen Lebensraum. Sie erleichtern die Strukturierung des Alltagslebens durch Herstellung einer räumlichen Ordnung.
- Reale Umwelten sind Inseln bzw. Anlaufpunkte. So bleibt das Bürogebäude in der City für Mobile Workers ein wichtiger Ort, der die Verbundenheit mit der Firma und den Kollegen sichert.
- Reale Umwelten bieten einen Schonraum, den virtuelle Welten nicht liefern können. Man kann so antisozialen Attacken ausweichen.

Reale Umwelten haben viele Funktionen, von der sensorischen Stimulation, der Motivierung zum aktiven Handeln, der Intelligenzentwicklung, der Befriedigung sozialer Bedürfnisse durch Face-to-Face Begegnungen, der Erweiterung und Sicherung der personalen Identität, der Strukturierung des Alltagslebens, der Privatheitsregulation bis hin zum Refugium, das als Schonraum fungiert. Solche Refugien ermöglichen persönliche Autonomie, emotionale Entlastung, d. h. ein „being off stage", freies Agieren, Gefühle zeigen und aus sozialen Rollen heraus können, des Weiteren visuelle, akustische sowie informatorische Privatheit. Im Cyberspace gibt es keine Schonräume, was sich an der extrem schädigenden Wirkung des Cybermobbing ablesen lässt.

Die reale Umwelt unterstützt den Menschen in seinem Bestreben, je nach Situation sowohl Einzel- als auch Sozialwesen zu sein. Sie bietet Rückzugsräume und öffentliche Treffpunkte. Zu den Treffpunkten sind die Third Places zu rechnen. Es sind „gathering places" (Oldenburg 2001). Zur Kategorie der Fourth Places gehören Naturumwelten sowie generell Orte, die eine erholsame Auszeit bieten und die Befriedigung spiritueller und ästhetischer Bedürfnisse ermöglichen. Dazu gehören sakrale und ästhetisch ansprechende Orte, an denen man sich im Einklang mit der Welt fühlt, sowie Naturumwelten, die als authentisch, erholsam und anregend erlebt werden (vgl. Abb. 4.2).

Abb. 4.2 Anregungen durch die Natur. (Aus Erich Kästner: Das fliegende Klassenzimmer)

Warum die Bezeichnung Third Places und Fourth Places? Die Ordnungszahl „third" ergibt sich, wenn man wie Oldenburg Wohnumwelten als First Places und Arbeitsumwelten als Second Places einordnet. Ein Third Place ist „a setting beyond home and work" (Oldenburg 1999, S. 2). Der Begriff „Fourth Places", der die von Oldenburg begonnene Reihe relevanter Orte in der Lebenswelt des Menschen einfach fortsetzt, ist dagegen noch nicht gebräuchlich. Third Places sucht der Mensch als Sozialwesen auf; hier geht es vor allem um soziale Kontakte und Interaktionen. Bei den Fourth Places geht es vor allem um die physische Umwelt. Third und Fourth Places können zusammen die Bedürfnisse nach sensorischer und sozialer Stimulation, nach authentischen Eindrücken, die alle Sinne aktivieren, nach sozialen Interaktionen, nach Ästhetik und Transzendenz und nach Neuem und Überraschendem befriedigen. Sie sind Garanten für intensive Mensch-Umwelt-Beziehungen.

Third und Fourth Places lassen sich anhand objektiver Merkmale charakterisieren, es sind jedoch vor allem erlebte Räume, deren subjektive Qualität nicht nur von objektiven Umweltmerkmalen und den dort vorhandenen Facilities abhängt, sondern auch davon, wie diese wahrgenommen werden. Die Wahrnehmungen werden wiederum beeinflusst von der Biografie und Lebenslage eines Menschen, wie Gustafson (2001) in einer explorativen Studie heraus gefunden hat. Die in ausführlichen Interviews Befragten sollten Orte nennen, die ihnen persönlich wichtig sind, und dann erläutern, warum sie wichtig sind. Biografisch bedeutsam sind Orte, an denen man seine Kindheit verbracht hat und wo man lange gelebt hat. Wenn Kindertagesstätten und Schulen als wichtige Orte genannt werden, hat das mit der Lebensphase der befragten Person zu tun. Wenn der Laden um die Ecke ein wichtiger Ort ist, kann das sowohl ein für das Alltagsleben nützlicher Ort als auch ein Third Place sein, an dem man Bekannte trifft und mit dem Ladeninhaber stets ein paar Worte wechselt.

Im Folgenden geht es nicht um die gesamte reale Umwelt und deren Bedeutung in der digitalisierten Gesellschaft, sondern um spezifische Orte, die für die meisten Menschen wichtig sind, weil es geeignete Settings sind, um vielfältige Bedürfnisse zu befriedigen.

4.3   Third Places und andere soziale Orte

4.3.1   Charakterisierung von Third Places

Oldenburg (2001) hat Third Places beschrieben als Orte, „where people may gather freely and frequently and with relative ease" (S. 2). Es sind Orte, die freiwillig, wiederholt und gern aufgesucht werden. Es macht keine Mühe, sie zu erreichen. Doch die Dauer des Aufenthalts sagt allein noch nichts darüber aus, ob es sich um einen Third Place handelt. Entscheidend sind vielmehr ein regelmäßiges oder wiederholtes Aufsuchen und eine unaufwendige Erreichbarkeit und Zugänglichkeit. Ein Büroangestellter geht z. B. jeden Morgen noch kurz in ein

Abb. 4.3   Ein typischer Third Place. (Eigenes Foto)

Bistro, in dem er rasch noch einen Espresso trinkt, bevor er den Second Place, nämlich das Büro, ansteuert.

Es sind alltägliche Orte. So ist ein touristisches Highlight, an dem Reisende aus aller Welt zusammen treffen, zwar ein gathering place, aber noch lange kein Third Place.

Es sind Orte mit bestimmten Merkmalen und einer besonderen Atmosphäre (Kruse 1996; Schönhammer 2009). Gartenlokale, kleine Läden, Pubs, Bistros, Tavernen und Kaffeehäuser besitzen häufiger eine Third-Place Atmosphäre als andere Orte. Es sind Orte, die als lustvoll, schön und anregend, aber keinesfalls als hektisch erlebt werden (vgl. Abb. 4.3).

Es sind Behavior Settings, zu deren Verhaltensprogramm das Zusammentreffen von Menschen gehört. Oldenburg hat Third Places anhand objektiver Merkmale bestimmt. Metha und Bosson (2010) definierten sie als Orte, die in einer bestimmten Weise wahrgenommen werden: Man fühlt sich dort willkommen, die anderen Menschen sind freundlich, man verweilt dort, um anderen zuzuschauen, sich mit ihnen zu unterhalten und dabei etwas zu trinken und zu essen. Zusammenfassend ergeben sich als typische Merkmale von Third Places (Oldenburg 1999; Metha 2007; Metha und Bosson 2010):

- Es sind Orte im öffentlichen Raum, die für jedermann zugänglich sind.
- Es gibt kaum oder keinen Autoverkehr.

- Sie haben ein unverwechselbares Erscheinungsbild.
- Es gibt Sitzgelegenheiten.
- Sie haben Überdachungen, die vor zu viel Sonne oder Regen schützen.
- Der Wechsel zwischen drinnen und draußen ist unkompliziert, der Außenraum ist von innen gut zugänglich und umgekehrt.
- Die Orte sind leicht zu erreichen.
- Es sind kleinräumige Orte.
- Sie besitzen eine einladene Atmosphäre und positive Gestimmtheit.
- Sie sind eher schlicht gehalten als gestylt.

Ein einzelnes Merkmal wie z. B. Sitzgelegenheiten reicht nicht aus, um einen Ort zu einem Third Place zu machen, z. B. gibt es auf der in Abb. 4.4 dargestellten Dachterrasse zwar Sitzplätze, aber der Raum wirkt kalt, es fehlt ihm die einladende Atmosphäre.

Ein spezifisches Merkmal ist die Einzigartigkeit bzw. Unverwechselbarkeit des Ortes, was manche Orte ausschließt, die man auf den ersten Blick als Third Place klassifizieren würde. „Officials of a popular coffeehouse chain often claim that their establishments are third places, but they aren't" (Oldenburg 1999, S. 3). Third Places sind stattdessen „locally owned, independent, small scale…"

Abb. 4.4 Sitzgelegenheiten auf einer Dachterrasse. (Eigenes Foto)

(Oldenburg 2001, S. 4). Uniforme Cafés in überall gleich aussehenden Fußgängerzonen gehören nicht dazu. Andererseits sind auch nicht alle Third Places
schlicht gehalten; so sind die unverwechselbaren Kaffeehäuser in Wien elegant
und mit üppigem Dekor versehen (Oldenburg 1999; Keller 2000).

Third places besitzen positive affektive Qualitäten. Man sucht sie auf, weil
man diese Orte als angenehm und anregend erlebt. Man fühlt sich wohl, man
wird gesehen und sieht die anderen. Die Begegnungen können sowohl intensive
als auch flüchtige Face-to-Face Kontakte sein.

Metha (2007) sowie Metha und Bosson (2010) haben die Definition von
Oldenburg übernommen und Third Places definiert als soziale Orte im öffentlichen Raum jenseits der Wohn- und Arbeitswelt, an denen sich Menschen wiederholt einfinden, um dort Bekannte zu treffen sowie ungeplant auf unbekannte
Personen zu stoßen. Fremde sind hier nicht wie etwa in exklusiven Ingroups oder
bestimmten virtuellen Gemeinschaften ausgeschlossen.

Ob es sich um einen Third Place handelt, lässt sich nicht allein aus der Funktion eines Ortes ableiten. Metha und Bosson (2010) haben das mit ihrer Untersuchung veranschaulicht. Sie wählten insgesamt 19 Straßenblöcke in den
Geschäftsstraßen (Main Streets) in drei Städten in Massachusetts aus und befragten dort die Anwohner. Sie sollten Auskunft geben, welche Orte in der Umgebung
sie kennen und nutzen und welche Bedeutung diese für sie haben und warum sie
wichtig sind. Insgesamt 120 Orte wurden genannt, davon waren 86 keine Third
Places, z. B. eine Apotheke, eine Reinigung, ein Friseursalon, eine Sparkasse, ein
Schuhgeschäft usw., von den verbleibenden 34 wurde die Hälfte als Third Place
eingeordnet. Es waren diejenigen Orte, die von den Befragten als community-gat-
hering places bezeichnet wurden, zu denen sie freiwillig und gern hingehen, um
dort andere Menschen zu treffen und am öffentlichen Leben teilzuhaben. Typische Aussagen dazu waren:

- Man kann hier verweilen.
- Der Aufenthalt ist angenehm und anregend.
- Man kann etwas trinken und essen, ohne dass es viel kostet.
- Der Ort ist gut zu erreichen.
- Man trifft Bekannte.
- Man lernt neue Leute kennen.

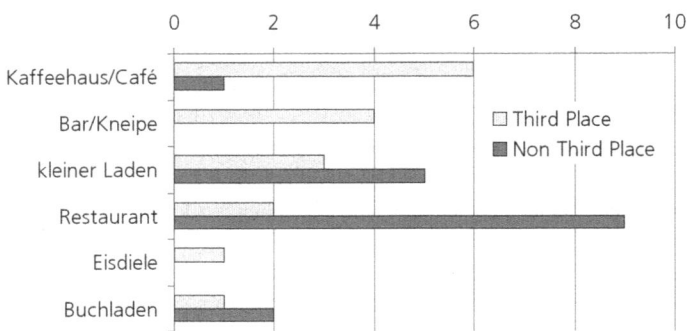

Abb. 4.5 Third Places und Non Third Places im Untersuchungsgebiet differenziert nach der Art der Orte. (Metha und Bosson 2010, S. 790, eigene Grafik)

Der Vergleich zwischen den 17 Third- und den 17 Non-Third-Places in Abb. 4.5 zeigt, dass es nicht allein von der Funktion eines Ortes abhängt, ob er ein Third Place ist oder nicht. Entscheidend sind die affektiven Qualitäten und die Atmosphäre, die Orte ausstrahlen. Wie aus Abb. 4.5 hervorgeht, sind längst nicht alle Buchläden und Restaurants Third Places. Die im Untersuchungsraum erfassten Bars waren allesamt, die Kaffeehäuser bis auf eine Ausnahme Third Places. Third Place Qualitäten sind Unverwechselbarkeit, die Durchlässigkeit zwischen drinnen und draußen, Sitzgelegenheiten und schließlich ein schützendes Dach. Man kann von draußen sehen, was drinnen passiert und umgekehrt, und mühelos zwischen drinnen und draußen wechseln. Man verweilt dort und kann etwas trinken und essen, während man schaut oder sich unterhält. Man ist vor zu viel Sonne und vor Regen geschützt und fühlt sich unter der Überdachung geborgen.

Bei den beiden Merkmalen: Sitzgelegenheiten und Witterungsschutz, ergaben sich signifikante Unterschiede zwischen den Third Places und den Non-Third Places. Bei den Merkmalen Unverwechselbarkeit und Durchlässigkeit zwischen drinnen und draußen deutete sich in Studie von Metha und Bosson ein Unterschied in der erwarteten Richtung an, der aber nicht das Signifikanzniveau erreichte (vgl. Abb. 4.6).

Metha (2007) ist vom Konzept der Lively Streets ausgegangen, das an die „livable streets" von Appleyard (1981) erinnert. Metha wollte herausfinden, was Straßen und Plätze zu lively streets bzw. lebendigen Orten macht. Seine Ausgangsüberlegung war, dass „there is a growing belief that … good urban public

Abb. 4.6 Sitzen und Schauen. (Eigenes Foto)

spaces are required for the social and psychological health of modern communities" (S. 165). Mit einer Beobachtungsstudie versuchte er zu konkretisieren, was einen guten öffentlichen Platz ausmacht. Er definierte dazu als Maßstab den Liveliness Index. Dieser wird aus der Zahl der anwesenden Personen an einem definierten Ort, der Aufenthaltsdauer und der Zahl der Gruppen, in denen Personen interagieren, gebildet. Für die empirische Studie wählte Metha drei Straßenabschnitte in der Metropolregion Boston aus, die er in insgesamt 78 kleinere Blocksegmente aufteilte. Die Merkmale, mit denen er die Blöcke charakterisierte, darunter die Unverwechselbarkeit von Hausfassaden, Durchlässigkeit zwischen drinnen und draußen, Sitzgelegenheiten und Witterungsschutz sowie Breite und Komfort von Gehwegen, korrelierten signifikant mit dem Liveliness Index. Diese Merkmale, die bewirken, dass man verweilt, flaniert und mit anderen Kontakt aufnimmt, beleben einen Ort. Sie machen ihn, wie Metha meinte, zu einem „good urban public space".

Noch ein drittes, den Third Places und den Lively Streets verwandtes Konzept ist die „plaza visitability". Ein besuchenswerter Platz ist entsprechend der Definition von Abdulkarim und Nasar (2014) ein Ort mit drei charakteristischen Merkmalen:

- Sitzgelegenheiten,
- Gelegenheiten etwas zu essen und zu trinken,
- besondere Objekte wie Skulpturen, die die Vorbeigehenden veranlassen, inne zu halten.

Skulpturen sind ein im Raum fixiertes Element, das wegen seiner Einzigartigkeit zugleich auch Landmark Funktion besitzt, was wiederum zur Lesbarkeit der Umwelt beiträgt. Ein Beispiel ist in Abb. 4.7 dargestellt. Die große, nicht zu übersehende Skulptur macht den Platz vor der Eisdiele unverwechselbar und schirmt

Abb. 4.7 Third Place mit Skulptur. (Eigenes Foto)

ihn zugleich von der Straße ab. Die Eisdiele mit der Skulptur ist ein eindeutiger Punkt, ein geeigneter Ort für Verabredungen.

Anders als Metha sowie Metha und Bosson, die Straßenabschnitte betrachteten, richteten Abdulkarim und Nasar ihren Blick auf öffentliche Plätze (plazas). Sie beobachteten keine realen Plätze, sondern führten ein klassisches Experiment durch, in dem 60 Versuchspersonen Fotos von Plätzen dargeboten bekamen. Auf den Fotos wurden die drei oben genannten Merkmale durch Hinzufügen oder Weglassen systematisch variiert. Zu den virtuellen Szenerien wurden den Versuchspersonen vier 10-stufige Skalen vorgegeben:

- I will walk out of my way to visit and spend time in that place.
- I will stop at that place if I happen to be passing by.
- That is a place where I would choose to meet a friend.
- I would regularly visit that place.

Aus den vier Skalenwerten wurde ein Gesamtwert, der Perceived Visitability Score, gebildet. In Abb. 4.8 sind die Mittelwerte für die Szenerien mit den drei Merkmalen oder ohne diese dargestellt. Alle drei Werte liegen unter dem Durchschnittswert von 5,2, wenn die betreffenden Elemente nicht vorhanden sind, andernfalls liegen alle darüber. Alle Unterschiede sind signifikant, auch bei dem Merkmal Essen und Trinken, bei dem der Unterschied lediglich weniger ausgeprägt war als bei den Sitzgelegenheiten: „Sittable space was most important" (S. 820). Daraus folgt: Um öffentlichen Raum besuchenswert zu machen, muss man für Sitzgelegenheiten sorgen.

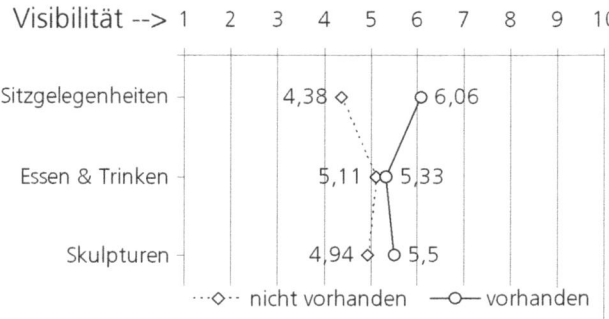

Abb. 4.8 Wahrgenommene Visitability nach den Facilities des Ortes. (Abdulkarim und Nasar 2014, S. 820, eigene Grafik)

Gelegenheiten, um sich zu setzen und zu verweilen, sind im Cyberspace nicht erforderlich, in dem man als körperloses Wesen nicht Platz nimmt. Man verweilt dort nicht.

Wenn zu den Sitzmöglichkeiten noch ästhetisch ansprechende Landmarks wie Skulpturen hinzukommen, gewinnt der Platz noch zusätzlich. Eine Kombination aus Sitzgelegenheiten und Skulpturen auf den dargebotenen Bildern erzielte mit 6,12 den höchsten Skalenwert. Man kann somit einen Ort mit Sitzgelegenheiten noch besuchenswerter machen, indem man ihn mit Skulpturen versieht oder man fügt dem Ort, an dem solche Landmarks aufgestellt sind, noch Stühle und Bänke hinzu. Sie sind ein Grundelement, um Plätze zu beleben, das gar nicht viel kosten muss: „The low costs of adding a few seats and a sculpture and testing the effects can pay off with a lively place" (Abdulkarim und Nasar 2014, S. 823).

Dass Sitzgelegenheiten zur Attraktivität öffentlicher Plätze beitragen, haben Gehl und Svarre (2013) mit ihrer Studie in Oslo bestätigt: eine Verdopplung der Zahl der Bänke bewirkte, dass sich doppelt so viele Leute dort niederließen.

Neben der psychologischen und sozialen Bedeutung maß Oldenburg den Third Places auch gesellschaftliche Bedeutung zu. Er sah in ihnen „focal points of community life" (Oldenburg 2001, S. 3). Für entsprechend schwerwiegend hielt er den Schwund an Third Places in den Städten Nordamerikas, dessen Haupt-ursachen er in einer verfehlten Stadtplanung sah, die monofunktionale statt anre-gende multifunktionale Orte hervorbringt, und einer einseitig auf den Autoverkehr ausgerichteten Verkehrs- und Raumplanung. Effekte der Automotorisierung sind zum einen, dass die an Verkehrsstraßen angrenzenden Orte unwirtlicher werden und zum anderen, dass der Pkw häufiger und öffentliche Verkehrsmittel seltener genutzt werden, sodass insgesamt im öffentlichen Raum weniger Menschen zu Fuß unterwegs sind. Eine Folge der Automotorisierung war, dass man aufs Land ziehen konnte; die Entfernungen zwischen den First und Second Places wurden mit dem Auto überbrückt. Damit ließ man die Stadt mit ihren gathering places hinter sich.

Die Existenz von Third Places ist also nicht allein der Digitalisierung wegen gefährdet. Ein weiterer Einflussfaktor ist die Motorisierung. Hinzukommt, dass sich Lebensstile herausgebildet haben, die Individualität betonen. Es ist ein Teu-felskreis: Man braucht keine gathering places mehr; wenn sie verschwinden, werden die Individualisierungstendenzen noch weiter gefördert. „Lifestyles are increasingly privatized and competitive; residential areas are increasingly devoid of gathering places" (Oldenburg 2001, S. 2).

Wie der Autoverkehr das öffentliche Leben beeinflusst, hat Appleyard (1981) anhand der Ergebnisse einer in San Francisco durchgeführten Untersuchung anschaulich beschrieben. Ausgewählt worden waren drei Straßenabschnitte mit unterschiedlicher Verkehrsbelastung. Die Beobachtungen und Befragungen der Anwohner lieferten eine Bestätigung, dass eine Straße vor dem Haus umso weniger als Treffpunkt und Identifikationsort und zum Kinderspiel geeignet ist, je verkehrsbelasteter sie ist. Man hat weniger Freunde und Bekannte in der Straße, wenn man an einer Hauptverkehrsstraße wohnt. Man trifft sich nicht draußen.

Der wachsende Autoverkehr hat dazu geführt, dass die Orte, die sich als gathering places eignen, seltener geworden sind. Zinnecker (2001) hat den Begriff „Verhäuslichung" aufgegriffen, um die Bedingungen, unter denen Kinder heute aufwachsen, zu charakterisieren, die er als „verhäuslichte Kindheit" beschrieb. Gemeint ist damit die Verlagerung der Lebenswelt von Kindern aus der Außenwelt in Innenräume hinein. Dabei gehen nicht nur Spielorte sowie Möglichkeiten der Umwelterkundung und Umweltaneignung verloren, es wird zugleich auch die kindliche Autonomie reduziert und durch eine vermehrte Kontrolle durch Erwachsene ersetzt. Auch Erwachsene „verhäuslichen", wobei sie jedoch weitaus mehr Möglichkeiten haben, das „Verhäuslichen" zu unterbrechen.

Dabei sind es nicht nur Push-Faktoren wie eine hohe Verkehrsbelastung in der Wohnumgebung, welche die Existenz von Third Places gefährden, indem sie die Menschen nach drinnen treiben, sondern auch Pull-Faktoren wie die vielen Medienangebote im Fernsehen und Internet, die Entertainment und Edutainment ins Haus liefern (Griffiths und Parke 2002). In früheren Zeiten hatte man sich noch des Öfteren draußen getroffen. Das änderte sich mit dem häuslichen Fernsehen. Noch weiter verstärkt wurde die Verhäuslichung durch Computer und Internet. Fernsehen und Internet sind Pull-Faktoren, die zu einer Entleerung des Außenraums beigetragen haben.

Statt diese Entwicklungen als unveränderlich zu akzeptieren, ist die Schaffung und Erhaltung von Third Places das Gebot der Stunde. Die Devise von Oldenburg (2001) ist dementsprechend: „Celebrating the Third Place". Wenn es solche sozialen Orte nicht gibt, ziehen sich die Menschen in ihre Schneckenhäuser zurück:

> We are, after all, social animals. We are an associating species whose nature is to share space just as we share experiences … A habitat that discourages association, one in which people withdraw to privacy as turtles into their shells, denies community (Oldenburg 1999, S. 203).

Dass es jedoch nicht einfach ist, Third Places zu zelebrieren, zeigt die historisch bedingte Veränderung des Stellenwerts öffentlicher Räume, auf die Gehl und Svarre (2013) hingewiesen haben. Zu Beginn des 20. Jahrhunderts war der öffentliche Raum ein für alltägliche Aktivitäten unentbehrlicher und vielfach genutzter

Bereich, über dessen Qualität man sich keine großen Gedanken machte. Er war ein Ort, der für existenziell notwendige Tätigkeiten gebraucht wurde. Heute ist der öffentliche Raum ein optionaler Raum, den man aufsucht, wenn er Qualitäten besitzt, die ihn besuchenswert machen.

Optionale Räume werden nur genutzt, wenn sie den individuellen Ansprüchen genügen. Man muss dort sitzen können, sich sicher fühlen, weit entfernt sein von Lärm, Smog, Müll und Schmutz. Es gibt schöne und ausreichend Fußwege und Möglichkeiten, auf andere Menschen zu treffen, es gibt Bäume und Pflanzen, ein schönes Ambiente und Gelegenheiten zu spielen. Bäume auf Plätzen, wo man sitzen und sich treffen kann, bieten Einfriedung und Schutz vor zu viel Sonne und ein ansprechendes Ambiente (Abdulkarim und Nasar 2014). Wird diesen Ansprüchen an die Gestaltung zu wenig genügt, wird man diese Plätze nicht aufsuchen. Leere öffentliche Räume bedeuten also nicht unbedingt, dass kein Interesse an gathering places besteht, sondern auch, dass die vorhandenen Orte keine Third-Place-Qualitäten besitzen.

Weil sie für jedermann zugänglich sind, treffen auf öffentlichen Plätzen unterschiedliche Nutzer und Nutzungen aufeinander. Diese Heterogenität ist ein Merkmal öffentlicher Räume vor allem in großen Städten (Flade 2015). Man trifft nicht nur auf Bekannte, sondern auf viele Fremde, sodass in öffentlichen Räumen immer auch Erfahrungen von Fremdheit gemacht werden. Wie Graumann (1997) erläutert hat, reicht der Umgang mit dem Fremden von den xenophoben Formen der Fremdheitserfahrung bis hin zur uneingeschränkten Offenheit gegenüber Fremden, von dem Bedrohlichen, nicht Einschätzbaren bis hin zum Reiz des Neuen und Andersartigen. „Beide Valenzen des Fremden, das Bedrohliche und das Lockende, liegen so nahe beieinander, dass wir von der Ambivalenz des Fremden ausgehen müssen" (Graumann 1997, S. 46). Die Ambivalenz setzt sich fort, indem sich aus flüchtigen Begegnungen soziale Beziehungen entwickeln können oder indem der Eindruck von Fremdheit noch verstärkt wird. Third Places sind als Gelegenheitsstrukturen offen für verschiedene Ausgänge.

Es ist auch nicht nur die Erfahrung von Fremdheit, die öffentliche Räume zu ambivalenten Orten macht, hinzu kommt, dass die Bedürfnisse der Menschen unterschiedlich sind, z. B. erleben die einen Straßenmusik im öffentlichen Raum als anregend und passend zum urbanen Ambiente (vgl. Abb. 4.9), während sich andere gestresst fühlen, weil sie die akustische Stimulation als Vermehrung eines ohnehin schon kaum erträglichen information overload empfinden. Sie haben jedoch in einem optionalen Raum die Möglichkeit, gleich weiter zu gehen.

Abb. 4.9   Straßenmusikant. (Eigenes Foto)

4.3.2   Cafés und Läden

Kaffeehäuser wurden schon Ende des 17. Jahrhunderts in Betrieb genommen, und zwar wegen der englischen Vorherrschaft auf dem Kaffeemarkt vor allem in London. Doch auch in Paris wurden sie bald zu einem beliebten Treffpunkt und zugleich einem Informationszentrum, in dem man Zeitungen las und mit anderen Kaffeehausbesuchern ins Gespräch kam (Oldenburg 1999). In Wien waren die Kaffeehäuser um 1900 die Treffpunkte der Protagonisten der Moderne. Wie Keller (2000) berichtet, kamen dort Freud, Mahler, Klimmt, Musil, Schnitzler und alle damals berühmten und weniger berühmten Leute zusammen. Die Wiener Kaffeehäuser waren ein regelmäßig aufgesuchtes Refugium der geselligen Einzelgänger (Keller 2000, S. 81). Alle waren einzigartige Individuen umgeben von anderen einzigartigen Individuen. Oldenburg (1999) hat als das Besondere der Wiener Kaffeehäuser ihre Eleganz und ihre gleichbleibende Bedeutung als Treffpunkt und als „Exportartikel" hervorgehoben. Die Wiener Kaffeehäuser sind auch heute noch ein weltweites Markenzeichen. Inzwischen sind es jedoch weniger Treffpunkte der Literaten, Komponisten und Künstler, sondern vor allem der Touristen.

Das Wiener Kaffeehaus ist ein Modell, das man weithin und bis in die jüngste Zeit hinein nachgeahmt hat. Ein Beispiel ist das historische Café im Levantehaus in Hamburg, das 2015 eingerichtet wurde: „Ausgestattet mit antiken Möbeln und Raritäten … wird eine Wohlfühlatmosphäre geschaffen, die einlädt zum Verweilen und Genießen. Schon beim Betreten des Cafés wird es nach frisch gemahlenem Kaffee duften und neben hausgemachten Torten und kleinen warmen Mahlzeiten auch Kaffeespezialitäten aus aller Welt geben" (http://www.roncalli. de/news/roncalli-grand-cafe-neueroffnung-im-levantehaus).

In den Kaffeehäusern las man in früheren Zeiten die dort ausliegenden Tagesblätter und Gazetten. Mit dem Aufkommen der Massenpresse im 19. Jahrhundert wurden Print-Medien allgemein zugänglich (Winterhoff-Spurk 2004). Man brauchte also, um sich über das aktuelle Tagesgeschehen zu informieren, nicht mehr ins Kaffeehaus zu gehen. Wenn hier und da noch Zeitungen und Magazine zu finden sind, ist das eine Reminiszenz an frühere Zeiten. Das Motiv, sich über das aktuelle Geschehen zu informieren, wurde nachrangig, die Bedürfnisse nach Gemeinschaftlichkeit und Anregungen blieben bestehen.

Die Kategorie der Third Places umfasst demnach unterschiedliche Behavior Settings, deren Verhaltensprogramme ähnlich sind. Es sind gathering places, Treffpunkte, wo Menschen zusammen kommen, Kontakt aufnehmen und Face-to-Face kommunizieren können (vgl. Abb. 4.10).

Abb. 4.10   Kaffeehaus. (Eigenes Foto)

Eine Mixtur sind Büchercafés. Es sind kleine Cafés, ausgestattet mit Regalen voller Bücher, die nicht nur Dekoration sind, sondern käuflich erworben werden können.

Eine neue Variante von Buchläden, in der kaum noch Bücher zu finden sind, sind Läden, in denen die jeweils gewünschten Bücher im Print-on-Demand-Verfahren gedruckt werden, während man einen Kaffee trinkt.

Nicht jeder Buchladen ist ein Third Place, wie ein Rückblick auf Abb. 4.5 zeigt. Von den von Metha und Bosson (2010) im Untersuchungsgebiet registrierten sieben Buchläden wurde einer nicht als Third Place eingeordnet. Im Third-Place-Buchladen – in welcher Variante auch immer – ist der Buchkauf oder die Absicht, ein Buch zu kaufen, eingebettet in eine kommunikationsfördernde Atmosphäre. Man schaut sich um, betrachtet die Neuerscheinungen, ist unter Gleichgesinnten und unterhält sich mit dem Buchhändler (vgl. Abb. 4.11).

Third-Place-Buchläden sind unverwechselbar, meistens sind es eher kleinere Läden, in denen man nicht nur Print-Produkte kauft, sondern in denen man vorbeischaut, in denen man Leute mit ähnlichen Interessen trifft, mit denen man sich über Neuigkeiten und Neuerscheinungen austauscht. Die traditionellen Läden sind jedoch dem wachsenden Anteil des Online-Einkaufs oftmals nicht mehr gewachsen, was an der rückläufigen Zahl an Buchläden zum Ausdruck kommt. Mit dieser Entwicklung geht ein Verlust an Handlungsspielraum einher, der

Abb. 4.11 Buchhandlung. (Eigenes Foto)

meistens nicht bemerkt wird. Pariser (2012) hat auf Amazon hingewiesen, einem personalisierten E-Store, durch den das Entdecken von Büchern, die einen zurzeit interessieren, leicht gemacht wird. Die Folge dieser Erleichterung und eines bequemen Online Einkaufs ist der Verlust an Third-Place-Buchläden mit den ausgelegten Büchern, die nicht auf die höchst persönlichen Interessen zugeschnitten sind, sodass man hier etwas entdecken kann, was neue Horizonte eröffnen könnte. Es ist die Chance, auf Neues zu stoßen, was die Motivation weckt, dieser Entdeckung weiter nachzugehen. Man ist hier weit entfernt von der Filter Bubble mit den personalisierten Empfehlungen, wenn man sich in einem realen Buchladen umschaut.

Das Einkaufsverhalten hat sich nicht nur wegen der Online Einkäufe gewandelt, sondern auch infolge einer parallel verlaufenden Entwicklung, wie Ng (2003) in seinem zusammenfassenden Review festgestellt hat: An die Stelle kleinerer Läden in den Einkaufsstraßen der Stadt sind große Einkaufszentren mit diversen Facilities getreten.

Der Begriff des Shopping wird mit solchen Zentren assoziiert. Beim Shopping geht es nicht nur um das schlichte Einkaufen, sondern „shopping could include eating and drinking in cafes, sightseeing, visiting markets, being with one's friends, and simply walking around" (Ng 2003, S. 440). Auch hier ist ein lustvolles Flanieren möglich, der Besucher bekommt vielerlei Anregungen. Es riecht nach Espresso, frischem Brot, nach Oliven, Früchten und Gemüse. Man ist frei zu schauen und sich anmuten zu lassen. Dennoch sind die großen Einkaufszentren keine Third Places im Sinne Oldenburgs. Sie sind zu groß, zu laut, zu hektisch, und sie sind ähnlich wie Fußgängerzonen verwechselbar. Des Weiteren fehlen die vor Sonne und Regen schützenden Überdachungen und die kleinteilige Durchlässigkeit zwischen drinnen und draußen. Man ist mitten drin in einem großen Gebäude, vom Außenraum abgeschirmt. Die wenigen Eingänge werden nachts geschlossen. Einen weniger abgeschirmten Eindruck machen die Markthallen in südlichen Ländern mit wärmerem Klima, was sie den Third Places ähnlicher macht.

4.3.3 Spielorte

Spielen ist eine besondere Form der Umweltaneignung, die Haupttätigkeit im Kindesalter, in der die Umwelt noch weitgehend unerschlossen ist. Dass man Plätze zum Spielen für Kinder für erforderlich hält, spiegelt sich in den Vorgaben der Bauordnungen wider. Private Spielplätze in der Nähe der Wohnung sowie

Abb. 4.12 Altersgruppenspezifischer Spielplatz. (Eigenes Foto)

Öffentliche Spielplätze gelten als wichtige Orte (vgl. Abb. 4.12). Hier können sich Kinder ungestört von Erwachsenen „spielend" einen Ausschnitt aus der realen Umwelt zu eigen machen, diesen „begreifen" und erproben.

Vor einigen Jahrzehnten war die Umwelt in Reichweite noch Spielraum gewesen. Es war die Zeit der „Straßenkindheit" (Zinnecker 2001). Durch den mit Beginn der 1970er Jahre wachsenden Autoverkehr verloren Straßen und Außenräume ihre Qualität als Spielorte. Es begann die Zeit der „verhäuslichten Kindheit" (Zinnecker 2001). Heute ist die Frage, ob Kinderspielplätze in einer „digitalisierten Kindheit", in der sich Kinder ausgiebig mit Computerspielen befassen, überhaupt noch erforderlich sind. Dass sie es sind, zeigt sich auch an deren Nutzung. Spielplätze sind soziale Orte; es sind „gathering-places". Zwar vor allem für Kinder, aber auch für andere Altersgruppen sind es „reale Inseln in der virtuellen Welt". Kinder können sich hier mit vollem körperlichem Einsatz die reale Welt aneignen (vgl. Abb. 4.13). Erwachsene Begleitpersonen, die sich auf den Bänken niederlassen, können derweil zwangslos ins Gespräch kommen, sodass für sie der Spielplatz die Funktion eines Third Place hat.

Auf Spielplätzen stellen Kinder nicht nur Beziehungen zur dinglich-materiellen, sondern auch zur sozialen Umwelt her:

Abb. 4.13 Der Spielplatz als sozialer Ort. (Eigenes Foto)

Play is the child's way of establishing authentic relationships with the social and physical world (Moore 1999, S. 323).

Wie Spielplätze aussehen, die das leisten, was Moore (1999) formuliert hat, nämlich die Herstellung authentischer Beziehungen zur sozialen und physischen Umwelt, zeigen vergleichende empirische Untersuchungen. Susa und Benedict (1994) haben das Spielverhalten von Kindern auf einem traditionellen und einem zeitgenössischen Spielplatz verglichen. Das Ergebnis war: Wie fantasievoll und einfallsreich Kinder sind, hängt auch von den Spielangeboten ab. Auf dem traditionellen Spielplatz gab es die übliche Ausstattung mit Rutsche, Schaukel, Wippe und Karussell, auf dem zeitgenössischen Platz zusätzlich Felsen, Burgen, Tunnel, Brücken, Boote und Autos. Auf dem traditionellen Spielplatz waren die Kinder weniger aktiv und spielten weniger kreativ. Dass auch die „Grünausstattung" eine Rolle spielt, haben Faber Taylor et al. (1998) nachgewiesen. Kinder halten sich häufiger und länger an Orten mit Bäumen, Sträuchern und sonstigem Grün auf und spielen dort kreativer als auf vegetationsfreien Spielplätzen. Ihre Fantasie wird angeregt, was dazu führt, dass die Umwelt fantasievoll erprobt und intensiver angeeignet wird.

Abenteuerspielplätze sind, wie deren Nutzungshäufigkeit zeigt, besonders beliebt. Es sind anregende und nutzungsoffene Spielorte, die vielfältige Möglichkeiten kreativen Handelns bieten. Man kann hier hantieren, probieren und basteln.

Man kann aus Objekten, auf die man zufällig stößt, etwas Neues machen. Boesch (1998) hat in diesem Zusammenhang auf einen berühmten Künstler hingewiesen: Picasso war ein Bastler, der aus weggeworfenen Dingen etwas herstellte, was Sinn machte. Picasso hat aus der Lenkstange und dem Sattel eines Fahrrads, die er auf einem Abfallhaufen gefunden hatte, einen Stierkopf gebastelt. Aus einzelnen Teilen, die zu nichts mehr nutze waren, hat er etwas Sinnhaftes geschaffen.

Czalcynska-Podolska (2014) hat erneut nachgewiesen, dass der Aufenthalt auf Spielplätzen – auch im Zeitalter der Digitalisierung – förderlich für die soziale Entwicklung von Kindern ist. Sie hat auf zehn öffentlichen Spielplätzen in Kalifornien das Spielverhalten beobachtet. Sie stellte signifikante Zusammenhänge zwischen Spielplatzmerkmalen und der Häufigkeit sozialer Spielformen fest, d. h. des miteinander Agierens, des Kooperierens, des Mitmachens und Akzeptierens von Regeln bei Gruppenspielen. Soziale Spielformen sind häufiger zu beobachten, wenn der Platz nicht zu groß dimensioniert ist, wenn er flexibel nutzbar ist, wenn er auch offene Bereiche enthält, d. h. nicht mit allzu viel Spielgeräten vollgestellt ist, wodurch die Art des Spiels vorbestimmt wird. Ihre Schlussfolgerung lautete: „Contemporary playgrounds can have strong play and social potential" (Czalcynska-Podolska 2014, S. 11).

Öffentliche Spielplätze sind keine exklusiven abgeschotteten Bereiche, sie sind als gathering places den Third Places, an denen in erster Linie Erwachsene zusammen treffen, vergleichbar, indem dort auch Fremde auftauchen. Gerade die fremden Kinder erweitern die soziale Umwelt, denen man in der verhäuslichten Sphäre, in der sich größtenteils die heutige Kindheit abspielt, ansonsten nie begegnen würde.

Die Kategorie „Spielorte" umfasst außer den Spielplätzen für Kinder für bestimmte Altersgruppen auch Orte im öffentlichen Raum, an denen sich Erwachsene zum Spielen treffen. Diese Spielorte können sowohl nutzungsoffen als auch mit einem für ein bestimmtes Spiel benötigten Equipment ausgestattet sein. Es kann ein Platanenhain sein, in dem man Spazieren gehen oder Boule spielen kann, oder eine geschützte Ecke im Park mit Sitzgelegenheiten, in der Schach gespielt wird (Abb. 4.14 und 4.15).

Orte im öffentlichen Raum, an denen Erwachsene spielen, sind immer auch Treffpunkte. Hier kommen Menschen zusammen, die sich kennen und zu gemeinsamen Aktivitäten verabredet haben. Auch unbekannte Personen können als Zuschauer oder gegebenenfalls als Mitspieler dazu kommen.

Für alle Altersgruppen gilt, dass Spielorte im öffentlichen Raum ein Pull-Faktor sein können, der Verhäuslichungstendenzen sowie exzessivem Computerspielen entgegenwirkt. Es sind soziale Orte mit vielfältigen Formen von Face-to-Face

Abb. 4.14   Boule-Spieler. (Eigenes Foto)

Abb. 4.15   Schachspieler im Stadtpark. (Flade 2010, S. 154)

Kontakten, die soziale Formen des Spielens unterstützen, sodass nicht eintritt, was Griffiths und Parke (2002) prognostizieren: „One of the major influences of technology appears to be the shift from social to asocial forms of gambling" (S. 317).

4.4   Fourth Places

4.4.1   Charakterisierung von Fourth Places

Der Begriff „Fourth Place" ist nicht wie der von Oldenburg geprägte Begriff „Third Place" bereits gebräuchlich. Er wird hier verwendet, um einen weiteren Ortstyp in die Überlegungen einzubeziehen, nämlich welche Bedeutung realen Umwelten im Zeitalter der Digitalisierung beizumessen ist. Während Third Places *soziale* Orte sind, für die charakteristisch ist, dass dort Menschen zusammenkommen, sind Fourth Places in erster Linie *physische* Orte, bei denen der Akzent weniger auf den Interaktionen mit den Mitmenschen, sondern auf den Interaktionen mit der umgebenden physischen Welt liegt. Während Third Places die sozialen Bedürfnisse des Menschen befriedigen, dienen Fourth Places der Befriedigung der spirituellen, kognitiven, ästhetischen und Ich-Bedürfnisse. Es sind, was angesichts der Vielfalt der Bedürfnisse nicht überrascht, Orte unterschiedlicher Art, darunter religiöse Orte und Naturumwelten. Typisch für religiöse Orte ist, dass dort bestimmte Rituale stattfinden. „A house of worship is any formal setting in which public religious activities occur. Houses of worship include churches, temples, synagogues, mosques, or any other structures that serve as settings for formal religious activities" (Herzog et al. 2010, Textpassage aus der Instruktion zum verwendeten Fragebogen).

Orte, die spirituelle Erfahrungen ermöglichen, sind sowohl religiöse Orte wie Kirchen, Klöster und Wallfahrtsstätten als auch nicht religiöse Orte.

4.4.2   Sakrale Orte

Sakrale Orte, Heiligtümer und Kultstätten gibt es in allen Religionen und Ländern der Erde. Es sind sowohl gebaute Umwelten als auch Naturumwelten. Berge, Haine, Wälder und Gewässer, Quellen und Bäume können Kultstätten sein. In der Steinzeit waren es Steinkreise, Steinreihen und steinerne Opfertische (vgl. Abb. 4.16).

Abb. 4.16 Steinzeitliche Kultstätte. (Eigenes Foto)

Der Heilige Hain in der griechischen Antike diente dazu, die Götter zu verehren und durch ein Opfer gnädig zu stimmen (Barnett 2007). Der durch Hecken, Mauern, Zäune oder magische Linien abgegrenzte Tempelbezirk in einer Landschaft wurde für bestimmte Feste und Rituale genutzt. Es war eine Übergangszone zwischen dem sakralen Bereich der Götter und der profanen Welt der Menschen. Elemente des Heiligen Hains sind Bäume, Quellen, Berge, Felsen und Höhlen.

Zur Kulthandlung gehört nicht selten auch eine bestimmte Form des Sichannäherns.

Eine auch heute noch praktizierte Form der Annäherung ist das Pilgern. Man nimmt körperliche Mühen auf sich, um zu einem Heiligen Ort zu gelangen. Dieser ist heilig, weil sich dort ein Wunder ereignet hat oder die Reliquie eines Heiligen befindet (Levi und Kocher 2012).

Welche Rolle spielen sakrale Orte im Zeitalter der Digitalisierung? Dass sie ihre Bedeutung nicht eingebüßt haben, zeigen die Pilgerströme auf dem Jacobsweg und die Einrichtung neuer Pilgerwege wie dem Mönchsweg für Rad fahrende Pilger. Der Mönchsweg ist ein fast 1000 km langer Radfernweg von Bremen über Fehmarn nach Dänemark, der den Spuren der Mönche folgt, die das Christentum im Mittelalter in den Norden brachten. Das heutige Motto lautet:

„Machen Sie sich auf mit Leib und Seele!". Natürlich findet man zum Mönchsweg im Internet Informationen und ein Logo (vgl. Abb. 4.17). Es ist ein langer Weg, den man in mehreren Etappen zurücklegt. Nicht nur der Zielort selbst ist wichtig, sondern dessen Sakralität strahlt aus auf den Weg dorthin. Die körperliche Anstrengung, dem Motto „per aspera ad astra" entsprechend, gehört dazu.

Jenseits der Digitalisierung zeichnet sich eine andere Entwicklung ab und zwar der zunehmende Tourismus. Levi und Kocher (2012) sprechen von einem religiös geprägten Tourismus, den sie als Anzeichen deuten, dass sich die Menschen nicht mit medialen Wiedergaben solcher Orte begnügen, sondern Authentisches erleben wollen. Doch wie wirkt es sich aus, wenn ehemals heilige Orte zu touristischen Highlights werden, die von zahlreichen Menschen aus aller Welt besucht werden? Verlieren sie damit ihre sakrale Aura?

Ausgehend vom Konzept des Behavior Setting lässt sich voraussagen, dass sich der Ort verändert hat, weil sich die Teilnehmer des Settings verändert haben – es sind nicht mehr nur Mönche, Priester und Menschen, die ihre spirituellen Bedürfnisse befriedigen wollen, sondern es kommen zahlreiche Touristen. Damit ändert sich auch das Verhaltensprogramm des Setting. Jetzt finden nicht mehr nur religiöse Rituale, sondern auch Besichtigungen statt. Aus dem sakralen wird ein touristischer Ort. Nach Levi und Kocher (2012) ist die Lösung des Konflikts, der durch zwei divergierende Verhaltensprogramme entsteht, ein „nachhaltiger" Tourismus, bei dem die sakrale Aura des Ortes erhalten bleibt. „Religious tourism creates the challenge of balancing the benefits of tourism and site conservation, while retaining the spirituality of the place" (S. 913).

Aufschlüsse lieferte die Untersuchung von Levi und Kocher (2012), die vier touristische Highlights in Thailand von amerikanischen Austauschstudenten beurteilen ließen: zwei Tempelbezirke, den historischen Park Sukhothai und einen relativ neuen, vor rund 40 Jahren angelegten Skulpturenpark. Zur Beurteilung der

Abb. 4.17 Der Mönchsweg (www.moenchsweg.de)

Abb. 4.18 Touristische
Erfahrung und
wahrgenommene Sakralität.
(Levi und Kocher 2012,
S. 921, eigene Grafik)

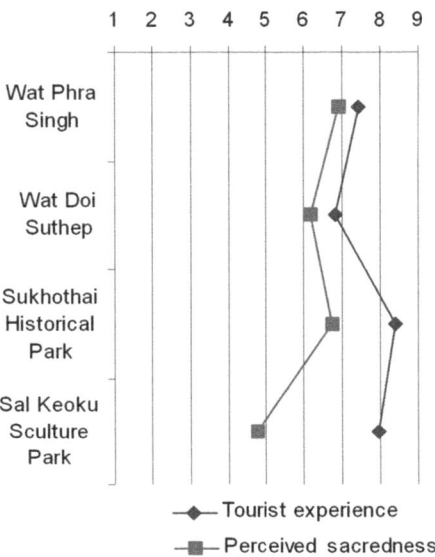

touristischen Relevanz und der Sakralität der Orte gaben sie 9-stufige Skalen von 1 (= sehr negativ) bis 9 (= sehr positiv) vor. Zusätzlich sollten die Befragten ihre Urteile begründen. Alle vier Stätten wurden in touristischer Hinsicht im Durchschnitt als sehenswert bewertet, aber nur drei auch als sakrale Orte. Gerade der touristisch sehr geschätzte Skulpturenpark wurde als am wenigsten sakral erlebt. Ein hohes Ausmaß an Sakralität wurde dem historischen Park Sukhothai beigemessen (vgl. Abb. 4.18).

Authentizität erwies sich als das wichtigste Merkmal für wahrgenommene Sakralität, wobei dieser Eindruck vor allem durch die dort praktizierten religiösen Rituale zustande kommt. Dementsprechend wird der Eindruck von Sakralität geschmälert, wenn keine religiösen Rituale stattfinden. Wie aus den Kommentaren hervor ging, passen moderne Gebäude auf dem Gelände nicht zu einem sakralen Ort. Auch die Anwesenheit vieler Touristen wirkt sich negativ auf die wahrgenommene Sakralität aus. Dieser Faktor ist indessen nicht so ausschlaggebend, denn drei der viel besuchten Orte werden durchaus als sakrale Stätten wahrgenommen. Ein Beispiel ist die Tempelanlage Sukhothai, ein Hauptziel des Tourismus, zugleich aber auch ein sakraler Ort (Abb. 4.19).

Abb. 4.19 Historische Tempelanlage in Sukhothai. (Eigenes Foto)

Musik und Gesang können Bestandteile religiöser Rituale sein. Sie können den Eindruck von Sakralität verstärken. Musik wirkt stimulierend, sie ist „atmosphärische Zutat" (de la Motte-Haber 2002). Hier sei an das bereits dargestellte Experiment von Anderson et al. (1983) erinnert, in dem sich die Forscher mit dem Zusammenwirken visueller und akustischer Wahrnehmungen zu einem Gesamteindruck befasst haben: Der Natureindruck wird verstärkt, wenn gleichzeitig Vogelgesang zu hören ist (vgl. Kap. 3.2). Entscheidend für wahrgenommene Sakralität und das Erleben von Transzendenz ist die Authentizität eines Ortes. Virtuelle sakrale Orte müssten folglich einer realen sakralen Umwelt ähneln, um eine vergleichbare Wirkung zu erzielen.

4.4.3   Naturumwelten als restorative environments

Umwelten, die erholsam sind, den Stressabbau erleichtern, die der Wiedererlangung der Aufmerksamkeit und der Konzentrations- und körperlichen Leistungsfähigkeit förderlich sind, die Regeneration, Wohlbefinden und Gesundheit fördern, werden als „restorative environments" (erholsame Umwelten) bezeichnet (Kaplan 1995; Hartig et al. 1991, 2003). Restorative environments fördern die Erholung auf natürlichem Wege ohne spezielle therapeutische und medizinische Maßnahmen allein durch die Beschaffenheit und Qualität der Umwelt. Die Umwelt ist folglich nicht nur ein Einflussfaktor, sondern auch eine Ressource (Stokols 1992). Nicht die „Wellness"-Industrie ist hier gemeint, die Kombination aus *well*-being und fit*ness,* die Naturelemente einbezieht, sondern Naturumwelten, die als natürlich, ursprünglich und erholsam erfahren werden. Typisch für solche restorative environments ist, dass es keine durchgehend „man made"-, sondern in ihrem Ursprung natürliche Umwelten sind:

- Sie unterscheiden sich von der Alltagswelt (being away).
- Sie wecken die unwillkürliche Aufmerksamkeit (faszination).
- Sie werden als ausgedehnt und weit wahrgenommen (extent).
- Sie passen zu den eigenen Absichten und Ansichten (compatibility).

Ein Spaziergang im Wald ist ein vorübergehendes being away, die hohen alten Bäume, die man dort sieht, faszinieren, man kann am Strand entlang wandernd auf das weite Meer blicken und sich an der Schönheit der Landschaft erfreuen (vgl. Abb. 4.20).

Die positiven Effekte des Aufenthalts in der Natur auf das Wohlbefinden, die physische und psychische Gesundheit, die kognitive Leistungsfähigkeit und das Selbstwertgefühl wurden in zahlreichen Untersuchungen nachgewiesen (Flade

Abb. 4.20 Wandern. (Foto kleinabergold)

Abb. 4.21   Blick auf grüne Natur. (Eigenes Foto)

2010). Es reicht mitunter bereits der Anblick grüner Natur, um solche Wirkungen zu verspüren (vgl. Abb. 4.21).

Kamitsis und Francis (2013) haben mithilfe einer Reihe von Skalen die Zusammenhänge zwischen der Naturverbundenheit, der Häufigkeit des Aufenthalts in der Natur, dem spirituellen Erleben und dem psychischen Wohlbefinden ermittelt. Die Forscher bestätigten erneut, dass Naturumwelten einen positiven Effekt auf das Wohlbefinden haben. Ein bemerkenswertes Ergebnis war, dass dieser Effekt signifikant ausgeprägter ist bei denjenigen, für die die Natur zugleich auch noch eine spirituelle Bedeutung hat. Damit lässt sich erklären, warum Naturumwelten im Prinzip erholsamer sind als ein Aufenthalt in einem Wellness-Hotel. Ausschlaggebend ist hier die spirituelle Komponente, die Naturumwelten anhaftet. Für diese Interpretation spricht, dass ein sakraler Orte wie ein Kloster inmitten einer Naturlandschaft ein besonders wirkungsvolles restorative environment ist, wie Quellette et al. (2005) nachgewiesen haben. Die Forschergruppe hat Besucher eines abgelegenen Klosters, in das sie sich für kurze Zeit zurückgezogen hatten, am letzten Tag ihres Aufenthalts nach den Gründen ihres vorübergehenden Rückzugs befragt. Eine Faktorenanalyse der genannten Gründe erbrachte vier Faktoren, die als Spiritualität, Schönheit, Kompatibilität und being away interpretiert wurden. Der Klosteraufenthalt ist also mehrfach motiviert. Die

Abb. 4.22 Kloster-Ambiente. (Eigenes Foto)

Befragten haben sich für eine begrenzte Zeit in ein Kloster zurückgezogen, um spirituelle und ästhetische Erfahrungen zu machen. Man „dürstete" nach einer schönen Umgebung. Das being away hat man gebraucht, weil man Ruhe benötigte, um wieder mit sich ins Reine zu kommen, um persönliche Probleme zu lösen und um sich psychisch und physisch zu erholen. Die Stille und die besondere Atmosphäre des Klosters fördert das Erleben von Transzendenz bzw. Spiritualität (vgl. Abb. 4.22).

Ein zentraler Erholungsfaktor ist das being away, der Eindruck des Entferntseins vom Alltag und dessen Anforderungen und Constraints. Being away ist nicht nur im räumlichen Sinne gemeint, sondern beinhaltet auch, an einem *andersartigen* Ort zu sein. Es kann so zwischen einem physischen und einem psychischen being away unterschieden werden. Für den Menschen, der den größten Teil seines Lebens in gebauten Umwelten verbringt, ist ein Aufenthalt in der Natur oder im Garten ein psychisches being away (Kaplan 1995).

Inwieweit ein being away in Eskapismus ausartet oder in dieser Weise gedeutet wird, hängt von der Perspektive ab. So hat der in Abb. 4.23 dargestellte Herr Paul, der Kater, eine andere Auffassung zur Hinwendung zur Natur als Tasso, der Hofhund.

Abb. 4.23 Nicht geduldeter Eskapismus. (Mit freundlicher Genehmigung von Volker Reiche)

Nicht nur die Wildnis oder die weitgehend unberührte Naturlandschaft, sondern auch Gärten und Parks können ein Anderswo sein. Dass Gärten gesund machen können, kommt in dem Begriff „Healing gardens" zum Ausdruck (Cooper Marcus und Barnes 1999; Moore 1999). Die Natur wird hier explizit als therapeutisches Mittel eingesetzt. Bei Kindern haben Healing Gardens außer einer therapeutischen Funktion auch noch eine Sozialisationsfunktion.

> Garden Settings are important for children because they live through their senses… children's learning must start with primary experience of the real world. Cognitive development must resonate with real experience; if not, learning becomes an ungrounded abstraction, without meaning to the child (Moore 1999, S. 333).

Auch Konzentrationsstörungen von Kindern lassen sich mit Aufenthalten in der Natur mildern, wie Faber Taylor et al. (2001) festgestellt haben. Nicht wenige Schulkinder leiden an einem Attention Deficit Disorder, d. h. chronischen Störungen der willkürlichen Aufmerksamkeit. Symptome sind, dass das Kind sich nicht auf seine Schul- oder Hausarbeiten konzentrieren kann, dass es Aufgaben nicht zu Ende bringt, dass es nicht zuhören und Anweisungen folgen kann und dass es leicht ablenkbar ist. Folgen dieser Symptomatik sind schlechte schulische Leistungen, ein verringertes Selbstwertgefühl, gestörte soziale Beziehungen innerhalb der Familie und der Peergroup und Entwicklungsverzögerungen.

Die Frage, die sich heutzutage stellt, ist, inwieweit auch der Kontakt zu virtuellen Naturumwelten solche Störungen mildern könnte und ob diese darüber hinaus dazu beitragen können oder möglicherweise sogar ausreichen, um Erholungseffekte zu erzielen. Vorliegende Untersuchungen sprechen dafür, dass der

Cyberspace als andersartige Umwelt als ein being away erholsam sein kann. Aufschlüsse dazu haben verschiedene Experimente geliefert. De Kort et al. (2006)
gingen in einem Experiment der Frage nach, inwieweit Filme mit Naturszenen
einen Erholungseffekt haben. Die Versuchspersonen mussten erst einmal eine
Stress erzeugende Aufgabe erledigen. Danach bekamen sie einen Naturfilm zu
sehen, wobei die eine Gruppe den Film auf einer großen Leinwand vorgeführt
bekam, sodass die Zuschauer in das Geschehen stärker „eintauchen" konnten. Die
andere Gruppe sah den Film auf einer normalen Leinwand. Es wurden physiologische Messungen vorgenommen, um Stress und Erholungseffekt mit objektiven
Maßen zu erfassen. Wie sich herausstellte, hing die Erholung davon ab, wie stark
der Film die Zuschauer „hineinzieht", d. h. als wie ähnlich mediale und reale
Natur erlebt werden, was bei der großen Leinwand deutlich häufiger der Fall war.

In der Untersuchung von Nisbet et al. (2009) zeigte sich sowohl bei realen als
auch virtuellen Naturumwelten ein Erholungseffekt, wobei der weitaus größere
Erholeffekt von realer Natur jedoch deutlich zutage trat. Immerhin ist der Kontakt
mit Natur auch in virtueller Form keinesfalls wirkungslos.

Die Versuchspersonen in dem Experiment von Ziesenitz (2010) wurden mit
einer sowohl kognitiv als auch emotional belastenden Aufgabe konfrontiert, die
eine hohe Konzentration erforderte. Die emotionale Belastung wurde durch Zeit-
druck und die Anwesenheit der Versuchsleiterin erzeugt. Anschließend wurden
vier Gruppen gebildet. Die eine Gruppe machte einen Spaziergang in einem realen Stadtpark, die zweite Gruppe einen simulierten Spaziergang auf einem Laufband im Forschungslabor, wobei ein Videofilm mit Stadtparkszenen zu sehen
war, die dritte Gruppe ging ebenfalls auf dem Laufband spazieren und sah dabei
einen computergenerierten virtuellen Stadtpark. Die vierte Gruppe war die Kontrollgruppe, in der die Versuchspersonen nichts zu sehen bekamen, während sie
auf dem Laufband unterwegs waren. Die psychologischen Erholungsmaße waren
Wachheit, gute Stimmung, Ruhe, Konzentriertheit und Aufmerksamkeitsleis-
tung. Ein signifikanter Unterschied zwischen den Gruppen zeigte sich nur bei der
Wachheit. Hier trat der positive Effekt des Spaziergangs in der realen Natur sichtbar hervor. Bei den anderen Erholungsmaßen waren keine signifikanten Unterschiede festzustellen. Alle Gruppen bewegten sich körperlich, was vermutlich
bereits einen Erholeffekt hat.

Zu einem ähnlichen Ergebnis gelangten Kjellgren und Buhrkall (2010), die
feststellten, dass der Aufenthalt in simulierten Naturumwelten erholsam sein
kann, dass dieser aber nicht in jeder Hinsicht mit einem Aufenthalt in realen
Naturumwelten mithalten kann. Positive Effekte in beiden Fällen waren ein inten-
sives sensorisches Empfinden, das Gefühl, mit der Natur im Einklang zu sein,

Wohlbefinden, Entspannung und innere Ruhe. Der Aufenthalt in simulierter Natur führte jedoch nicht zu einer vergleichbaren Wiederkehr der Tatkraft.

Zusammenfassend ist festzustellen, dass auch virtuelle Natur einen Erholeffekt haben kann, auch wenn dieser nicht so weitreichend und durchschlagend ist wie derjenige realer Naturumwelten. Die virtuelle Welt kann ein erholsames *psychisches* being away bieten. Auch wenn sie nicht in jeder Hinsicht so wirkungsvoll sind wie reale Naturumwelten, kann virtuelle Natur dazu beitragen, Stress zu mindern und Erholung zu fördern. Es ist ein möglicher Weg vor allem dann, wenn keine Natur in Sicht ist. Wie Carles et al. (1999) betont haben, ist Ruhe dabei ein wichtiger Erholfaktor. Von einer Ruhe im weitesten Sinn könnte auch der Erholeffekt rühren, der eintritt, wenn man Computer und Internet für eine Weile hinter sich lässt und das Smartphone einmal bewusst abschaltet.

4.5 Schlussbemerkungen

Dass reale Umwelten auch im Zeitalter der Digitalisierung nach wie vor geschätzt werden, lässt sich an der Belebtheit vieler öffentlicher Plätze und Orte ablesen. Kinder sind auf Spielplätzen anzutreffen und keinesfalls vollkommen verhäuslicht und ständig mit Computerspielen befasst. Der Besucherandrang bei Ereignissen wie Pop-Konzerten und Fußballspielen, die man problemlos auch medial vermittelt am Bildschirm erleben könnte, zeigt ebenfalls, dass man das Geschehen live erleben möchte. Man flaniert im öffentlichen Raum, verweilt dort und schaut anderen zu. Die Menschen reisen in großer Zahl in ferne Länder, auch wenn es unaufwendiger wäre, sich Filme dieser Länder anzuschauen. Die reale Umwelt als der eine Endpunkt des Virtuality Kontinuums (vgl. Abb. 3.21) existiert nach wie vor. Es könnte sogar sein, dass reale Umwelten noch mehr wertgeschätzt werden als bisher. Gründe, die dafür sprechen, sind: Man wendet sich verstärkt der realen Umwelt zu,

- um einen erlebten Verlust an Authentizität, Multisensorik und Emotionalität zu kompensieren,
- um die sozialen Bedürfnisse nach Kontakt und Zugehörigkeit zu befriedigen, was in den weitläufigen unpersönlichen anonymen Netzwerken nicht in der angestrebten emotionalen Tiefe möglich ist.

Die Umwelten müssen jedoch passend sein, d. h. das Kriterium der Performanz erfüllen. Wie bereits dargelegt, sagt Performanz etwas darüber aus, wie geeignet

Räume für den vorgesehenen Zweck sind, d. h. wie gut Raum- und Funktionsprogramm überein stimmen. Vom Funktionsprogramm her gesehen sind es Umwelten, die authentisch sowie sensorisch und kognitiv anregend sind, in denen man anderen Menschen zufällig begegnen und noch nicht Bekanntes erleben kann und in denen nicht alles bis ins Kleinste durchgeplant ist, sondern Handlungsfreiräume gelassen werden, die dem Menschen Autonomie und selbstbestimmtes Handeln ermöglichen.

Stokols (1990) hat die Erforschung der Mensch-Umwelt-Beziehungen anhand verschiedener Konzepte charakterisiert. Die Gegenüberstellung mit den typischen Merkmalen der technologischen Entwicklung macht die Diskrepanz sichtbar. Umweltpsychologische Konzepte wie Beständigkeit, Verwurzelung, stabile Umweltbeziehungen, Identität und Umweltaneignung sind keine Themen der Technologie (vgl. Tab. 4.1).

Die Lösung ist ein Nebeneinander und der Versuch, zu einer Komplementarität zu gelangen, indem zum Beispiel sowohl Face-to-Face als auch computervermittelt kommuniziert wird und Online Kontakte nicht bedeuten, dass man die realen Zusammenkünfte einstellt, wenn die beiden Kommunikationsformen sich nicht ausschließen, sondern die Fortdauer und Stabilität der Beziehungen unterstützen (Döring 2004).

Doch Komplementarität setzt geeignete Räume wie Third und Fourth Places voraus. Solche realen Inseln im virtuellen Meer fördern Komplementarität, sie verhindern eine übermäßige Verhäuslichung, sie bieten Gelegenheiten für ungeplante und neue Erfahrungen jenseits eines personalisierten Internet. Third Places liefern nahegelegene Zielorte, die das soziale Leben bereichern und die soziale Identität des Menschen festigen. Sie reduzieren Anonymität und verringern

Tab. 4.1 Die technologische Entwicklung und die Erforschung der Mensch-Umwelt-Beziehungen in Stichworten. (In Anlehnung an Stokols 1990, S. 644)

Technologische Entwicklung	Mensch-Umwelt-Beziehungen
Geschwindigkeit, Fortschritt und rasches Veralten des Vorhandenen	Kontinuität und Beständigkeit, diachrone Identität
Unabhängigkeit der Kommunikation von Raum und Zeit, flüchtige Umweltbeziehungen	Verwurzelung und stabile Umweltbeziehungen, Ortsidentität
Standardisierung, Modularität, Globalisierung	Umweltaneignung, Einzigartigkeit, soziale Identität

dadurch das Potenzial an Bösartigkeit, wie es im Cybermobbing und digitalen Hasstiraden zutage tritt.

Third und Fourth Places fördern Mensch-Umwelt-Interaktionen, sie symbolisieren Autonomie. Wenn ein Verlust dieser Orte droht, sollten die *digitalen Umweltschützer* tätig werden, die dafür sorgen, das Third und Fourth Places erhalten bleiben oder geschaffen werden, wo sie fehlen. Die Idee der digitalen Umweltschützer stammt von Pariser (2012), der vor einem personalisierten Internet gewarnt hat, das die Menschen isoliert und von neuen Erfahrungen abschottet. Er hält digitale Umweltschützer für unbedingt erforderlich. Zu ihren Aufgaben gehört, ein Bewusstsein für die Bedeutung realer Umwelten als Erfahrungsräume und als Handlungsräume des Menschen zu schaffen, die ihn vor negativ zu bewertenden Veränderungen bewahren.

Neben den Algorithmikern, den Spezialisten, die sich in der Informatik, Mathematik und Statistik auskennen und mitwirken, die technologische Entwicklung voranbringen, würden dann zugleich auch die digitalen Umweltschützer ihre Tätigkeit aufnehmen, die auf die Optimierung von Mensch-Umwelt-Beziehungen abzielt. Sie würden dafür sorgen, dass die realen Erfahrungs- und Handlungsräume nicht beschnitten, sondern erhalten und ausgebaut werden.

Literatur

Abdulkarim, D., & Nasar, J. L. (2014). Do seats, food vendors, and sculptures improve plaza visitability? *Environment and Behavior, 46,* 805–825.

Amichai-Hamburger, Y., Wainappel, G., & Fox, S. (2002). „On the Internet no one knows I'm an introvert": Extraversion, neuroticism, and Internet interaction. *CyberPsychology & Behavior, 5,* 125–128.

Anderson, L. M., Mulligan, B. E., Goodman, L. S., & Regen, H. Z. (1983). Effects of sounds on preferences for outdoor settings. *Environment and Behavior, 15,* 539–566.

Appleyard, D. (1981). *Livable streets.* Berkeley: University of California Press.

Barnett, R. (2007). Sacred groves: Sacrifice and the order of nature in ancient greek landscapes. *Landscape Journal, 26,* 252–269.

Boesch, E. E. (1998). *Sehnsucht. Von der Suche nach Glück und Sinn.* Bern: Huber.

Carles, J. L., Barrio, I. L., & de Lucio, J. V. (1999). Sound influence on landscape values. *Landscape and Urban Planning, 43*(4), 191–200.

Cooper Marcus, C., & Barnes, M. (Hrsg.). (1999). *Healing gardens: Therapeutic benefits and design recommendations.* New York: Wiley.

Czalcynska-Podolska, M. (2014). The impact of playground spatial features on childrens play and activity forms: An evaluation of contemporary playgrounds' play and social value. *Journal of Environmental Psychology, 38,* 132–142.

Döring, N. (2004). Sozio-emotionale Dimensionen des Internet. In R. Mangold, P. Vorderer, & G. Bente (Hrsg.), *Lehrbuch der Medienpsychologie* (S. 769–791). Göttingen: Hogrefe.

Faber Taylor, A., Wiley, A., Kuo, F. E., & Sullivan, W. C. (1998). Growing up in the inner city. Green spaces as places to grow. *Environment and Behavior, 30,* 3–27.

Faber Taylor, A., Kuo, F. E., & Sullivan, W. C. (2001). Coping with ADD: The surprising connection to green settings. *Environment and Behavior, 33,* 54–77.

Feierabend, S., Karg, U., & Rathgeb, T. (2014). Mediennutzung von Jugendlichen: Zentrale Ergebnisse der JIM-Studie 2012. In T. Porsch & S. Pieschl (Hrsg.), *Neue Medien und deren Schatten. Mediennutzung, Medienwirkung und Medienkompetenz* (S. 29–51). Göttingen: Hogrefe.

Flade, A. (2010). *Natur psychologisch betrachtet.* Bern: Huber.

Flade, A. (2015). Die Stadt aus psychologischer Perspektive. In A. Flade (Hrsg.), *Stadt und Gesellschaft im Fokus aktueller Stadtforschung. Konzepte – Herausforderungen – Perspektiven* (S. 211–257). Wiesbaden: Springer VS.

Gehl, J., & Svarre, B. (2013). *How to study public life.* Washington: Island.

Graumann, C. F. (1997). Die Erfahrung des Fremden. Lockung und Bedrohung. In A. Mummendey & B. Simon (Hrsg.), *Identität und Verschiedenheit* (S. 39–62). Bern: Huber.

Griffiths, M. D., & Parke, J. (2002). The social impact of Internet gambling. *Social Science Computer Review, 20,* 312–320.

Gustafson, P. (2001). Meanings of place: Everyday experience and theoretical conceptualizations. *Journal of Environmental Psychology, 21,* 5–16.

Hartig, T., Mang, M., & Evans, G. W. (1991). Restorative effects of natural environment experiences. *Environment and Behavior, 23,* 3–26.

Hartig, T., Evans, G. W., Jamner, L. D., Davis, D. S., & Gärling, T. (2003). Tracking restoration in natural and urban field settings. *Journal of Environmental Psychology, 23,* 109–123.

Hellpach, W. (1950). *Geopsyche. 6. Auflage.* Stuttgart: Enke.

Herzog, T. R., Quellette, P., Rolens, J. R., & Koenigs, A. M. (2010). Houses of worship as restorative environments. *Environment and Behavior, 42,* 395–419.

Heßler, M. (2012). *Kulturgeschichte der Technik.* Frankfurt a. M.: Campus.

Kamitsis, I., & Francis, A. J. P. (2013). Spirituality mediates the relationship between engagement with nature and psychologiocal wellbeing. *Journal of Environmental Psychology, 36,* 136–143.

Kaplan, S. (1995). The restorative benefits of nature. Toward an integrative framework. *Journal of Environmental Psychology, 15,* 169–182.

Keller, U. (2000). *Böser Dinge hübsche Formel. Das Wien Arthur Schnitzlers.* Frankfurt a. M.: Fischer Taschenbuch.

Kjellgren, A., & Buhrkall, H. (2010). A comparison of the restorative effect of a natural environment with that of a simulated natural environment. *Journal of Environmental Psychology, 30,* 464–472.

Kort, Y. A. W. de, Meijnders, A. L., Sponselee, A. A. G., & IJsselsteijn, W. A. (2006). What's wrong with virtual trees? Restoring from stress in a mediated environment. *Journal of Environmental Psychology, 26,* 309–320.

Kruse, L. (1996). Raum und Bewegung. In L. Kruse, C. F. Graumann, & E.-D. Lantermann (Hrsg.), *Ökologische Psychologie. Ein Handbuch in Schlüsselbegriffen* (S. 313–324). Weinheim: Psychologie Verlags Union.

Kruse, L., Graumann, C. F., & Lantermann, E.-D. (1996). Ökologische Psychologie. Zur Einführung. In L. Kruse, C. F. Graumann, & E.-D. Lantermann (Hrsg.), *Ökologische Psychologie. Ein Handbuch in Schlüsselbegriffen* (S. 3–13). Weinheim: Psychologie Verlags Union.

Levi, D., & Kocher, S. (2012). Perception of sacredness at heritage religious sites. *Environment and Behavior, 45,* 912–930.

Mayer-Schönberger, V., & Cukier, K. (2013). *Big Data. Die Revolution, die unser Leben verändern wird.* München: Redline.

Metha, V. (2007). Lively streets. Determining environmental characteristics to support social behavior. *Journal of Planning Education and Research, 27,* 165–187.

Metha, V., & Bosson, J. K. (2010). Third places and the social life of streets. *Environment and Behavior, 42,* 779–805.

Moore, R. C. (1999). Healing gardens for children. In C. Cooper Marcus & M. Barnes (Hrsg.), *Healing gardens: Therapeutic benefits and design recommendations* (S. 323–384). New York: Wiley.

Motte-Haber, H. de la. (2002). *Handbuch der Musikpsychologie* (3. Aufl.). Laaber: Laaber.

Ng, C. F. (2003). Satisfying shoppers' psychological needs: From public market to cybermall. *Journal of Environmental Psychology, 23,* 439–455.

Nisbet, E. K., Zelenski, J. M., & Murphy, S. A. (2009). The nature relatedness scale. Linking individuals' connection with nature to environmental concern and behavior. *Environment and Behavior, 41,* 715–740.

Oldenburg, R. (1999). *The great good place: Cafes, coffee shops, bookstores, bars, hair salons, and other hangouts at the heart of a community.* Cambridge: Da Capo.

Oldenburg, R. (2001). *Celebrating the third place. Inspiring stories about the „Great Good Places" at the heart of our communities.* New York: Marlowe.

Pariser, E. (2012). *Filter Bubble. Wie wir im Internet entmündigt werden.* München: Hanser.

Preiser, W. F. E., Rabinowitz, H. Z., & White, E. T. (1988). *Post-occupancy evaluation.* New York: Van Nostrand Reinhold.

Quellette, P., Kaplan, R., & Kaplan, S. (2005). The monastery as a restorative environment. *Journal of Environmental Psychology, 25,* 175–188.

Schönhammer, R. (2009). *Einführung in die Wahrnehmungspsychologie. Sinne, Körper, Bewegung.* Wien: facultas wuv.

Sommer, R. (2002). Personal space in a digital age. In R. B. Bechtel & A. Churchman (Hrsg.), *Handbook of environmental psychology* (S. 647–660). New York: Wiley & Sons.

Stokols, D. (1990). Instrumental and spiritual views of people-environment relations. *American Psychologist, 45,* 641–646.

Stokols, D. (1992). Establishing and maintaining healthy environments. Toward a social ecology of health promotion. *American Psychologist, 47,* 6–22.

Susa, A. M., & Benedict, J. O. (1994). The effects of playground design on pretend play and divergent thinking. *Environment and Behavior, 26,* 560–579.

Tamura, H., Yamamto, H., & Katayama, A. (2001). Mixed reality. Future dreams seen at the border between real and virtual worlds. *Computer Graphics and Applications, IEEE, 21*(6), 64–70.

Winterhoff-Spurk, P. (2004). *Medienpsychologie. Eine Einführung* (2. Aufl.). Stuttgart: Kohlhammer.

Yildirim, K., Akalin-Baskaya, A., & Celebi, M. (2007). The effects of window proximity, partition height, and gender on perceptions of open-plan offices. *Journal of Environmental Psychology, 27,* 154–165.

Ziesenitz, A. (2010). *Die Natur als Erholungs(t)raum? Ein empirischer Vergleich von virtueller und physischer Natur.* Dissertation, Universität Kassel, http://nbn-resolving.de/urn: nbn:de:hebis:34-2010011131639.

Zinnecker, J. (2001). *Stadtkids. Kinderleben zwischen Straße und Schule.* Weinheim: Juventa.

Cyberpsychologisches Glossar

Unter Mitarbeit von Dr.-Ing. Kai Renz, Diplom Informatiker

Affiliationsbedürfnis (need to belong) Bedürfnis des Menschen nach sozialem Kontakt (Affiliation) und Zugehörigkeit

Aha-Erlebnis schlagartiges Erkennen eines Wirkungszusammenhangs

Anreize Alles was Situationen an positiven Erfahrungen verheißen. Anreize haben einen Aufforderungscharakter, in einer bestimmten Weise zu handeln

Apps Kürzel für Applications (= Anwendungen). In der Regel auf Smartphones ausführbare Programme für einen bestimmten Zweck (zum Beispiel für Nachrichten-Übermittlung wie WhatsApp)

Augmented Reality Mithilfe digitaler Elemente erweiterte Realität, eine Stufe auf dem Virtuality Kontinuum, das sich zwischen vollkommen realen und vollkommen virtuellen Umwelten erstreckt. Zwischen den beiden Polen liegt der Bereich der Mixed Reality

Big Data Auswertungen sehr große Datenmengen, die mit Verfahren ausgewertet werden, die eine massiv parallele Verarbeitung in Server-Farmen nutzen. Verwendung zum Beispiel bei der automatischen Bild- oder Spracherkennung

Computer vermittelte Kommunikation Elektronische Übermittlung, Speicherung und Abruf von elektronischen Nachrichten mittels vernetzter Computer

© Springer Fachmedien Wiesbaden 2017
A. Flade, *Third Places – reale Inseln in der virtuellen Welt*,
DOI 10.1007/978-3-658-09688-5

Constraints Einschränkungen der Handlungsmöglichkeiten. Capability constraints: ein Mensch kann nicht an zwei Orten zugleich sein; coupling constraints: Schwierigkeit, mehrere Menschen zu einer bestimmten Zeit an einem bestimmten Ort zusammen zu bringen

Cybermobbing Bezeichnung für verschiedene Formen der Verleumdung, Belästigung, Bedrohung, Erpressung und Nötigung anderer Personen mit digitalen Mitteln. Ein synonymer Begriffe ist Cyberbullying

Cyberpsychology Ein sich entwickelndes Forschungsfeld, das sich mit den Zusammenhängen zwischen psychologischen Phänomenen und den neuen Medien Computer und Internet bzw. den Informations- und Kommunikationstechnologien befasst

Cyberspace Nicht real existierender virtueller Raum; das Internet

Cybervictimization Viktimisierung im Cyberspace durch Cybermobbing

Cyborg Ein Hybrid, ein Mischwesen aus Mensch und Maschine

Deindividuation Man definiert sich weniger als Individuum, sondern verstärkt über die Zugehörigkeit zu einer Gruppe

Diffusion of innovation theory Theorie, die den Prozess der Verbreitung von Innovationen beschreibt und erklärt

Digital Divide Grenzziehung zwischen Menschen mit den Fähigkeiten und Möglichkeiten zur Nutzung von digitalen Geräten und solchen ohne

Digital Immigrants Personen, die selektiv im Internet unterwegs sind und den technologischen Entwicklungen skeptisch gegenüber stehen

Digital Outsiders Personen, die durch die Computertechnologie verunsichert werden und sie deshalb vermeiden (siehe auch Laggards)

Digital Natives Personen, die das Internet im Alltag souverän und selbstverständlich nutzen (= mit dem Internet/digitalen Geräten aufgewachsen; digitale „Muttersprachler")

Dissoziative Anonymität der Prozess der Trennung zwischen einer online- und einer offline-Identität bzw. die Abspaltung eines Online Ich, das nicht der Kontrolle des Über-Ich unterliegt

Dissoziative Imagination Die kognitive Trennung zwischen realer und fiktiver virtueller Welt

Edutainment Programme in den Medien, die zugleich unterhalten und informieren bzw. Lehrinhalte vermitteln

E-Learning Lernprozess, bei dem digitale und/oder Komponenten von Informations- und Kommunikationstechnologie für das Gestalten, Organisieren und Durchführen der Lernprozesse verwendet werden

Embodied cognition Berücksichtigung der Tatsache, dass körperliche Prozesse und Zustände das Wahrnehmen, Denken, Vorstellen, Fühlen und Handeln beeinflussen

Emoticons Symbole, deren Zweck es ist, in der computervermittelten Kommunikation bestimmte nonverbale Signale aus der Face-to-Face Kommunikation zu ersetzen; allgemein bekannt sind Smileys ☺

Facebook Digitales soziales Netzwerk

Filter Bubble Durch einen Rückkopplungsprozess entstehender Zustand, bei dem Nutzern von digitalen Medien zunehmend nur Inhalte und Meinungen durch Suchmaschinen und Webseiten angezeigt werden, die den eigenen Einstellungen entsprechen. Dadurch wird der mögliche Erfahrungsraum eingeschränkt, der Mensch kann keine neuartigen Erfahrungen machen und Überraschendes erleben

Flaming Schroffe beleidigende Äußerungen im Internet (zum Beispiel in Kommentaren zu Artikeln), konzeptionell verwandt dem Cyberbullying bzw. Cybermobbing

Frame Blickwinkel auf ein Thema, wobei bestimmte Informationen und Positionen hervorgehoben und andere ausgeblendet werden

Framing Der aktive Prozess des selektiven Hervorhebens von Informationen und Positionen

HCI human computer interaction

Identität Antwort auf die Frage: Wer bin ich? Unterschieden wird zwischen synchroner und diachroner Identität sowie zwischen personaler, sozialer und Orts-Identität

Immersion Hineingezogen werden in ein anderes Medium, einen Text, ein Bild, ein Musikstück oder eine fiktive Welt

Impression Management Selbstdarstellung mit der Intention, den Eindruck, den andere Menschen von einem bekommen, zu kontrollieren und zu formen

Information overload Die Überfülle an Informationen aus der Umwelt, die der Mensch nicht in der Lage ist, aufnehmen und zu verarbeiten

Infosphäre Eine durch die Informations- und Kommunikationstechnologien entstandene neue Umwelt, in der Online und Offline verschmelzen

Infotainment Medienangebote, die zugleich informieren als auch unterhalten, ähnlich dem Edutainment

Interface Bestandteil der Human Computer Interaction (HCI); ein den Blicken entzogenes System, von der nur die Oberfläche bzw. das „Face" zu sehen ist

Internet Ein weltweites elektronisches Netzwerk, das digitalisierte Daten von einem Knoten im Netzwerk zu einem anderen Knoten überträgt. In der Regel sind die Übertragungsknoten Computer

Kommunikation Intendiertes wechselseitig aufeinander gerichtetes soziales Handeln

Komplementaritätshypothese Annahme, dass sich Computer und Internet problemlos in die Lebenswelt des Menschen einfügen und sich dabei neue Formen der Strukturierung des Alltags herausbilden

Laggards „Nachzügler", die allen Innovationen gegenüber misstrauisch sind und dazu tendieren, sich dem Neuen gegenüber zu verweigern

Media Richness Reichhaltigkeit einer Information. Eine Information ist umso reichhaltiger, je mehr unterschiedliche Perspektiven sie umfasst und/ oder in je kürzerer Zeit sie unklare Sachverhalte erhellt

Mediatisierung Für kommunikatives Handeln stehen zunehmend mehr Medien zur Verfügung, die immer intensiver genutzt werden

Medien Mittel der interpersonalen Kommunikation und Informationsübertragung; Objekte, technische Geräte oder Konfigurationen, mit denen sich Botschaften speichern und kommunizieren lassen

Medienkompetenz (= media literacy) Kenntnisse und Fähigkeiten im Umgang mit Medien bzw. die personalen Voraussetzungen für eine zielgerichtete und sozial verträgliche Mediennutzung; Unterscheidung zwischen technischer und sozialer Medienkompetenz

Medienökologie Betrachtung der Menschen als Mitgestalter von Medien und medialen Umwelten, Vorgaben für eine nutzergerechte Gestaltung medialer Umwelten

Medienpsychologie Das wissenschaftliche Feld, das sich mit der mikroanalytischen Beschreibung und Erklärung des durch Medien der Individual- und Massenkommunikation bedingten Erlebens und Verhaltens von Individuen befasst

Mixed-Reality Bereich auf dem Virtuality Kontinuum, der sich zwischen den Polen vollkommen real und vollkommen virtuell erstreckt mit den Stufen Augmented Reality und Augmented Virtuality

Mobilkommunikation Digitale Kommunikation mittels portabler, drahtlos vernetzter Kommunikationsgeräte

More-and-More Effekt Eine über eine bloße Addition hinausreichende Komplementarität verschiedener Medien bzw. der realen und virtuellen Umwelt

MUD (Multi User Dungeon) Ein textbasiertes Rollenspiel, das auf einem zentralen Server läuft, auf dem sich mehrere Spieler gleichzeitig einloggen können

Multimedia Zeitgleiche Präsentation einzelner Medien und deren Interaktivität

Nomophobie Abkürzung für „no mobile phone Phobie"

Oculus Rift (oculus = Auge) Eine das Sichtfeld erweiternde Vorrichtung, mit der man in eine virtuelle Welt eintaucht

Online disinhibition effect Vermehrte Bereitschaft im, sich anderen gegenüber zu öffnen, als sie es in realen Umwelten tun würden

Ostracism Soziale Ausgrenzung; Übernahme des Begriffs für das griechische Scherbengericht in der Antike. Wer sich nicht gesellschaftlich konform verhielt, wurde verbannt

Person-Umwelt-Kongruenz Zusammenpassen von Mensch und Umwelt. Zu unterscheiden sind vier Formen: die funktionale, kognitive, emotionale und motivationale Kongruenz

Privatheit Boundary control process bzw. Kontrolle über den Zugang anderer zu einem selbst. Der Mensch, der über Privatheit verfügt, hat es in der Hand, sich anderen gegenüber zu öffnen oder zu verschließen

Privatheitsparadox Die im Cyberspace zu beobachtende Diskrepanz zwischen dem unbekümmerten Preisgeben persönlicher Daten und zugleich der Befürchtung, ausgespäht zu werden

Repräsentionaler Charakter Medien beruhen auf dem Gebrauch von Zeichen. Zu unterscheiden sind ikonische, indexikalische und symbolische Zeichen. Symbolische Zeichen beruhen auf Vereinbarungen, sie sind abstrakt und deshalb übertragbar

Self disclosure Bereitschaft, Persönliches zu offenbaren

Sensation Seeker Eine Person, bei der das Bedürfnis nach Stimulation und erregenden Erlebnissen besonders ausgeprägt ist

Shitstorm Sturm der Entrüstung in einem Kommunikationsmedium des Internets, der zum Teil mit beleidigenden Äußerungen (Flaming) einhergeht

Skypen Synonym für Internet-Telefonie (in der Regel auch mit Bild-Übertragung)

Social Media Digitale Medien und Technologien, die es den Nutzern ermöglichen, sich untereinander auszutauschen und mediale Inhalte sowohl einzeln als auch gemeinsam zu erstellen und zu bewerten

Soziale Bewährtheit Je mehr Menschen ein Merkmal positiv bewerten oder eine Verhaltensweise für richtig halten, umso eher wird dieses Merkmal als gut bzw. die Verhaltensweise als richtig bewertet

Spiritualität Gefühl, mit der Welt, der Natur und dem Kosmos eng verbunden zu sein; im Allgemeinen synonym mit Transzendenz

Stimmungsmanagement Bestreben, unangenehme Zustände zu vermeiden und angenehme Zustände herbei zu führen; gut unterhalten zu werden bedeutet, in eine angenehme Stimmung versetzt zu werden

Stress Ein Zustand, der angesichts von Belastungsfaktoren (= Stressoren) und der Einschätzung, dass man diese nicht bewältigen kann, entsteht

Substitutionshypothese Annahme, dass Computer und Internet den Alltag des Menschen so stark dominieren, dass die reale Umwelt an Bedeutung verliert

Third Places Orte im öffentlichen Raum jenseits der Wohnung (first place) und des Arbeitsplatzes (second place), die freiwillig und wiederholt aufgesucht werden, die sich durch Sitzgelegenheiten, ihre Unverwechselbarkeit und leichte Erreichbarkeit usw. auszeichnen

Transzendenz Das Gefühl, mit der Welt zu verschmelzen, sowie des Weiteren Ehrfurcht vor der Natur

Troll Bezeichnung einer Person, welche die Kommunikation im Internet dadurch behindert, dass sie die anderen Gesprächsteilnehmer provoziert statt sachbezogene Diskussionsbeiträge zu liefern

Twitter Soziales Netzwerk, das auf der Echtzeit-Übermittlung von Kurznachrichten (Länge einer Nachricht begrenzt auf maximal 140 Zeichen) basiert

Umweltaneignung Alle Handlungen, bei denen Menschen sich mit ihrer Umwelt in Beziehung setzen, sie mental abbilden oder sichtbar verändern und personalisieren

User interface Benutzeroberfläche, Schnittstelle zwischen Mensch und Maschine

Vierte Revolution Bezugnahme auf die drei vorangegangenen Revolutionen durch Kopernikus, Darwin und Freud, die mit der Erfindung des Computers und Internets einsetzte, von denen die Menschen im digitalen Zeitalter abhängig sind

Virtualisierung (umgangssprachlich) Herstellung einer künstlichen Wirklichkeit, die als real erfahren wird; virtuell = nicht real

Virtualisierung bei Servern (Fachbegriff aus der Informatik) Verfahren, um reale Ressourcen optimaler zu nutzen. Ein „echter" Server, d. h. Hardware, wird so aufteilt, dass er für die Nutzer des Systems wie mehrere Computer aussieht

Virtuelle Identität Diese ist gegeben, wenn eine Person dieselbe Selbstdarstellung in sozialen Netzkontexten regelmäßig verwendet und sich mit ihr im Sinne von „das bin ich" identifiziert

Virtuelle Realität (VR virtual reality) Eine vom Computer erzeugte Umwelt, in der sich der Nutzer anwesend fühlt

Wahrgenommene Selbstwirksamkeit (perceived self efficacy) Überzeugung, dass man in der Lage ist, mit den Anforderungen aus der Umwelt zurecht zu kommen, die Herausforderungen meistern und die Umweltbedingungen beeinflussen und verändern zu können

Warranting-Prinzip Bezeichnung dafür, dass der Eindruck, den sich andere Menschen von einer Person machen, stärker von den Informationen anderer über die betreffende Person beeinflusst wird als von Informationen, die von ihr selbst stammen. Die Urteile der anderen liegen außerhalb ihrer Kontrolle

Web 2.0 Begriff, um den Übergang von der Rolle des passiven Rezipienten des Internet zum Produzenten zu bezeichnen (siehe Social Media)

WhatsApp Messaging-Dienst Ein Programm für Internet fähige Mobiltelefone zum Austausch von Nachrichten mit der Möglichkeit, Foto-, Kontakt-, Video- und Audio-Dateien auszutauschen

Wissenskommunikation Offenes und flexibles Netzwerk mit einer technischen Infrastruktur, die es den Beteiligten ermöglicht, schnell und unkompliziert Wissen zu teilen und sich mitzuteilen

The manufacturer's authorised representative in the EU is Springer
Nature Customer Service Centre GmbH, Europaplatz 3, 69115 Heidelberg,
Germany. If you have any concerns regarding our products, please
contact ProductSafety@springernature.com

Printed and bound by CPI Group (UK) Ltd, Croydon, CR0 4YY
27/04/2026
02097652-0007